DAQING XIAOSHI

大清小史

向敬之
著

人民东方出版传媒
東方出版社

敬读明清

向敬之

1

新媒体出现并迅猛发展，带动了社会生活巨变。它既为许多优质作者提供了有一定收入保障的发表平台，也导致了一大批浅薄的、低级的拼凑、抄袭、剽窃内容无限制地产出。可以说，人人制造内容的时代，利弊各异，良莠杂陈。

就拿通俗读史而言，新媒体提供的便利与红利，远远超过了十多年前天涯论坛活跃的场景。当年在天涯坚持、成长起来的作者，已然成了现在的名家好手。

我不否认，我近年来选择专攻明清史，还得感谢新媒体提供的机会。如果没有五年前，今日头条签我进入“千人万元计划”开始，我断然不会辞职回家安心写作，迅速由从事传统媒体写作的书评人，转为明清史写作者和思考者。

我曾在出版、新闻行业做过十多年编辑，业余写作书评，长期在《光明日报》《中国社会科学报》《中国教育报》《南方都市报》《新京报》《上海证券报》《经济观察报》《新民周刊》等媒体发表社科、历史类书评。最初，头条邀约我签约写作，定位为知名书评人，要求主发书评。

书评属于小众读物，专业书评的受众更少。为顺应流量时代的阅读趋势，我不断求变，在文风上改良，由大段长句改成了多段短句。同时，我受几个写历史的朋友影响，将读书与读史结合起来，阅读量明显要强于过去，产出过一系列十万 +、百万 + 的所谓爆文。

此前，我在 2012 年一年内出了四本书评集之后，有意识地要改变过去冗长的文风，把心思放在系统阅读历史上，写作就是为了练笔，书评、时评、散文、歌词……为了彻底改变，我从出版社跳入报社，学写简洁的新闻文风。

由于不断强化文字训练，所以文风上很快适应了新媒体阅读。我在顺应的同时，也坚持了一些原有的文字风格。

内容深得读者欢迎，我开始犹豫是否深入转向历史写作。毕竟过去写了十多年书评，也在读书界积累一些资源和影响力。此间，我也受到了新媒体联系人的提示，他们最初选择我签约，是因为我的书评质量高，他们不缺历史稿件。

2

我一直在思考，今日在新媒体上爆棚的写手，又有多少内容具有真正的学术生命？结果是让人堪忧的。

正在此间，北京一位因书评与我结缘的媒体朋友，给我寄了一本中信版《中国历史的教训》，约我写个评论。我答应了，但说要仔细看，本想拖时间搞好平时的写稿任务，孰料时间久了，我对这样带评论性但读起来清爽的历史写作，有了浓厚的兴趣。

我原来在几家出版社和报社待过，但对我影响最大的，还是岳麓书社四年。四年间，虽然我的本职是担任《中华大典·艺术典》庞杂而枯燥的史料审读、古文编辑工作，但那人文气息浓郁的环境中，领导的支持，主任的鼓励，同时得益当时《湖南日报》分管文化板块的编委蔡栋先生的悉心引导，我的书评写作质量和数量，都得到了很大的提升。

在岳麓社，我耳濡目染老作家唐浩明先生的为人谦恭与深厚学养。唐老师把编辑当做人生职业，同时练成了一个著名的历史作家，写出了经典的曾国藩系列，对我影响很大。在工作上，我与他交集不多，但他无意间发现我写书评后，每每在报纸上看到我新发的稿子后，总是见面鼓励一番，还让我安心做学问，不要去太在意外界的虚名。

既然选择了做内容，就得深耕细作，而不能简单地为了流量。新媒体的订户受众，有精英读者，但最广大的还是普通读者。他们寻求的是碎片的通俗阅读，甚至希望是自己最为熟悉的内容，方便自己查漏指瑕。他们的参与，有助于转发，扩大流量。但我还是很清醒地意识到，既要考虑他们的阅读需求，也要把内容做出价值，不做跟风式的一锤子买卖。当初，唐浩明老师推出曾国藩小说，批评者众，然而他坚持下来，由小说，到全集，到评点，冷月孤灯，却成蔚然大观。

有人建议我为何不组建团队或者工作室，招聘一些大学生当写手，进行公司化的流水作业。我拒绝了，因为内容既是为读者而写，也是为自己而写。哪怕是被平台解约，没有了固定的收入作为写作与养家糊口的保障，我也得坚持走好内容为王这条路。

3

我开始寻找方向。只有一个明确的主题性写作，才能使自己的阅读厚积薄发，精益求精，使自己的写作积沙成塔，突破自新。曾经考虑过做先秦史、做汉唐史，甚至考虑过做分裂状态中的南北朝与五代十国。

机缘巧合，那年暑假妻儿回老家玩，我晚上在家无聊，搜索电视剧，如《朱元璋》《郑和下西洋》，如《太祖秘史》《孝庄秘史》之类，本想休息下，却来了兴致，同时翻读《明史》与《清史稿》《清史列传》，对照起来看，发现了一些出入。深读下去，我对明清历史有了新的认知，对照来看，各具特色，由此我开始大量收集、购买、阅读这方面的图书，有古人的，有今人的，有国人的，有海外的，有专著，有史料，系统地看了孟森、萧一山、蔡东藩、吴晗、郑天挺、王锺翰等前辈先贤的书。

当然，既要做这一方面的研究，关键在于掌握和理解第一手资料。明清实录、起居注、朱批、奏疏、档案、笔记、方志等，也就成了我重点研读的内容。

于是，我开始了这方面的研究与写作。为了让自己深入进去，找好一个切入点，我选择明清之际至康熙朝，作为前期研究的主攻板块。

对于写作方式，我采取结合大家熟悉的明清历史剧情节切入，既尊重历史剧属于文艺影视创作的事实，又坚持“小节不拘，大事不虚”的原则，对清史题材影视剧所涉及的历史大事件，进行了有理有据、有趣有料的生动解读。

而解读，我采取细读的方式，抓住细节，透视背后，客观地讲史，有趣地爆料，富有鲜明的怀疑精神，融学术思辨于通俗解读之中，行文晓畅，理趣相生。

慢慢地，我的转变，得到了圈内人和广大读者的认可。2017年，《中国纪检监察报》开辟历史周刊，主编邀我开专栏。我所写的一代廉吏于成龙的研究性系列文章，在该报刊发后，《新湘评论》全文转发，《中国人大》还在全国两会期间做了重点推荐。

4

过去有着良好的专业训练，方便了我迅速、专注地研究明清史，试图用一种“历史书写”方式来说明清王朝，突破传统民族历史局限，探究明清社会秩序重建、吏治建设与社会发展。

我书写的历史中，有朝堂之争，有宫廷探秘，有真伪辨析，有褒扬贬斥，正评反批，直击清史中最具戏剧性与转折性事件，追寻细节，解析历史中的隐秘，于细微处见历史的真妙。诚如三峡大学教授、北京大学明史博士胡丹先生所说，我所写的明清史，细腻，爆发着细节的力量。

有了明确的主题方向，有了系统的内容积累。2018年，江苏凤凰文艺出版社与江苏人民出版社分别推出了我的《细说康熙》《明史不忍细看》。清史名家阎崇年先生说："敬之先生的大作《细说康熙：王朝纷争六十年》，将康熙朝的人物和事件，分作50多个专题，凭借长期积累，依据大量史料，运笔洒脱，文字灵动，娓娓道来，妙趣横生。本书有分析、有阐述，有褒扬、有贬斥，有见解、有深度，有细说、有评论，静心一读，获益匪浅。"经济学家朱克力说："圣手无济大明劫。向敬之的《明史不忍细看》这本著作，以皇帝、权宦、奸佞及文臣武将的政治作为和君臣关系，作为研究的切入点，正评反批，不落窠臼，发人深省，重点论述了明朝日见衰亡与辽东满洲迅速崛起，以及农民战争兴衰根源，重新评估了明清交替的社会秩序崩坏、断裂与重建的血色现实。”

第二年，我的《清史不忍细读》出版，国家图书馆研究馆员、北京师范大学教育学博士向辉先生第一时间写了一个长篇书评，由新华社客户端发出后，一下午有了100多万的阅读量。不久，《中国纪检监察报》推出评论文章《站稳人民立场，追寻历史真实》，开篇说：“《清史不忍细读》是明清史学者向敬之的又一部通俗作品，是一部人民历史学的佳构。”

这三本，与我而言，是新的尝试，也是试水，但无论是图书销售还是社会反响，都还不错。就在前几天，《清史不忍细读》的策划编辑告诉我，他们又加印了。有了这些，我是欣慰的，但我还得坚持继续，即便现在处在一个全职研究写作、再无签约保障的时刻，我也需坚持下去，因为我较满意的内容，还在后头。

这不，我新近面世的所谓清史四书：《大清定局》《明清破局》《康熙奇局》《雍正迷局》，近160万字，是反复打磨出来的。至于我为什么写这几本书，我没有采用传统的前言后记说明，只是在封面上各弄了一段文字，作为我的认识和理解：

“从俘虏到反抗，从复仇到问鼎，从聪睿英明到残暴铁血，努尔哈赤玩足了称臣又称雄的障眼法。由偏安辽东，到入关逐鹿，到君临天下，逆袭路上，皇太极、多尔衮、福临的承袭与改变，内斗与外争，合作与博弈，妥协与亲政……成功定鼎中原。”(《大清定局》)

“良相难救时，国君死社稷。一个旧王朝的衰朽与覆灭，导致一大批有抱负、有追求、有热情的儒家士子，捐弃虚幻的道德英雄主义，抓住一切政治改革的现实机会，协助另一个野蛮的征服者推行儒家道统与治统，纵然大节有亏，苟且偷生，饱受猜忌，道义上不安。”(《明清破局》)

“如果没有饱受争议的孝庄力保，最初的傀儡康熙，未必能成为千古一帝。他是否真如后来所尊圣仁？诸多事迹，多番缠斗，都在为他的帝王人生注解。肇启康乾盛世，繁荣的背后闭关锁国，错失良机，因为他只想虚构：自古得天下之正莫如我朝。”(《康熙奇局》)

“若无夏日炎炎，春华之后哪有秋实？孰忠孰奸，孰能孰庸，孰正孰邪，孰是孰非。千秋功过任凭说，万般追求各纷纭。雍正所得煌煌事功、滚滚骂名，有赶超康熙的勤政玩命，有自证清白

的凌厉寡情，也有儿子乾隆的添油加醋……”（《雍正迷局》）

这套书，是由凤凰壹力策划、上海三联书店出版的。实际策划人为译林出版社老社长、凤凰壹力董事长顾爱彬先生。这其中，也是有故事的。《细说康熙》出版后，被江苏省新闻出版局孙敏先生推荐给顾社，同时向他推荐了我一本新稿子。由于种种原因，同译林社没有合作成功，但我没想到，退居二线的顾社突然联系我，询问我那本书稿是否出手，这就有了这一套清史书稿交由顾社操刀出版的事情了。

对于顾社，我在出版社时，就敬仰不已。当时我还买了不少译林版好书，几次搬家，丢了不少书，但译林的书一直留着，放在书架醒目的位置。这次能得到这样一位出版大家扶持，也是我最大的幸运。

与此同时，我另外三本明清史著作也即将出版，无论是版式设计，还是内容编辑，费尽心思，就连书名，也是反复讨论。

一个朋友说，就是这样的编辑，这样的做法，这样的重视，我都赚了！

不论怎么说，我们的写作、编辑，都是认真的，但最终的好坏，在于读者的评判。毕竟我选择写作明清史，不是孤芳自赏，而是服务读者，而需敬而读之。

第一篇　辽东崛起 01

李成梁的俘虏，变成了女真的大汗 03
叶赫老女悔婚，给攻明打了强心针 17
努尔哈赤为何罢黜最爱的两个儿子？ 41
努尔哈赤乘乱逆袭，遭遇了袁崇焕 48
谁制造了清宫多起乱伦“丑闻”？ 58
即位悬疑，却改变了大清朝的命运 71
攻明不取燕京，原是应用伐木理论 83
满人攻明的拦路虎，被崇祯帝处死 89
一份塘报，暴露崇祯想媾和皇太极 97
太祖联姻的爱女，遭亲弟寡情凌迟 101
皇太极将爱妃送人，又向寡妇示宠 107
祖大寿复降，想拉吴三桂邀功 113

第二篇　一统天下　119

多尔衮为何无缘继承太祖之汗位？　121
招降吴三桂，多尔衮胜皇太极一筹　133
多尔衮一度对李自成和南明朝示好　140
吴三桂降清剿闯，南明君臣很高兴　145
大清首任总督，竟是崇祯的殿中帅　151
崇祯探花劝进多尔衮，目的很吊诡　185
多铎嗜杀又好色，给摄政哥忙拆台　205
多尔衮霸凌，孝庄默认顺治拉清单　214
多尔衮强娶侄媳，戳穿孝庄下嫁说　222
顺治想对多尔衮网开一面竟未成功　228
强化满汉一体，顺治背叛祖制吗？　235
流亡的南明，打得清朝要划地而治　242

第三篇　盛世迷局　249

孝庄的幸与不幸：她成就了康熙帝　251
福全无缘帝位真因“损一目”吗？　277
康熙智擒鳌拜后，连串举措藏玄机　283
康熙仿朱元璋，不看教训贻害无穷　292
“九子夺嫡”没有演变成八王之乱　298
康熙帝为何最后不得不二次立废？　303
八贤王出众，却被亲爹要绝父子情　322
康熙帝的亲情牌，如同一道护身符　327
李光地滑头，雍正却称他一代完人　332
雍正为何成就不了秋月与邬先生？　337
年羹尧怎么成为雍正的亲密战友？　348
八王议政存在过，不容雍正被逼宫　359
雍正重用允禩时，老九成了出头鸟　365

曹雪芹家被抄，竟与打击八王有关 371
隆科多的宿命：龙头拐，抑或鱼刺 388
雍正十三年只有一个新春举国同庆 399
雍正五废贱籍，为何率先坏规矩？ 420
一场大病，使雍正病危爱上养生术 432
康乾盛世威名之下，雍正无存在感 438

第四篇　王朝末路 445

雍正留给张廷玉的护身符并不实用 447
电视剧中的张廷玉，同史上差异大 453
李卫、田文镜为何身后荣辱要两说 459
《如懿传》开场二事狂污乾隆生母 465
乾隆自画圣孙形象，无视两关键人 471
继皇后被废，毁了理想储君的前途 478
乾隆疼爱“私生子”福康安有原因 485

乾隆帝为何看不上闻名全国的永珵 492
和珅靠什么让英国特使刮目相看？ 497
嘉庆即位背后的政治危机艰难公关 503
道光帝留下的即位争议和择储悬疑 509
逃跑与抵抗，咸丰差点处死了慈禧 522
曾国藩手握重兵，自立风险系数大 535
曾国藩与李鸿章、左宗棠缠斗不休 543

第一篇

辽东崛起

李成梁的俘虏，变成了女真的大汗

1

明嘉靖三十八年（1559）二月二十一日，努尔哈赤出生在赫图阿拉（今辽宁省新宾县境内）建州左卫一个女真部落头领的家里。他是家中的长子。

他的祖父有六兄弟，即清前史上的宁古塔贝勒六祖。他们分立六处，环卫而居，各建城寨。他们的这个家族，可谓建州女真第一家族，既富且贵。

努尔哈赤的六世祖孟特穆（明朝与朝鲜文书中写作“猛哥帖木儿”或“猛哥帖木尔”），为女真斡朵里部首领，被元朝封为斡朵里万户府的万户。朱元璋反元成功，继而派徐达为大将军进攻大都，把元朝残余追逐至关外。孟特穆率部落东移，归附朝鲜王朝，仍被封为万户。明永乐帝继位后，大力招抚女真，设立卫所，并遣使朝鲜，强迫朝鲜王放回孟特穆及其部众。朝鲜王也想留住孟特穆，恩威并施，怎料孟特穆见到永乐帝的收复敕谕和使节后，一面对监视的朝鲜官员说“我等不从朝廷招安”（吴晗《朝鲜李朝实录中的中国史料》上编卷二）来麻痹朝鲜王放松警惕，一面寻找机会随从明朝使臣王教化前往京师（南京应天府）觐见明朝“天皇帝”。天子坐明堂，封官又赏物。孟特穆后来被追尊为肇祖原皇帝。

自归来的孟特穆起，家族世袭明朝建州卫指挥使、都督等职务，掌管卫所事务，同时向朝廷进贡，并率部随明军征战。

努尔哈赤的祖父觉昌安是建州左卫枝部酋长，素有才智，处事果断，为明都指挥使，但因人少势弱，与第四子塔克世早期依附建州“强酋”亲家，也就是努尔哈赤的外祖父王杲。努尔哈赤的父亲塔克世继任建州左卫指挥使，母亲喜塔腊氏为建州右卫都指挥使王杲（《清史稿·后妃传》作“都督阿古”，二名同一人）的长女。

努尔哈赤十一岁、舒尔哈齐五岁时，生母去世，家事由继母纳喇氏主持。继母为人刻薄，对他们的父亲塔克世吹枕边风。努尔哈赤十九岁那年，塔克世与二子分居，且给的财产很少。无奈，努尔哈赤兄弟俩就离开家，寄居在外祖父王杲门下。

这件事让后来称汗的努尔哈赤刻骨铭心！到了天命五年，其次子代善，本来已分得两红旗，被定为嗣汗，但因原配嫡福晋李佳氏过世，禁不起后妻继福晋叶赫纳喇氏唆使，与原配所生的二子岳托、硕托闹分家，不但给的财产少得可怜，而且还向努尔哈赤造谣硕托有投明叛变行为，要求杀死硕托，这激怒了了解真相后的努尔哈赤。努尔哈赤严惩了代善，褫夺了他的储位，分出镶红旗以岳托为旗主贝勒、硕托为管主贝勒，甚至连尔后推出的八和硕贝勒共治国政制，也以岳托替代了代善。当然，这是后话，但努尔哈赤寄居母家所遭遇的欺辱，更使他选择了顽强地活下去。

塔克世见努尔哈赤很有才智，准备再送他一些家产，但被努尔哈赤拒绝。努尔哈赤不惜入赘辽东望族佟佳氏，在明朝军方名单上署名“佟努尔哈赤”，一度与塔克世少了来往。

2

王杲及其子阿台，不像姻亲觉昌安和塔克世父子那样怯弱，而是不愿接受明朝官员的管制。他们积极谋划自立，称王称霸，多次侵扰明军驻守的重镇辽阳、抚顺等地，并将前来镇压的明军多路将领擒获磔杀，终于招来了血洗的厄运。

万历三年（1575），明辽东总兵李成梁率军攻陷王杲的古勒寨，擒获王杲，押解进京，处以凌迟之刑。其妻子儿女二十七人被海西女真的哈达贝勒王台所得，只有阿台逃脱。

努尔哈赤兄弟被俘，被充作幼丁，随军征战。每次作战，明军都让女真俘虏打头阵，玩命冲杀。几仗下来，大部分女真俘虏兵都战死，努尔哈赤兄弟侥幸活下来，并练就一身健壮的体魄和精湛的武艺，为后来起兵造反打下了良好的军事基础。

万历十一年二月，已归附李成梁的觉昌安和塔克世，因为关系相处得不错，请愿前往重建的古勒城，劝降城主阿台（他就是塔克世的舅哥，又娶了觉昌安的一个孙女）。觉昌安并不是因为阿台是姻亲而爱惜，只是不想长子礼敦所生的孙女受难，于是与儿子塔克世一起想办法进城营救，却被阿台羁押。

城外的李成梁与图伦城主尼堪外兰，不待觉昌安父子安全出城，却另有考虑：阿台不擒，只为祸根。

于是，他们合并围城，却因古勒城依凭山险，防御甚坚，还不时出城袭杀明军。

李成梁损兵折将，不能破城，于是拿尼堪外兰撒气，强迫他去劝降。

无奈的尼堪外兰，心生一计，隔墙喊话："天朝大兵既来，岂有释汝班师之理！汝等不如杀阿太归顺。太师有令，若能杀阿太者，即令为此城之主！"（《清太祖武皇帝实录》卷一）

“阿太”即阿台。“太师”指李成梁。其实，李成梁两次被叙功加官，做过太保、太傅，唯缺太师一衔。太师为三公之首，稍次于太师的太傅，就是李氏一生的最大殊荣。

离间计奏效，城中有人听信，设计杀了阿台，开城出降，却被李成梁“不分男妇老幼尽屠之”(《清太祖武皇帝实录》卷一)。

觉昌安父子惨死在明朝的乱军之中。

3

努尔哈赤兄弟悲恸欲绝，一起离开明军，决定为死去的亲人报仇。

他们也想到，明廷虽然近两百年来一直在豢养他们的先人，给他们官职，封他们爵位，赐他们印信敕书冠带，分了几百个人，但绝不容许他们称雄争长，否则就是犁庭扫穴。

长期以来，明朝统治者对东北地区的各少数民族，采取了分而治之、以夷制夷政策，不设州县行政，而推行都司卫所的军事管理，先后增设四百多处卫所。明廷掌控着关系生计的市场贸易，又任意侵占盘剥女真人的土地和利益，还擅开边衅、扑杀诸夷后向朝廷冒功请赏，甚至支持着“各部蜂起，皆称王争长，互相战杀，甚且骨肉相残，强凌弱，众暴寡”(《清太祖武皇帝实录》卷一)。

努尔哈赤的祖、父，就是死于这样的武装冲突之中。

努尔哈赤向明朝辽东管理者鸣冤：“祖父无罪何故杀之?”(《清太祖武皇帝实录》卷一)

虽然得到的答复是“误杀”，送还了尸体，并给了三十道敕书、三十匹马，以及一份都督的任命状，但也是努尔哈赤凭借父祖留下的十三副遗甲、几十个部属，打出一点声响后，得到了明廷的一些反应。

当努尔哈赤向明朝边臣索要仇人尼堪外兰时，却只得到了严厉的警告：“尔祖父之死，因我兵误杀，故以敕书马匹与汝，又赐以都督敕书，事已完毕。今复如是，吾誓助尼康外郎筑城于甲板，令为尔满洲国主。”(《清太祖武皇帝实录》卷一)尼康外郎，就是尼堪外兰。

明廷态度很强硬，吓得努尔哈赤本家“长祖、次祖、三祖、太祖之”子孙，聚于庙，对神盟誓，要杀了努尔哈赤做对明表忠心的投名状，这让尼堪外兰扬扬得意，命努尔哈赤降附于他。

尼堪外兰满以为明朝选择了他成了女真代表，却没料到，努尔哈赤没被明朝的禁令吓住，而是招兵买马，积蓄力量，连番出击，把他打成了丧家狗，并利用明军忙于应付万历援朝战争，而成了女真真正的霸主。

蔡东藩在《清史通俗演义》第二回后批中说："图伦城主尼堪外兰，与叶赫部主纳林布禄，名为满洲之仇敌，实皆满洲之功臣。自古英雄豪杰，不经心志之拂乱，未必能奋发有为，故敌国外患之来，实磨砺英豪之一块试金石也。"

尼堪外兰为努尔哈赤的第一个敌人，不意成就了寄人篱下的努尔哈赤逆袭而起。

古勒之乱引发的祖父之仇，激起了努尔哈赤起兵征战，一统女真，后来被努尔哈赤写进了反明檄文"七大恨"，说他的祖父和父亲，未尝损坏明边一草寸土，而明军无端挑衅，将他们杀害。

4

以"七大恨"誓天发起抚清一役前，努尔哈赤不论是四处征战，还是建国称汗，始终不敢正面叫板明朝辽东守军，而是主动屈膝示弱，同时逢迎李成梁为首的包括辽东巡抚、副总兵、游击、兵备道等在内的大小明边臣，称仆称奴，遥尊万历帝，向朝廷进贡。

与此同时，他玩阴谋，首战打掉了杀父仇人、图伦城主尼堪外兰的势力，选择时机征服了浑河部、董鄂部、苏克素浒部、哲陈部、完颜部、朱舍里部、讷殷部，统一了建州女真，并向海西女真展开了进攻。

他的一系列军事行动，并非没有引起明廷的注意。

但是，他“年年向帝叩拜”（王在晋《三朝辽事实录》），进贡朝拜，忠顺恭谨，送还人口，乞讨职衔，于万历二十年（1592）八月向万历帝谋求龙虎将军未被允准后，仍坚持请求，终于在三年后实现了获“加龙虎将军，秩同王台时”，成为女真诸部官阶最高、职衔最显的大酋长。

明廷厚遇努尔哈赤，故有了万历之母李太后放走造反的努尔哈赤一说。

《清朝野史大观》中有一节“万历妈妈”，写道：万历年间，努尔哈赤攻抚宁城，兵败被囚。部下潜入京师，买通明朝内侍，私下向万历之母李太后求情，太后为努尔哈赤说了好话，并释放了他。努尔哈赤感念其恩德，特立祀于神堂，世代祭奠。

一节不过瘾，索性接着又来一节“完立妈妈”，称当年努尔哈赤的祖父觉昌安、父塔克世同明将李成梁作战时被杀，李太后十分同情惋惜，斥责李成梁不讲人情，命给努尔哈赤抚恤。

事实上，完立在满语中指木偶。完立妈妈是清代满族朝野上下普遍祭祀的女神。因为完立妈妈谐音万历妈妈，而被后人将满人供奉母系先祖完立妈妈，讹传为努尔哈赤感谢万历之母慈圣太后释放的恩情。

还好，野史传闻只是李太后私放了努尔哈赤，没有演绎出一段类似影视剧中张居正蝇营狗苟的绯闻来。不然，又是一出宫廷丑闻、千古奇观了。

女真奉行母系起源，《满洲实录》《清太祖实录》等书记载，努尔哈赤的先世发祥于长白山。据说仙女佛库伦在长白山之东的布库里山下布尔瑚里池洗澡，上岸穿衣，吞食了一颗神鹊衔来的朱果，致孕而生育了女真人的先祖布库里雍顺。

倘若真是慈圣李太后对努尔哈赤有恩情，为何未载于正史，而隐见诸野史，唯有牵强附会了。

5

为何这样说呢？

因为这有另一番说辞。

有人认为，努尔哈赤的做大做强，是李成梁的暗中扶植。

这不是后人猜测，时人也有这样的记载。

明兵科给事中宋一韩给万历帝上陈劾章《抚镇弃地

啖虏请查勘以正欺君负国之罪疏》，直指：“建酋与成梁谊同父子，教之和则和，教之反则反，诛成梁而建酋自不敢动……成梁在镇四十余年，廷臣争言弃地媚虏，结连建州。”（《明神宗实录》卷四百六十二）

努尔哈赤起兵于万历十一年（1583），此时的辽东，可以说是李成梁与太监高淮、辽东巡抚赵楫三人统治的独立王国。宋一韩在《直陈辽左受病之原疏》说：“辽左有三患，而建夷不与焉。”说的就是首恶高淮、帮凶赵楫与保护伞李成梁。

高淮为尚膳监监丞，为万历帝派至辽东的矿税使，出关开矿，对辽东大肆搜刮民财，诬捕反抗者和反对者，为害十年，让民众无不控诉：“辽人无脑，皆淮剜之；辽人无髓，皆淮吸之。”（《明经世文编》卷四百六十七）赵楫则是唯其马首是瞻的一走狗，助纣为虐。

而作为辽东军政长官李成梁，多次成功击溃女真部落的造反，并擒杀多名女真首领，镇防有功，位列三公，爵封宁远伯，但也是恃功骄纵、奢侈无度，与宦官高淮狼狈为奸，俨然辽东的土皇帝。

努尔哈赤崛起兴盛时，李成梁已年近古稀，而且他的辽东精锐都被儿子李如松带到了朝鲜战场的深坑，自是无力约束、钳制、反击努尔哈赤的东征西讨。

努尔哈赤青少年时曾服侍李成梁多年，熟悉李成梁的秉性，于是充分利用其需要恭顺和跋扈骄横的心态，充分表现出忠诚的姿态。与此同时，努尔哈赤还先后八次入关朝贡，乐此不疲地向万历帝讨封龙虎将军的封号，成了女真诸部贝勒中的政治明星。

他一副恭顺的模样，骗过了老迈的李成梁和慵懒的万历帝。一旦羽翼丰满，就以大金天命汗之名，向他曾经长达数十年卑躬屈膝的大明朝，发起了攻城略地的大规模的军事行动。

《清史稿·太祖本纪》曾记载一个类似的故事，即李成梁的老婆释放努尔哈赤一事，李太后变成了李夫人：尼堪外兰勾结明总兵李成梁，攻击努尔哈赤的舅舅阿台，导致努尔哈赤的祖父觉昌安、父亲塔克世死于非命，“太祖及弟舒尔哈齐没于兵间，成梁妻奇其貌，阴纵之归”。

这样的事情都有记载，而假设存在的李太后对努尔哈赤的恩情，能被宫廷永续传承，自然也能见诸官修的清朝史料。

至于万历之母李太后私纵努尔哈赤之事，清朝的史官不提，可理解为开国太祖遮丑隐恶，但明朝遗老的笔记也不说，只能说明此事为子虚！

6

事实上，努尔哈赤征战女真，明朝总兵李成梁也没坐观虎斗，而是支持另一个强大的叶赫部联手乌拉部，与努尔哈赤不时火并。

叶赫部曾以叶赫老女许婚努尔哈赤，但又反复另配他人，激怒努尔哈赤：“此女之生，非同一般者，乃为亡国而生矣！以此女故，哈达国灭，辉发国亡，乌拉国亦因此女而覆亡。此女用谗挑唆诸申国，致启战端。今唆叶赫勾通明国，不将此女与我而与蒙古，其意使我为灭叶赫而启大衅，借端构怨，故与蒙古也！我即得此女，亦不能长在我处，无论聘与何人，该女寿命不会久长。毁国已终，构衅已尽，今其死与将至也。我纵奋力夺取此女，亦不能留于我处。傥我取后迅即殒命，反流祸于我矣！”（《满洲老档》“太祖皇帝”第四册《叶赫以努尔哈齐所聘女改适蒙古》，“努尔哈齐”即努尔哈赤）

电视剧《太祖秘史》将叶赫老女虚构成东哥，与努尔哈赤爱得死去活来、天荒地老，这不符合史实。在历史上，努尔哈赤对此女并不“感冒”，甚至缘悭一面，只是借了这件事写进了伐明的“七大恨”：“遣兵出边为夜黑防御，致使我已聘之女转嫁蒙古，此其四也。”（《清

太祖武皇帝实录》卷二，“夜黑”即叶赫）

李成梁在资助努尔哈赤对手的同时，也在积极挖他的墙脚。

努尔哈赤的得力助手和主要战将，为其亲弟舒尔哈齐。在长期的征战中，舒尔哈齐的军功越来越多，声望越来越高，成了威望和受礼与努尔哈赤不分伯仲的二号人物，但他和努尔哈赤的关系也越来越微妙。原来兄弟俩平起平坐，后来君臣有别。尤其舒尔哈齐两次代表努尔哈赤进京朝贡、述职，大开眼界，故而生出了取代努尔哈赤、成为女真之主的野心。

明王朝统治者似乎看中了舒尔哈齐的野心，也不停地抬高他的地位。明政府先是给他都指挥使的正二品武职，与努尔哈赤的都督品级相等。

后来，李成梁又让儿子李如柏娶舒尔哈齐的女儿为妾，在当时有歌谣“奴酋女婿作镇守，未知辽东落谁手”。

有明朝遗臣黄道周留下记载，连努尔哈赤的长子褚英都对明朝十分忠诚，这是抗清名臣的反间策，还是李成梁也对其玩攻心计？

这没有真实记载，权作猜测而已。

外忧未除，内患又起，努尔哈赤在灭掉乌拉、叶赫二部后，又囚杀亲弟，诛杀长子。

万历四十四年（1616），努尔哈赤在赫图阿拉称覆育列国英明汗，建国大金（史称后金），改名天命。

此时的努尔哈赤，已经攻占了大部分女真部落，决意和明朝撕破脸。两年后，即后金天命三年（明万历四十六年，1618 年）正月十六日一大早，大汗努尔哈赤对诸贝勒宣布："吾意已决，今岁必征大明国！"（《清太祖武皇帝实录》卷二）史官们还为努尔哈赤造反下最后的决心，精心铺陈了一个祥瑞之兆："有青黄二色气，直贯月中，此光约宽二尺，月之上约长三丈，月之下约丈余。"

好一个长虹贯月，开启了努尔哈赤正式反明的序幕。

叶赫老女悔婚，给攻明打了强心针

1

叶赫联姻努尔哈赤时，已是海西女真四部的霸主，而努尔哈赤不过是明朝辽东总兵李成梁的小跟班。

联姻，是叶赫主动的、盛情的、真诚的。

事情发生在明万历十年（1582）。

努尔哈赤的祖父觉昌安、父塔克世，虽然有明廷敕封的建州左卫都指挥使之类的官职，品级与李成梁相当，都是正二品，但在权势方面，也只是李总兵使唤的走卒。

八年前，即万历二年，李成梁对建州首领王杲称雄不称臣很不满意，于是，利用觉昌安父子与王杲有姻亲关系，命为向导，成功俘获异类分子王杲。万历皇帝亲临午门城楼观赏献俘，王杲被磔杀于京师。尔后，李成梁又令觉昌安父子，前往逃脱的王杲之子阿台驻地说和，待到城门大开时，又是一出阴谋，阿台死于非命。

尚是名不见经传的小人物努尔哈赤，一次途径叶赫部，被叶赫贝勒杨吉努盛情款待。

推杯把盏时，杨吉努直言：我有幼女，等她长大成人后，想让她嫁给你。

努尔哈赤已经娶妻佟佳氏，且生了一子一女，即褚英和东果，但杨吉努不介意女儿将来去给这个青年人做小。

努尔哈赤答道：你要缔结姻盟，为何不现在就把大女儿嫁给我？

努尔哈赤生母喜塔腊氏早逝，外祖父王杲已被诛杀，父亲塔克世听信继母那拉氏谗言，对他和弟弟舒尔哈齐很是刻薄。

有明朝官方文书记载，努尔哈赤还是入赘佟家，所以有佟努尔哈赤或童努尔哈赤一说。只是后来创建国家、成为大汗、肇启清朝，后继之君们要为尊者讳，在实录、会典、宗谱、通志……官方文书中，为努尔哈赤正姓：爱新觉罗。

钦定，御制，都是最大的胜利者的特权。

所以，为父不容、寄人篱下的努尔哈赤，需要强大的外家力量，作为有效的政治资源。

杨吉努知道努尔哈赤是别人家的上门女婿，仍坚持说：我虽有长女，但不能匹配你成为佳偶。但我的小女儿不同，“仪容端重，举止不凡，堪为君配！”（《清太祖高皇帝实录》卷二）

幼女年仅八岁，而努尔哈赤二十四岁。

盛情难却，只能等待。

努尔哈赤妻妾成群，有名分者、有姓氏者十六人，但唯有这一段姻缘有着奇妙的缘起。

这是因为杨吉努的女儿孟古哲哲，几年后嫁给努尔哈赤，给他生了一个杰出的儿子皇太极。三十五年后，皇太极继承了努尔哈赤的汗位，也继承了钦定和御制的特权。

皇太极称帝后，第一时间追谥努尔哈赤为太祖武皇帝，不忘将其生母追尊为孝慈武皇后。

如此看来，杨吉努先知先觉，给小女找了真命天子，将拥有天下最为贵重的母仪。

清朝史官们将杨吉努勾勒成慧眼识人，“识上为非常人!”(《清太祖高皇帝实录》卷二)

《清史稿·杨吉砮传》也大肆渲染这一段奇缘，礼赞“杨吉砮顾知为非常人”(“杨吉砮”即杨吉努)。只是把事件延迟至太祖起兵时。

太祖凭借祖父遗甲十三副和数十个部众起兵，时为万历十一年。而杨吉努正伙同其兄、叶赫大贝勒清佳努对姻盟兼世仇哈达部落多番用兵，引来了明廷的强烈谴责和武力威胁。

他们对哈达明袭暗罚，却对明军投鼠忌器。他们最需要一个理想的间谍人员。

此中，最有一种可能，杨吉努以幼女为联姻的筹码，诱惑李成梁麾下任事的努尔哈赤为己所用。

幼女未长成，你得等待，你得在等待中创造条件。素有吞并哈达、统一海西之志的杨吉努，曾娶妹夫、哈达首领王台之女，结为姻盟。待到王台年迈，杨吉努又迎娶哈屯恍惚太贝勒家的格格，合围哈达，气死王台。

联姻，在杨吉努的眼里，只是一种政治手段，而不是一种和睦的方式。努尔哈赤还只是一个小喽啰，其祖父也不过是女真几十个部落中的一个小部头人，完全不可能作为人多势强的大部首领寄望一统女真的非常人物。

杨吉努这样做，无非是看重觉昌安父子与明朝在辽东的最高军事长官李成梁关系甚密，而第三代努尔哈赤近身服务在李成梁的身边。

所以，杨吉努用幼女待嫁须假年，诱惑努尔哈赤深入敌营当内应。

当然，他也会防患努尔哈赤，可能像其祖父，愿为向导，成为铲除姻亲的利器。

2

叶赫部族本为蒙古后裔，姓土默特氏，灭扈伦之纳喇部后占据其地，以地为姓，于永乐初年归附明廷。

当时，还没有叶赫一说，还称为“女直野人”，即女真野人。

永乐四年（1406）二月，他们的首领打叶率一个七十人的队伍，来到南京朝拜永乐帝。永乐帝决定设置塔鲁木、苏温河、阿速江、速平江四个卫所，册封各卫的指挥、镇抚、千户和百户等官，并按等级赏赐不同的诰印、冠带、袭衣和钞币。

奴隶社会中的野人，因那一拜，归附有功，被纳入了国家军政体系的正式编制。

打叶成了塔鲁木卫指挥，成了明廷在松花江北岸的地区领导人，世袭罔替。成化十九年，打叶后人无能，被另一家族的奇尔噶尼走了门道，出任卫的指挥使。

正德八年（1513），奇尔噶尼被杀，有入寇被杀之说，也有为祸被斩之说。其子褚孔格很聪明，接受招抚，入朝进贡，请求官职、印信和敕书，主动在嘉靖三年率一个由三百七十八人组成的庞大朝贡团，进京向初登大宝的嘉靖皇帝献马，这对正在闹大礼议的嘉靖改小支为正统，尊藩王为皇帝，是来自边疆的支持。

嘉靖皇帝龙颜大悦，金口大开，赐宴，赏钱，赏袭衣，赏官职。褚孔格被封为海西塔鲁木卫女真都督，官居正一品。

褚孔格率部南迁，至斩杀其父的开原城北的叶赫河地域定居，以河为名，叶赫之名由此开始了。

然而，这位褚孔格都督很快因为镇压兵变，为哈达部长旺济外兰所杀，还被夺走了明廷赏赐的敕书和不少村寨。

据《清史稿·杨吉砮传》记载:“永乐初，赐海西诸部敕，自都督至百户，凡九百九十九道。至是，畀哈达、叶赫分领之，以哈达效顺，使赢第一。”谁抢得了任命状，谁就是朝廷御封的卫所指挥官。

你争我抢，互不相让。一纸任命，几代仇杀。

叶赫与哈达之间的恩怨，愈演愈烈。

褚孔格的儿子太杵不出众，但太杵生了两个好儿子，能力超强，有抚众能力，大的叫清佳努，小的叫杨吉努。此外还有一个女儿叫温姐。

清佳努和杨吉努兄弟，筑东、西二城，各守一处，互为犄角，安抚百姓，做大做强。

此时的哈达，也换了领导人，由旺济外兰的侄儿王台继位，此人忠诚于明廷，被允许称汗，即为万汗。

清佳努兄弟也很聪明，不忘祖仇，谨慎行事，主动将妹妹温姐嫁给万汗做汗妃（其实是间谍），同时由杨吉努迎娶万汗的女儿。

郎舅变翁婿，亲上加亲。

但是，万汗奉明廷之名，纠合诸部落，向建州女真王杲进攻，清佳努兄弟敷衍着拒绝参与，同时他们在等待万汗垂老衰颓。他们不时挖墙脚、拉支持，使万汗忧愤而死后，一边以武力支持挑动哈达的汗位之争，一边以联合进攻攻伐哈达的部众村寨。

他们疯狂复仇，罔顾明朝辽东巡抚李松和总兵李成梁的严厉禁止。

所以说，杨吉努以许婚拉拢李成梁的近侍努尔哈赤，目的是要了解明朝的军事机密。他对努尔哈赤是寄予厚望的，厚望的绝不是努尔哈赤日后称大器、成为天命汗，提前购置原始股，而是以为利益的诱惑，期待努尔哈赤向其传递李成梁对他们复仇的干预机密。

结果，李松和李成梁，对清佳努兄弟的变本加厉，采取了紧急措施与非常手段。

他们定下了历史上著名的市圈计。

3

万历十一年十二月，明朝辽东巡抚李松和总兵官李成梁决定：彻底解决不受管束的叶赫贝勒清佳努和杨吉努。

他们的办法是：诱之以利，请君入瓮，进行诛杀！

明末著名的市圈计，就这样出炉了。

何为市圈?《清史稿·杨吉砮传》说:“明制，凡诸部互市，筑墙规市场。”

女真地区盛产人参、皮张、马匹、东珠和海东青等，而严重缺乏关内汉人所拥有的铁器、耕牛、布匹、食盐等。女真人不同于蒙古人，耕猎并重，所以对于大明朝廷允许的“马市”“贡市”之类商贸活动，很是看重。

女真人离不开明朝官员掌控的互市活动。倘若明朝的官老爷们一时不高兴，关闭了贸易的市场，那么他们就很难得到日常生活的急需品，而且自己丰富的产品就会因大量的滞销，出现大范围的毁坏，断了重要的经济来源。

史料记载:万历三十五年（1607），明廷决定限制努尔哈赤的发展，意图培养建州二号首长舒尔哈齐取而代之，打起了贸易牌，暂时关闭辽东马市，结果导致女真人的人参在两年内腐烂十万余斤，使那些主要以采集人参为生的建州民众处境更为艰难。

商品交换严重制约了女真人的社会生产。虽然人参悲剧发展在后来，但女真人对于明朝互市的依赖性，由来有自。

李成梁向清佳努和杨吉努传话:朝廷有赏赐，请你们兄弟在开原举办商贸节期间亲自来领取。

清佳努兄弟对哈达进行复仇，但还是希望和明朝廷，尤其是手握重兵的李成梁，搞好关系。他们邀约恍惚太部，共两千人马，前往开原，参加互市，显摆声势浩大的排场和受奖身份。

他们忘记了建州左卫掌卫都督董山提请开设马市后，勾结蒙古，归附朝鲜，吃里爬外，作乱一方，成化三年（1467），明廷派出军队对其血洗：毁其巢穴，绝其种类，焚毁屯寨，擒斩一千七百余人，释放奴隶千余人。董山被靖虏将军、总兵官、武靖伯赵辅擒获后，诛杀于京城。

他们也不知，此次李成梁已把他们当成了忘恩背义的豺狼，迎接他们的是锋利无比的刀枪剑戟——李成梁在距离开原城四十里处，准备了精干的伏兵。

无疑，这一道贸易战的陷阱，杨吉努处心积虑所寄望的准女婿努尔哈赤，并没有起到传递谍报的作用。因为此时的努尔哈赤，已经因为年初祖、父死于李成梁与尼堪外兰的阴谋，离开李成梁，打出了复仇的旗帜。

当清佳努、杨吉努浩浩荡荡经过镇北关时，守备霍九皋派人拦截，说：你们既然来接受朝廷的招抚、皇帝的恩赏，又何必带来这么多披甲战士？

人数必须限制。

清佳努和杨吉努决定只带三百人入城。他们期待着朝廷能对待他们祖父褚孔格那样，不但赏钱给布，还加官颁敕，却不知道城墙的背后，参将宿振武、李宁等带队，在环城四周张弓搭箭，只待信号便动手。

明军定下了两种信号：“虏入圈，听抚则张帜，按甲毋动；不则鸣炮，皆鼓行而前，急击之勿失。”（《清史稿·杨吉砮传》）

李松坐镇南楼指挥，他希望他们称之为“二奴”的清佳努兄弟，俯首称臣。

哪知清佳努兄弟，请李松颁发敕书，并终止哈达对叶赫的托管。

剑拔弩张，僵持不下。

李松吹胡子瞪眼，厉声呵斥。

清佳努兄弟金刚怒目，出言不逊。

霍九皋命清佳努一干人等下马。杨吉努给手下白虎赤使眼色，白虎赤拔刀砍杀霍九皋。

九皋躲闪未及，被微伤右臂。顿时，连环炮响，伏兵杀入，很快将没有防范的清佳努、杨吉努、白虎赤等三百十一人（应该有内应），诛杀殆尽。

城外，叶赫兵卒群龙无首。明军在悍将李成梁的带领下，对被扣下的叶赫人马进行血腥杀戮。又是战果辉煌，斩杀甲士一千五百二十一人，夺取战马一千七百零三匹。

李成梁不满足于此，一路向北，深入叶赫腹地烧杀劫掠一番，再次强调：叶赫必须听从哈达贝勒孟格布禄的约束！

兵部尚书兼蓟辽总督张佳胤向万历皇帝报捷：阵斩“二奴”，诸将有功。

曾经被万历首辅张居正格外看重、破格提拔的李成梁，冲锋陷阵为首功，加官晋爵荫及儿子那是自然。就连稳坐军帐中的辽东巡抚李松也被加兵部左侍郎衔。张佳胤也被累以功升太子少保、太子太保。

叶赫经历此战，遭到了几近毁灭性的打击。所以，在数年内，“不敢出兵窥塞扰哈达为乱”（《清史稿·杨吉砮传》）。

4

叶赫差点毁在了清佳努和杨吉努手中，差点被李松和李成梁给灭了。

但让人没有想到，躲过一劫的清佳努之子布寨、杨吉努之子纳林布禄，刑白马立誓，成就死生门，很快重整旧部，谋划如何向哈达复仇。

叶赫二号首领纳林布禄，是后来成功继汗位、称皇帝的皇太极的亲娘舅，然清朝官修史料对他的评价，完全不为尊者讳，称“纳林布禄尤狂悖”（《清史稿·杨吉砮传》）。这是一个恶评，毫不避讳、毫不留情、毫不躲闪地留给了后世。

事出有因。

杨吉努被明军诱杀于开原中固城后，纳林布禄还是履行了其父当年许下的婚约，于万历十六年（1588）九月送妹妹孟古哲哲至建州，给妻妾成群亦子女成群的努尔哈赤做侧福晋。

努尔哈赤张灯结彩，率诸贝勒大臣迎之，大宴宾客，把酒言欢。

努尔哈赤的后宫，由发妻佟佳氏哈哈纳扎青主持，其下为继福晋富察氏衮代。叶赫贝勒家的格格孟古，到了建州只是主人家的小妾。她是否在意，史料未载，只是多次强调努尔哈赤把她称为“爱妻”。从她十四岁嫁给努尔哈赤，四年后才生下第八子皇太极的事情来看，她并非努尔哈赤的专宠。努尔哈赤对她的爱，还不及以寡妇携子再嫁的富察氏衮代。

妹妹是否幸福，纳林布禄并不在意。他另有所图。

他正在加紧向哈达复仇，利用其姑姑温姐是哈达前领导人王台遗孀的关系，武力支持表兄弟孟格布禄及其同父异母兄弟康古鲁，与明廷继孟格布禄之后重新指定的新任贝勒岱善缠斗不休。

康古鲁死于仓促，岱善死于阴谋。孟格布禄再次统领哈达，却屈服在纳林布禄的淫威之下。

暂时解决了哈达问题，纳林布禄利用新的姻盟关系，对妹夫努尔哈赤发号施令。

纳林布禄派人给努尔哈赤传话，海西与建州语言相通，可以“合五为一”。

他以未来总盟主的旗帜号令：属地你多我寡，我看中了额尔敏、扎库木两个地方，你最起码要给我一个。

统一，各管各的。纳林布禄却要分割努尔哈赤的土地。

努尔哈赤说：“我乃满洲，尔乃扈伦。尔国虽大我，我岂肯取？我国即广，尔岂得分？且土地非牛马比，岂可割裂分给？”（《清太祖高皇帝实录》卷一）

纳林布禄不甘心，于是邀约哈达贝勒孟格布禄、辉发贝勒拜音达里会商，一同派出大臣出访建州。

努尔哈赤不好拒绝，于是摆酒招待。他的欢迎词和祝酒词还没说完，叶赫大使图尔德便急不可耐地站了起来。

图尔德说：我主有传话，要让您不高兴了，但请不要发怒！

努尔哈赤很坦然：如果你主是善言，我且听之。如果你主是恶语，我也派人到他面前回过去。你尽管说，我不会责罚你!

图尔德说：我主说，既然要您割地，您不干，那么让我传令，命您归附。如果您又不从，那我们将对您宣战!

图尔德强调本部的实力，耀武扬威：我能侵入贵部，但您能进入我境吗?

这是赤裸裸的武力威胁，毫不客气的恐吓。

虽然努尔哈赤承诺不发怒，但还是按捺不住心中的怒火。只见他拔出佩刀，斫断几案，厉声说：

“尔叶赫诸舅，何尝亲临阵前，马首相交，破胄裂甲，经一大战耶！昔哈达国孟格布禄、戴善，自相扰乱，故尔等得以掩袭之。何视我若彼之易也？况尔地岂尽设关隘，吾视蹈尔地如入无人境，昼即不来，夜亦可往，尔其奈我何？昔吾以先人之故，问罪于明，明归我丧，遗我敕书、马匹，寻又授我左都督敕书，已而又赍龙虎将军大敕，岁输金币。汝父见杀于明，曾未得收其骸骨。徒肆大言于我，何为也?”(《清太祖高皇帝实录》卷二)

努尔哈赤即刻作书，派巴克什阿林察作为特使，前往叶赫进行严厉的抗议和谴责。

努尔哈赤警告叶赫的诸位舅哥，不要把他当成了哈达无能的孟格布禄。他蔑视布寨和纳林布禄，未经大战，还口出狂言，何不想想叫板明朝廷的结果各不同。

努尔哈赤的祖父觉昌安与父亲死于李成梁的阴谋，但他愤而起兵灭了参与者、图伦城主尼堪外兰后，得到了明朝的道歉和赏赐。而布寨之父清佳努、纳林布禄之父杨吉努死在李松和李成梁的市圈计，叶赫只能屈服于明廷的强制性指令。

努尔哈赤嘲讽布寨和纳林布禄，连父仇都不能报，还敢对他颐指气使。

其实，努尔哈赤得到的明廷待遇，不同于布寨兄弟，无非是对明廷的辽东管理者们，如李成梁，如李如柏，甚至是普通的游击守备，都主动称臣，而不敢称雄，百般奉承，殷勤送礼，力表效顺，不惜屈膝，甚至将亲弟弟舒尔哈齐的女儿，送给李成梁之子李如柏做侍妾。只是后来清取代明廷，故而豪言彰显他表面称臣、暗地称雄的大汗风范。

另外，努尔哈赤炫耀明廷给了他龙虎将军的敕书，这是后世清朝史官们将史实杂糅提前了几年。

《明神宗实录》内阁文库本卷二十记载，万历二十年八月丁酉，“建州等卫都督等官奴尔哈赤等进上番文，乞讨金顶大帽服色及龙虎将军职衔。下所司议行”。但并没有得到万历皇帝及时批准，故努尔哈赤年年向明朝的大皇帝叩拜表忠心，直至万历二十三年，才被“加龙虎将军，秩视王台时”（王在晋《三朝辽事实录》）。

这可以说是努尔哈赤在万历二十一年九月古勒山一战，大败叶赫纠合的九部联军，阵斩布寨，俘虏布占泰，打得纳林布禄、孟格布禄、拜音达里等落荒而逃的结果。努尔哈赤继而灭了参战的长白山的朱舍里、讷殷二部，成了辽东女真实力最强的大酋长。

5

明廷需要努尔哈赤的忠诚效顺，需要他稳定辽东，故不惜在册封其为左都督之后，又赏了一只龙虎将军的金顶大帽。

这样的高帽，并非由努尔哈赤始，哈达王台及其儿子扈尔干、孟格布禄相继戴过。

万历二十五年正月，海西四部同时遣使，同努尔哈赤签订新的友好条约。然纳林布禄却暗地里威胁哈达、辉发，及建州扶持的乌拉布占泰政权，背叛努尔哈赤。

努尔哈赤愤而出兵，相继惩罚背叛者时，纳林布禄只作壁上观，坐视盟友们一一国亡身灭。

狂悖的纳林布禄，不敢明火执仗，郁郁而卒。继任者金台吉、布扬古积蓄力量、重新布局，意图对努尔哈赤发起最后一战。

这一场女真两大阵营生死较量的持久战，在纳林布禄生前便已拉开了序幕。努尔哈赤派人袭击蒙古，遭到纳林布禄黄雀在后，劫获了战利品，且俘虏了建州人马。纳林布禄武力威胁努尔哈赤吞并的哈达，使其新女婿吴尔古代不能顺利继位。

尤其在万历三十一年九月，努尔哈赤的小妾、纳林布禄的亲妹孟古哲哲病危，想见生母最后一面。努尔哈赤派人前往叶赫迎请，遭到纳林布禄横加阻拦，结果好说歹说只让一个叫作南太的仆人到叶赫慰问。

夫兄的生死缠斗，导致了孟古的生命悲剧。

孟古带着亲人的寡情走了，却留给努尔哈赤决心灭叶赫的理由。

努尔哈赤总结与叶赫的恩恩怨怨：一是叶赫纠合九部之师，对其发动了古勒山之战。二是叶赫主导缔结旧好，又将许婚他的叶赫老女嫁往蒙古。三是孟古临终想见亲娘，被纳林布禄剥夺人伦之礼。

努尔哈赤发话："是终绝我好也。汝如此两国已复相仇，我将问罪汝邦，城汝地！"（《清太祖高皇帝实录》卷三）

是为宣战书。

联姻的人死了一个，姻盟的路已然隔绝。

努尔哈赤在高度评价孟古"仪范端淑，器度宽和，庄敬聪慧，不预外事，词气婉顺，誉之不喜。纵闻恶言，而愉悦之色，弗渝其常。不好谄谀，不信谗佞，耳无妄听，口无妄言。殚诚毕虑，以奉事上，始终尽善”（《清太祖高皇帝实录》卷三。此文有可能为其子皇太极即位后的加工粉饰）后，于第二年正月，亲率大军进攻叶赫，攻克二城，劫掠七寨，俘虏二千余人而还，并安排大贝勒代善率五千人马进行实时监控。

两大部落的小战大战不断，努尔哈赤不惜“送子质明”，率四万大军联合蒙古喀尔喀部贝勒介赛强攻叶赫。

介赛本是金台吉的亲女婿，却借岳父杀了老婆的养母、纳林布禄的妻子，打出复仇的旗帜。

虚情假意被粉饰为捍卫正义的师出有名，都不过是攫取利益的冰冷武器。介赛为努尔哈赤助战，也是想得到那位曾经许婚建州、却被建州变相利用的叶赫老女。叶赫老女又是誓死不从，宁愿以三十三岁的大龄嫁给喀尔喀另一个贝勒之子，也不情愿给重兵压境的强敌做陪床女人。

这位著名的叶赫老女（又称“北关老女”），不愿作为政治牺牲品嫁给杀父的努尔哈赤与帮凶的介赛，她的骨气倒比努尔哈赤礼赞的伟大善女孟哲要强过几分。遗憾的是，她的骨气，照样不能改变叶赫的灭亡。

就在她最后正式嫁人不久，努尔哈赤称汗建国了，成了大金政权的覆育列国英明汗，又称天命汗。几年后，天命汗又以她的不嫁为借口，丰富了征明檄文“七大恨”的内容。

天命四年（1619）八月，努尔哈赤借萨尔浒之战大胜辽东经略兼兵部左侍郎杨镐数十万明军的余威，趁势对叶赫用兵，将坚固的东、西二城死死围住，分兵作战。

努尔哈赤要对叶赫下死手了。金台吉欲向建州复仇，对明朝主动示好，积极响应杨镐之命，出兵阻击金兵，其子德尔格勒率人偷袭建州一个寨子，俘虏四百零七人，斩首八十四人，得到了明朝两千两白银、二十匹彩缎的奖赏。

愤怒已激化，仇恨算不尽，奖励也无用。

面对强敌，金台吉坚城固守，发出誓死不降的豪言壮语：“吾非明军比等丈夫也，肯束手归乎？与其降汝，宁战而死耳！”（《清太祖高皇帝实录》卷六）

既然不降，那就死战。

地面打不进，努尔哈赤就改为地道战，终于破城，围住了金台吉及其妻儿老小。

金台吉想见一次外甥皇太极，得到了努尔哈赤的允许后，金台吉说：“我与甥四贝勒未识面也，真伪乌能辨？”（《清太祖高皇帝实录》卷六）

娘亲舅大，金台吉突然想起了努尔哈赤的“四贝勒，吾妹所生也”。族群为敌，亲情冷漠，近三十年来舅甥缘悭一面，更是人性在利益驱使下的莫大悲哀！

这是他们舅甥俩的第一面，也是最后一面。

“魁梧奇伟”的皇太极劝降。金台吉说：“我生于斯，长于斯，则死于斯！”

金台吉还是不降，想纵火遁逃，不料被俘，被缢杀。

布扬古开城请降，“请盟无死”，平起平坐，也被稳操胜券的努尔哈赤吊死。

此时，距离孟古病逝，已有十六年。她的死，只是努尔哈赤的借口，却障眼不了努尔哈赤统一女真、必灭叶赫的雄心。

世上已无叶赫部。

世上还有叶赫人。

其子孙却被努尔哈赤及其后人善待，如金台吉的孙子明珠做过康熙帝的首辅。

后世传闻“吾子孙虽存一女子，亦必覆满洲”（恽毓鼎《崇陵传信录》），被与对清朝灭亡该负最大责任的慈禧——来自叶赫那拉氏家族的女人——联系在一起，似乎印证了这一句不知是出自金台吉还是布扬古之口的临终所言。

是遗训，抑或谶语。

或许捕风捉影！

6

至于电视剧《太祖秘史》大肆渲染的努尔哈赤与东哥的爱情，其实是对那位誓死不嫁杀父仇人努尔哈赤的叶赫老女，来了一次剧情反转。

最初起兵后经过五年的征战，努尔哈赤相继征服了建州五部。

努尔哈赤的强大，引起海西女真的不满。大舅哥纳林布禄坐不住了，他自恃叶赫强大，于万历十九年公开向努尔哈赤索要地临叶赫的额尔敏、扎库木二处，遭到努尔哈赤的严词拒绝。

纳林布禄联合辉发、哈达二部，以武力相威胁，继续索要土地，激怒了努尔哈赤。纳林布禄我行我素，抢掠了努尔哈赤的洞寨，而努尔哈赤出于亲情关系的考虑而没有发兵报复。

万历二十一年九月，叶赫联合乌拉、辉发、哈达及蒙古科尔沁等九部向建州发动进攻。双方战于古勒山。努尔哈赤集中兵力，攻其主力，大败九部联军，阵斩叶赫首领布寨，生擒乌拉部首领布占泰。纳林布禄慌不择路地率残兵逃回了叶赫。

屡次失败后的纳林布禄，不得不与努尔哈赤再次结盟。

纳林布禄数次背盟，还将在古勒山一战大败后承诺许婚给努尔哈赤的堂侄女，即布寨之女，传说中叶赫第一美女东哥，四处许婚，意图拉拢新帮手联合攻击努尔哈赤。

布寨死于古勒山之战。东哥誓死不愿嫁给仇人，还放言，谁为她杀了努尔哈赤，她就嫁给谁。

当然，努尔哈赤也不敢娶这位烈女子，甚至把她视为红颜祸水，但是，他始终以此为堂皇的借口，四处开战，师出有名。

努尔哈赤之所以这样做，并不是因为像电视剧《太祖秘史》《独步天下》中没娶到东哥的因爱生恨，而是因为他早有统一辽东的雄心。

即便说看在“爱妻”孟古的面子上，不对叶赫下最后一战的决定，那也是积蓄力量。

他担心明军介入他对叶赫的侵扰。此时的叶赫，已成为明朝的走卒，希望借助明军的力量对努尔哈赤复仇。

一旦时机成熟，努尔哈赤在萨尔浒一役，击溃了明朝兵部左侍郎杨镐组织的数十万大军后，就迅速对叶赫采取了强攻猛打。

至于努尔哈赤所言“汝叶赫诸舅无故掠我户布察寨，又合九姓之师而来攻我，既乃自服其辜，歃血誓天为盟誓，而又背之，许我国之女皆嫁蒙古。今我国妃病笃，欲与母诀，而又不许，是终绝我也”（《清史稿·纳林布禄传》），那都是仇恨的积累、攻击的理由，遮掩了他早有吞并叶赫、统一女真的帝王心术。

努尔哈赤背着明朝建国称汗，自然不会容许与明朝关系密切的叶赫存在。

而对于誓死不嫁他的叶赫老女，努尔哈赤视为红颜祸水。

《满文老档》“太祖皇帝”第四册《叶赫以努尔哈齐所聘女改适蒙古》中记载，万历四十三年六月，叶赫贝勒布扬吉将许婚与他的叶赫老女，准备改嫁给蒙古贝勒巴噶达尔汉之长子莽古尔岱台吉。消息传至建州，诸贝勒、大臣群情激愤，要“乘其未娶之前，围攻其城夺取之”，因为他们认为：“此非具他小贝勒所聘之女也！既闻汗所聘之女改适蒙古，我等安能坐视他人娶去耶？请兴兵讨之。”

孰料，努尔哈赤不以为然，反而开导众人。

诸贝勒、大臣仍再三坚请出兵，还纷纷调兵遣将、厉兵秣马，做好了出征的准备。

努尔哈赤仍坚持称："我所聘之妻，为他人所取，我岂不恨？然绝不可因怨恨即听从尔等之言而兴不时之兵。娶女之主我尚无怨，尔等为何深以为憾？我以旁观者之身劝尔等作罢。"

他要的不是一个美人妻妾，而是待机征明的借口。

所以，他在天命三年四月十三日，告天誓师，宣读所谓七大恨中，就提到明军"遣兵出边为夜黑防御，致使我已聘之女转嫁蒙古……边外夜黑，是获罪于天之国"(《清太祖武皇帝实录》卷二)。

努尔哈赤自许天命，以同其争霸的叶赫为"天罪"，而将帮助对手的大明，视如"逆大"。

努尔哈赤为何罢黜最爱的两个儿子？

1

明万历四十三年八月二十二日，努尔哈赤处死长子褚英，距努尔哈赤正式建立后金王朝，还有三个多月。

褚英为努尔哈赤元妃、第一任大福晋佟佳氏所生的大儿子，早年丧母，由努尔哈赤带着起兵，少年即经历战阵，在与努尔哈赤之弟舒尔哈齐矛盾激化后，正式接管一些军政要务。

《清史稿·褚英传》记载："褚英屡有功，上委以政。"那时的褚英还不到而立之年。

褚英年轻，但作战骁勇，多建殊功，是努尔哈赤诸子中最早封为贝勒者，被赐号洪巴图鲁（大勇士）。

努尔哈赤初置女真四旗，自将黄旗，命褚英掌白旗，次子代善掌红旗，胞弟舒尔哈齐掌蓝旗。努尔哈赤对发妻所生的长子褚英、次子代善，格外优待，"执政，赐国人过半"，而对其他"诸子，所赐国人、敕书等诸物，皆已从减"（《满文老档》"太祖皇帝"第三册）。

在努尔哈赤心里，长子褚英早已就是继承人。

事与愿违，褚英军功越来越煊赫，生性越来越残暴，心胸越来越狭隘。《满文老档·太祖》卷三记载："长子从幼褊狭，无宽宏恤众之心。"

褚英提前把自己当了至高无上的主子，不把任何人看在眼里。他不但对为他们父子打江山的五大臣（费英东、额亦都、扈尔汉、何和礼、安费扬古）进行排挤和打压，而且在分配掠夺的土地、兵丁、奴隶和财货等方面抢占属于四大贝勒（代善、阿敏、莽古尔泰、皇太极）的份额。褚英狂妄至极，损害了诸兄弟的利益，还强迫他们对天盟誓不向汗父告密，甚至扬言："吾即汗位后，将杀与吾为恶之诸弟、诸大臣。"

五大臣和四贝勒对褚英极为不满。于是，五大臣和四贝勒腹诽之余多共愤，决计"将吾等难以生存之苦告汗后再死"，内亲外臣联手扳倒褚英。

如此一来，褚英就有了三大"罪状"：

一是挑拨离间，使诸贝勒与五大臣彼此不和，导致执政团队内讧。

二是索取诸弟贝勒的财物、马匹，贪小利而忘大义，不具备接任大汗的胸怀。

三是他放话，即位后，将诛杀与他为恶的诸弟、诸大臣。

褚英遭幽禁在高墙之中。

更有甚者，褚英威胁到了努尔哈赤的生命安全。《清史稿·褚英传》记载:“褚英意不自得，焚表告天自诉，乃坐咀咒，幽禁，是岁癸丑。”万历四十一年，不得志的褚英趁努尔哈赤以背盟、囚妻、送人质于叶赫等理由，率代善、阿敏及五大臣等三万大军再征乌拉时，行使萨满教巫术作书诅咒努尔哈赤和诸弟、大臣大败而归，以便归来时被他们拒之城外。

他在努尔哈赤出征在外时，写诅咒对天地焚烧，扬言:希望出征之师被击败，以便他杀了打败归来的努尔哈赤和诸兄弟。

这些，是不是也是最后的胜利者皇太极伪造的?当存疑。

虽然褚英被废黜囚禁，但四大贝勒加紧联合五大臣，不时向努尔哈赤报告褚英的所谓不轨行为。果然，两年后，褚英被努尔哈赤以不思悔改之名下令处死。

而明朝遗老、抗清名臣的笔记，却为褚英之死抱不平。曾任南明弘光朝吏部侍郎、礼部尚书，隆武帝的武英殿大学士兼吏、兵二部尚书的黄道周，在《建夷考》中说努尔哈赤要杀舒尔哈齐，褚英救叔不成而成了权力场上的受害者。

黄道周在明廷为一个性情执着的宦官，曾因直言遭到崇祯帝的罢黜，然而，他将死于非命的褚英，写成了女真亲明的牺牲品。

黄道周以褚英谏言遇害貌似借题发挥，自喻忠言见弃，被崇祯帝赶出了朝廷。

他是否写出了历史的真实？并无女真史料佐证。仅此权当千里之外抗清势力的流言，不足为信。

2

努尔哈赤处死褚英后，建立后金，曾确定独掌两红旗、军功卓著的次子代善为继承人，即所谓的太子。

努尔哈赤“曾言待我死后，将我诸幼子即大福晋交由大阿哥抚养”（《满文老档》“太祖皇帝”第十四册）大阿哥，即大贝勒代善，褚英死后，他顺位递进为第一继承人。

此言是天命五年三月。很快，两名庶福晋揭发大福晋与代善之间有暧昧关系。

子妻庶母，这是女真婚姻中一种较为普遍的现象，即收继婚的婚配制度。

《三朝北盟会编》卷三记载：女真“父死则妻列母，兄死则妻其嫂，叔伯死则侄亦如之。故无论贵贱，人有数妻”。这是原始氏族社会伦理观念薄弱所致，一直延续到清前社会。

努尔哈赤的意思很明确，等他死后，将其诸幼子及大福晋交大贝勒代善照管。

言下之意，就是待其死后，由代善执行传统的收继婚制度，娶其留下的大福晋为妻妾。

结果，让他没想到，他还没死，大福晋曾两次给代善送美食，代善受而食之。此外，大福晋还经常派人去代善府上，往来密切，甚至有时大福晋几次偷偷深夜出院，去见代善。

大福晋和大贝勒私下来往频繁，究竟干了什么，不得而知。继母与继子之间，感情好本无可厚非，但从举报者和努尔哈赤的思维中，他们应该是幽会，有私情。

3

努尔哈赤指派与皇太极往来密切的大汗重臣额尔德尼，及皇太极所掌正白旗属人扈尔汉、雅逊、蒙噶图等组成调查团，彻查此事，无疑带有鲜明的倾向性。

调查团向努尔哈赤报告，发现属实。

这是丑闻，不能公开。于是努尔哈赤以私藏金帛罪将大福晋休弃，甚至不惜将扈尔汉抛出作为知情人，而构陷成功。

待皇太极即位后，为了终止四大贝勒联合执政的局面，打击大贝勒代善，于是，将代善失位事件发酵，在编撰史料时将代善私通继母案写了一个透彻。

《满文老档》记载，努尔哈赤早对大福晋与大贝勒的亲热耿耿于怀了：他宴请诸贝勒大臣，大福晋都是金珠饰身，对代善献媚，二人眉来眼去，藐视他的存在。

不仅如此，当年九月，又爆发代善听信后妻谗言，虐待发妻所生次子硕托，导致硕托有可能叛逃明朝的传闻。

努尔哈赤审明此案，怒斥代善："像你这种人如何够资格当一国之君?!"（《旧满洲档·昃字档》）

代善被剥夺了继承人的资格。

如此看来，努尔哈赤曾明确代善为汗位继承者，但有可能导致皇太极等为夺储位构陷代善与继母私通。

代善私通继母、虐待亲子，导致努尔哈赤废黜了他的嗣汗资格。天命五年，努尔哈赤探索八和硕贝勒共治国政制，将代善排除在外，而以其长子、镶红旗旗主岳托入列八和硕贝勒。

努尔哈赤临终前，确实没有指定继承者，但不能说他生前没有立"太子"。他实施八和硕贝勒共治国政制，就为代善之后继承人选，做了集体性安排，很有民族军事民主制色彩。

代善作为四大贝勒之首、两红旗共主，仍为诸贝勒中实力最强的。他仍有选举和被选举的权利。只是最后，他最倚重的二子岳托与萨哈廉，极力劝说其支持实力较弱的四贝勒皇太极，带动两红旗及唯其马首是瞻的杜度掌管的镶白旗，站到了皇太极阵营，而成就了皇太极。

努尔哈赤乘乱逆袭，遭遇了袁崇焕

1

明天启五年（1625），内忧外患的大明王朝，内部斗争加剧。

正、反两方，以枢辅大学士孙承宗、司礼秉笔太监魏忠贤各为代表。他们都是昏聩的天启帝的格外亲近之人。孙承宗为天启帝师，最被倚重；而魏忠贤为太监头子，极受宠信。

魏忠贤极尽手段，侵害百官，却对孙承宗百般示好。魏阉想方设法赶走了三朝首辅叶向高，却派人前往辽东，向督师孙阁老示好，希望分一份战功。孰料，孙承宗毫不理会，甚至不与使者一语。

魏忠贤恼羞成怒，将与孙承宗往来密切的东林党领袖杨涟、赵南星、高攀龙等驱逐出京。正在蓟州视察的孙承宗闻讯后，以向天启帝贺寿为名，计划弹劾魏忠贤。

依附魏阉的礼部尚书兼东阁大学士魏广微，是一个极其阴险的小人，向魏忠贤进言，孙承宗要进京清君侧，杀了魏忠贤。

魏忠贤赶紧找到天启帝，哭天抢地，大呼冤枉。

吏部尚书兼建极殿大学士顾秉谦，为内阁新任首辅，仰承魏阉鼻息，即刻弹劾孙承宗不请圣旨、擅离防区，该议罪严惩。

内阁与内监同时发力，若放在其他人身上，早已逮捕下狱、抄家灭门了。

一向昏庸、放任魏阉的天启帝，突然变得格外清醒了。他避开魏忠贤，通过兵部派出三个可靠之人，赶紧出城，拦截孙承宗，命他返回辽东。

孙承宗无可奈何，只好遵旨。

这次差点成了他的生死劫。魏忠贤矫诏命令九门宦官，一旦孙承宗赶至齐化门（今朝阳门），就将其绑缚下诏狱。

倘若孙承宗被魏阉秘密逮捕，必定在劫难逃。就因天启帝突然清醒，让孙承宗闯过了死生门。

魏忠贤仍不罢休，命党羽李蕃、崔呈秀、徐大化等集体弹劾，迫使孙承宗上书请辞。

偌大的大明朝堂，都是魏阉拥虿，唯有吏部尚书崔景荣支持孙承宗。

天启帝对魏阉集团成员的连番轰炸，仍不作理会，仍命孙承宗主持辽东防务。不幸的是，是年九月出现了马世龙派人袭击耀州失利的事件，给了魏阉继续弹劾孙承宗的借口。马世龙是孙承宗督师辽东时，举荐出镇山海关的总兵，孙承宗还为其请功加了左都督衔，此次却因听信后金降将之言，而导致四百将士死于陷阱。

孙承宗督师不力，该负责任。于是，他再次上书请辞。

天启帝仍不情愿，最后迫于满朝压力以及孙承宗的执意担责，只好将孙承宗召回，批准其辞职，但将其特进光禄大夫，晋级正一品，且命其子世袭中书舍人，还给孙承宗赏赐了蟒袍和银币等。

辽东督师出缺，天启帝命兵部新晋尚书高第，出任辽东经略。

2

高第虽然在兵部做了几年侍郎，但并无实战经历，更谈不上指挥经验。

这给后金图谋再次攻明，制造了机会。

后金天命十一年（明天启五年）正月，努尔哈赤闻讯明廷内讧，辽东防线易帅，防守减弱，于是率领十三万兵力号称二十万大军，西渡辽河，发起宁远之战。

高第怯战，意图舍弃关外，坚守山海关。

然而，让努尔哈赤始料未及的是，他在宁远城下，碰到了不知名的文人守将袁崇焕。

曾得孙承宗赏识的宁前道袁崇焕，写下血书，与副将满桂、左辅、朱梅，参将祖大寿，守备何可纲等不足两万将士盟誓，以死守城。

袁崇焕一面坚壁清野，一面让同知程维楧盘查奸细、通判金启倧守护粮草，并传檄给前屯守将赵率教、山海守将杨麒：如果有将士逃到这里，可将其全部斩杀。

兵力不足，又无奥援，袁崇焕不做短兵相接，而是直接炮轰后金大军。

后金军在明朝请葡萄牙人制造的红夷大炮的攻击下溃不成军，连续攻城两天，损失惨重，努尔哈赤下令退军。

明朝的官方史料和民间史书，都有一些蛛丝马迹。《明熹宗实录》天启六年四月辛丑记载："登莱巡抚李嵩疏言：天启六年四月十五日，准平辽总兵官毛文龙揭回乡张有库等口称：'新年老汗于二十四日在宁远等处攻城，不料着伤。'"这是直指努尔哈赤在宁远负伤。

明人张岱在《石匮书后集》中也提道："炮过处，打死北骑无算，并及黄龙幕，伤一裨王。北骑谓出兵不利，以皮革裹尸，号哭奔去。"

红夷大炮击中了黄龙幕里的裨王努尔哈赤。

满人也以黄色为尊，努尔哈赤生前统率两黄旗，衮服、车辕之类的御用物品都是黄色。

张岱虽是明末清初的文学家、史学家和大玩家，明亡后在西湖边做了一个著名的晚明遗老，曲终人散，月冷风残，对清朝始终不屑。这也决定了他要为故国明朝说话，而对清朝开国皇帝并无善意。如果努尔哈赤犯明而死，或许在他看来是一种自负天命的恶报。

努尔哈赤之死，很多人认为是遭袁崇焕的红夷大炮重伤所致命。

3

还有人说，努尔哈赤的死，是魏忠贤的功劳。

这是典型的夸大阉党之功的牵强之词。

努尔哈赤死于天命十一年八月。是年正月，他率兵攻击宁远城，遭遇宁前道袁崇焕率满桂、祖大寿誓死抵抗。袁崇焕凭借从西洋引进的红夷大炮，击溃后金大军。传闻努尔哈赤被大炮击中，身负重伤。

但此事，却是很难成立的。

一是努尔哈赤作为一国之主，年近古稀，还要去前线冲锋陷阵吗？他那些能征战的子孙、大臣，就如此孝敬这位衰老的君父吗？

二是若努尔哈赤没有冲锋陷阵，难道其专门把中军大帐设在敌军的大炮射程之内，严重缺乏军事头脑？

三是努尔哈赤败退后，还亲率大军征战蒙古喀尔喀部，难道是带着重伤远征，准备死在征程上？

努尔哈赤应该死在年迈体衰、疽疮复发之上。

当然，宁远之败，败在一个无名之辈袁崇焕手上，少不了让他这个常胜将军怀恨在心，急火攻心。

努尔哈赤之所以败在宁远城下，是因为闻讯明经略大学士孙承宗遭魏忠贤陷害免职，于是西渡辽河，攻击宁远。新任经略高第和总兵杨麟拥兵山海关，不去救援，而以书生报国的袁崇焕率将士，誓死打响宁远保卫战。

袁崇焕深得孙承宗赏识和重用。可以说，没有孙承宗的力挺，袁崇焕早已被边缘化。天启二年，袁崇焕力主坚守宁远，遭到了曾倚重自己的兵部尚书兼辽东经略王在晋，及监司邢慎言、张应吾的极力反对。袁崇焕越级向首辅叶向高声辩，是时任皇帝钦差加太子太保孙承宗力排众议，支持了袁崇焕固守宁远的主张。孙承宗不但倚重袁崇焕，并派悍将满桂协助他守城，给他提调诸将权力。

不可否认，孙承宗倒台后，袁崇焕曾为魏忠贤修生祠，寻求支持。但是，袁崇焕并不屈从魏忠贤，遭到了魏阉的排挤和打压。宁远大捷后，明朝满朝欢喜，论功行赏，魏忠贤只给了袁崇焕一个正四品的右佥都御史。按袁崇焕当时为按察使的品级，这也是加了一两个等级。而满桂被擢升为都督同知，加左都督，官至正一品。

4

努尔哈赤之死，应该与其发动的宁远大战而失败有一定的关联，毕竟他当时已是六十八岁的老人了。

宁远之败，努尔哈赤并不算大败，除了伤之游击二人、备御二人及士兵五百人外，他还命人偷袭宁远南十六里外的明军关外囤积地觉华岛，全歼二营守军，并以“焚其船二千余，及粮草千余堆”（《清太祖武皇帝实录》卷四），及尽焚右屯卫粮草的战果班师。

从二十五岁起兵，征战四十多年，自然是伤痕累累、年迈体衰。

但是，《清史稿·太祖本纪》未载其受伤，却写到三月后，他又御驾亲征蒙古喀尔喀五部，攻城略地，擒获其首领，掠夺其牲畜。

如果他在宁远遭炮轰重伤，不论清朝皇家和史官如何避讳不提，但他也不可能还有精力领兵去对蒙古部落作战！

虽然明王朝大厦将倾，但还很强大，然而在努尔哈赤的眼里，就作战而言，蒙古骑兵丝毫不逊色于明军洋炮。喀尔喀五部，是背弃盟约，故而努尔哈赤要亲自领兵征战。

只有解决了蒙古的威胁，他才有力量与明军抗衡。也许正因为他臣服了喀尔喀五部，科尔沁贝勒奥巴立即来朝谢恩。

而《清史稿》写到努尔哈赤获病养病，确是宁远之战的半年后，“秋七月，上不豫，幸清河温泉”。八月二日，明东江将领耿仲明向朝廷报告：“老奴背生恶疮，带兵三千，见在威宁堡狗儿岭汤泉洗疮。”（《东江疏揭塘报节抄》卷五）这个谍报是与清史记载努尔哈赤死于“身患毒疽”完全吻合。

常年征战的人，是很容易得毒疽的。《明史》记载，开国名将徐达于洪武十七年，在北平留守时得了背疽，不久稍微好些，次年二月病情加重，随后去世。

故而说，努尔哈赤死于突发性毒疽，而不一定是明军的直接炮伤。

但是，不论努尔哈赤是死于炮伤，还是年迈体弱的疾病，袁崇焕的出现与阻击，确实给了努尔哈赤一个沉痛一击。

努尔哈赤起兵之初，虽然有志挑衅大明，却因实力不济，而以苏克素护河部图伦城主尼堪外兰为复仇的对象，三次追杀，击败过各种各样的阻击敌军，并开始四处征战，历大小战役十余次，且本人多次遭重创，险被流矢毙命。待羽翼丰满、一统建州五部后，征服长白山诸部，在古勒山一战大败九部联军，灭海西四部，讨东海诸部，且在抚清之战、萨尔浒之战等对明战役中，击败明军。

基本上统一辽东的努尔哈赤，一旦成熟，就成了常胜将军。让他没有想到的是，最后差点折在袁崇焕之手。

返回盛京的努尔哈赤，曾扼腕长叹："朕用兵以来，未有抗颜行者。袁崇焕何人，乃能尔耶！"(《清史稿·太祖本纪》)

清朝官修的太祖实录，不论是《清太祖武皇帝实录》，还是《清太祖高皇帝实录》，记载大同小异，都是说：努尔哈赤自二十五岁起，征讨辽东各处，皆是战无不胜，攻无不克，然而"惟宁远一城未下，遂大怀忿恨而回”(《清太祖武皇帝实录》卷四)，或“惟宁远一城未下，不怿而归”(《清太祖高皇帝实录》卷十)。

挥之不去的心病，加速了痼疾在身的努尔哈赤的死亡。

谁制造了清宫多起乱伦“丑闻”？

1

努尔哈赤最后一任大妃阿巴亥，是一个一生坎坷的悲剧女人。

她本是海西女真强大部落乌拉大贝勒满泰之女，生于明万历十八年。万历二十一年，乌拉部参加叶赫发起的九部联军攻击建州女真的大战，在古勒山一战惨败。三年后，满泰父子因夜淫民妇，被她们的丈夫趁夜杀死。六七岁的阿巴亥，由第一格格变成了无父孤女。

万历二十四年，满泰之弟、乌拉二贝勒布占泰，由努尔哈赤豢养了三年的俘虏，摇身一变，成了努尔哈赤的女婿兼侄女婿，被建州人马护送回乌拉抢得国主大位。五年后，即万历二十九年十二月，十一岁的阿巴亥被叔叔布占泰作为礼物，送给了已过四十二岁的努尔哈赤做侧福晋。此时的努尔哈赤，不但妻妾成群，而且第十一子都已六岁了。

万历四十年十月二十五日，阿巴亥再为努尔哈赤生下一子，即第十四子多尔衮。这本是大喜事，按民间习俗该派人至阿巴亥娘家报喜。但是，不过百日，即四十一年正月十七日，努尔哈赤因闻讯布占泰箭射努尔哈赤嫁给他的女儿穆库什，并将穆库什与额实泰（努尔哈赤侄女，即舒尔哈齐长女，亦嫁布占泰）囚禁，并送十七大臣的儿子至叶赫做人质，欲对建州不轨，于是率子侄代善、阿敏和额亦都、费英东、扈尔汉、何和礼、安费扬古五大臣，统兵三万，直奔乌拉，攻城略地，烧杀劫掠，很快将乌拉灭了。阿巴亥不得不接受努尔哈赤灭其母国的事实。

2

阿巴亥先后给努尔哈赤生育三子，即第十二子阿济格、第十四子多尔衮和第十五子多铎，她深得太祖喜爱，十三岁那年被册立为大福晋，但不料最后却死于所谓的太祖遗命。

《清太祖武皇帝实录》卷四记载：“诸王以帝遗言告后，后支吾不从。诸王曰：‘先帝有命，虽欲不从不可得也。’……于是，后于十二日辛亥辰时自尽，寿三十七，乃与帝同柩，巳时出宫，安厝于沈阳城内西北角。”

努尔哈赤临终前，来不及留下遗诏指定接班人，而怎有时间写另一份遗命先要处死爱妻？这无疑是避重就轻，是四大贝勒的阴谋。

皇太极的理由是，阿巴亥“饶丰姿，然心怀嫉妒，每致帝不悦，虽有机变，终为帝之明所制，留之恐后为国乱，预遗言于诸王曰：‘俟吾终，必令殉之。’”（《清太祖武皇帝实录》卷四）

他们之所以这么做，原因在于太祖没有立储，而太祖生前将亲率的两黄旗交给了阿巴亥生育的阿济格、多铎兄弟，又对多尔衮有特别的恩赏；而太祖病危期间，是大妃奉诏陪伴身边。所以，他们担心阿巴亥能拿出或口传太祖立储遗诏，故先发制人，提前伪造太祖遗命将大妃逼殉。

阿巴亥是大妃，有着很高的政治地位和很大的政治影响力，即便她当时不拿出遗诏，或日后说太祖指定某某继承汗位，对于对汗位虎视眈眈的四大贝勒都是最大的威胁。故而，他们要在第一时间处死阿巴亥，这是他们共同的利益所系。

阿巴亥应该清楚这是一个政治阴谋，但知道即便自己能拿出太祖遗命自保，也挡不住掌握了实际兵权和朝政的四大贝勒反咬一口，将其和其三个年轻的孩子一并处死。

聪明的阿巴亥没有选择反抗，而是提出条件，希望四大贝勒恩养其尚未成年的幼子多尔衮、多铎。这体现了一个伟大母亲牺牲自己、保护儿子的情怀。

3

阿巴亥是很不幸的，不仅坎坷，还被曝出了一起涉嫌她与年长自己七岁的继子代善私通的伦理剧。

这起绯闻，源于女真等北方民族婚姻中的一种原始而较为普遍的婚配制度，即烝报婚（收继婚）的婚配制度。

汉朝的大美女王昭君，为了皇家的和亲使命，先嫁匈奴的呼韩邪单于，复嫁呼韩邪长子复株累单于，既跟父亲生育一子，又同继子生了二女。这样的“胡俗”，一直延续到清前社会。

“婚娶则不择族类。”（李民寏《建州闻见录》）

努尔哈赤继福晋富察氏衮代，原为堂兄戚准之妻，并生育了一个儿子。明万历十三年，戚准阵亡，衮代按女真社会兄死弟妻其嫂的风俗，嫁给了堂弟努尔哈赤，又生育了二子一女。按其第一子莽古尔泰生于万历十五年的情形来看，戚准刚死不久，衮代就嫁给了努尔哈赤，几乎没有经历汉地守孝之说。

迎娶同宗未亡人，而且能使其在妻妾成群的时代很快成为继室大福晋，可见尚在盛年的衮代深得努尔哈赤的喜爱，故而连续生育数胎。

当然，同辈迎娶，不是乱伦，即便至文明的现代社会，如果两情相悦或为子女考虑，兄弟妻其嫂媳，自由结合，也是不违反婚姻法的。

随朝鲜李朝元帅姜弘立参加明军发起的萨尔浒之战被俘的幕僚李民寏，在《建州见闻录》中继续说，女真还盛行“父死而子妻其母”。

这就是继子能娶庶母之说。

努尔哈赤曾经说过一句话：“待我死后，将我诸幼子及大福晋交由大阿哥抚养。”（《满洲老档》“太祖皇帝”第十四册）

这话，说于天命五年三月之前。

努尔哈赤言下之意，就是待其死后，大贝勒代善可以执行传统的收继婚制度，娶其留下的大福晋为妻妾。

努尔哈赤还发现：他宴请诸贝勒大臣，大福晋都是梳妆打扮、金珠饰身，对代善献媚，二人眉来眼去，藐视他的存在。

这是大清（后金）开国以来，发生在大汗后宫的第一起“丑闻”。

而且这起“丑闻”，男女主角，一个是大妃，一个是储君，赤裸裸地上演在天命汗的眼皮底下。

大汗之怒，雷霆万钧。

恼羞成怒的努尔哈赤，认为大福晋“竟不爱汗夫，蒙我耳目，置我于一边，而勾引他人，不诛之，可乎？……不杀之，则该福晋欺我之罪甚也！”（《满洲老档》“太祖皇帝”第十四册《天命汗废大福晋》）努尔哈赤自认戴了绿帽子，本要杀了大福晋泄私愤，最后网开一面以私藏金帛之罪遣还娘家，并褫夺了代善的储位。

这个大福晋，很多人认为是阿济格、多尔衮、多铎的母亲阿巴亥，因为努尔哈赤最后网开一面，是因为“大福晋可不杀之，幼子患病，令其照看”。此时的多铎，还只有七岁，生病确实需要娘亲（额娘）照顾，但从时间点来看，应该是衮代。衮代即继福晋，也是大妃、正妻。

这桩丑闻，是后金天命五年的大事件，却记载得很迷离。

按幼子生病需要照顾，则此大妃该是阿巴亥。

衮代所生的幼子德格类，此时二十九岁，成家立业，生儿育女了。

但是，《满洲老档·天命汗废大福晋》却称努尔哈赤还舍不得杀的原因有“念其恶而杀之，则我三子一女犹如我心，怎忍使伊等悲伤耶？”

《满洲老档秘录·大福晋获罪大归》亦记录：“大福

晋私藏金帛，擅自授受，实属罪无可逭。惟念所出三子一女，遽失所恃，不免中心悲痛！姑宽其死，遣令大归。”

阿巴亥生育了三子，衮代则生了二子一女（第五子莽古尔泰、第四女莽古济、第十子德格类）。“三子”与“二子”容易误写，但是多出“一女”，则只有衮代了。

当然，按衮代的实际年龄，与努尔哈赤相当，而且做了三十多年的夫妻，已是人老珠黄，而且其子莽古尔泰是辅政三贝勒、正蓝旗旗主，德格类则为正蓝旗管主贝勒，无须巴结代善谋求后路。但是，她可以给继子送饭菜，在继子生病时夜探继子府，这是继母对继子的关心。不意却被小福晋塔因查诬为“谅有同谋也”（《满洲老档》“太祖皇帝”第十四册）。

而且确实在这一年，衮代因为一桩“丑闻”，被努尔哈赤“休弃”，而遭到己子莽古尔泰残忍的杀害。

这起“丑闻”的女主角，究竟是谁？其实很模糊。

值得注意的是，后来即位称汗称帝的皇太极，对衮代这个继母，一直很排斥，不但严重忽视了衮代曾为努尔哈赤贤内助的事实，而且在打击莽古尔泰兄弟时将衮代的骨灰罐从太祖福陵中迁出，降格为庶人草草掩埋。他甚至称其生母孝慈高皇后孟古哲哲死后，资历尚浅且没生育的阿巴亥被太祖径直立为大妃，直接跳过了衮代亦为大妃的事实。

修于天聪年间、成书崇德年间的《清太祖武皇帝实录》卷四记载："帝后原系夜黑国主杨机奴贝勒女，崩坏复立兀喇国满泰贝勒女为后。"意思是说，皇太极生母本是清太祖武皇帝努尔哈赤的皇后，即大妃。她是叶赫贝勒杨吉努之女，于万历十六年九月嫁给努尔哈赤，然何时被立为大妃，是否被立为大妃，都并不具体，皇太极也只是多次强调努尔哈赤称她为"爱妻"，于万历三十一年九月病逝。

衮代作为继室大福晋，归嫁努尔哈赤，比孟古哲哲早两年，而且活到了后金天命五年。难道努尔哈赤有继立大妃衮代的同时，又册立了孟古哲哲为大妃？同时在衮代大妃依旧被倚重的情势下，努尔哈赤再立来自乌拉国的阿巴亥补缺，制造了一汗两大妃的局面？

即便是衮代与代善之间，继母子情深，而不免被人捕风捉影，但被别有用心者采取不明其人的方式载入国史，难免会有一石二鸟之效。

不论是衮代还是阿巴亥，谁是大妃，或并为大妃，丑闻只会子因母贱，间接地影响了他们的儿子。但男主角代善，则是排名四大贝勒之首、努尔哈赤既定储君，自是阴谋者主要攻击的对象。而奉命查案的四人团，如侍卫扈尔汉、副将雅逊、参将蒙噶图，都是四贝勒皇太极的正白旗属人；另一位巴克什额尔德尼，隶属正黄旗，却与皇太极私交甚笃，他不惜多次违背旗制，与皇太极私会密处。可以说，这个调查团，是唯皇太极使命是从的。

一起“丑闻”，皇太极一石三鸟。

4

皇太极即位后，害怕自己的儿子与自己的后妃有染，多次特颁明诏，欲以禁止。

天聪三年，皇太极颁发禁令，永行禁止娶继母、伯母、婶母、弟侄媳为妻。他为加速女真社会发展进程，学习和吸收儒家礼教观念，移风易俗，以禁绝收继婚俗的法令，来改革女真族收继婚的原始陋习。

皇太极明令改变天命朝乱象：“凡娶继母、伯母、弟妇、侄妇，永行禁止……同族嫁娶，男女以奸论。”（朱璘《明纪辑略》卷十四）

天聪五年七月，皇太极再次申明谕禁同族嫁娶违者，以奸论罪，说：“明与朝鲜皆礼义之邦，故同族从不婚娶。彼亦谓既为人类，若同族嫁娶，与禽兽何异？是以禁止耳。”（《清三朝实录采要·太宗》卷二）

他对前朝《明律》规定：“若收父祖妾及伯叔母者，

各斩。若兄亡收嫂，弟亡收弟妇者，各绞”，充分吸收，为顺治朝伊始修订《大清律例》，改变祖制成法，严禁族内嫁娶，做了严格的定调。

崇德元年，太宗改国号大清，议定《会典》，重申“自今以后，凡人不许娶庶母及族中伯母、婶母、嫂子”，并将过去这种现象视为乱伦，加以严禁。凡娶继母、伯母、叔母、兄嫂、弟妇、侄妇，永行禁止。太宗的这项婚姻改革，是他主动学习汉文化的精神影响的成果。

与此同时，皇太极又说：“凡女人若丧夫，欲守其家资、子女者，由本人（家）宜恩养。若欲改嫁者，本家无人看管，任族中兄弟聘与异姓之人。”（《清太宗实录稿本》）这是为他已于天聪八年闰八月、九年七月，先后与归降的林丹汗遗孀窦土门福晋与囊囊太后成婚，以招降林丹汗的察哈尔余部，做一个合理的解释，证明他没有违反他所规定的寡妇再嫁禁令：“若不遵法，族中相娶者，与奸淫之事一例问罪。”

5

皇太极迎娶归降的察哈尔部林丹汗两福晋，确实不是同族。但是，永福宫庄妃博尔济吉特氏，即后来的孝庄太后，却借着皇太极的宽容，在自己娘家蒙古科尔沁部“族中”，相继给自己的亲儿子、亲孙子娶了几个乱了辈分的女人。

顺治十一年五月，孝庄为儿子顺治帝聘科尔沁贝勒绰尔济两个女儿为妃子，一个为孝惠皇后，一个为淑惠妃。绰尔济，为孝庄兄弟察罕之子，也是顺治帝的表哥。于是乎，孝惠皇后与淑惠妃以表侄女的身份，进入了表叔皇帝的寝宫。

而康熙帝的慧妃，则是科尔沁三等台吉阿郁锡的女儿，自幼被接入宫中待年。若不是为了联合索尼家对抗鳌拜，孝庄必然会将其册立为康熙皇后。她的身份特殊，为孝庄堂叔额德的孙女，与顺治帝同辈，高了康熙一辈。

他们虽有辈分之差，却有夫妻之实，否则康熙九年，慧妃病逝，康熙帝也不会“谕礼部，博尔济金氏，乃科尔沁冰图郡王额济音之亲叔额德台吉之子三等台吉阿郁锡之女，选进宫中待年，方欲册封。今遽尔长逝，朕心深切轸悼，宜追封为妃其封号及应行礼仪。尔部即察例议奏，寻允礼部议，追封为慧妃”（《清圣祖实录》卷三十三）。

“博尔济金氏”即博尔济吉特氏。康熙帝将其以金棺入殓，于康熙二十年第一个奉安康熙帝景陵妃园寝。

《钦定大清会典则例》卷四十二康熙后位牌位中，慧妃排名在诸妃之上，稍次于温僖贵妃。

若按科尔沁娘家称呼，孝惠皇后与淑惠妃要喊慧妃为姑姑，但在爱新觉罗氏皇家，原为长辈的慧妃见到了堂侄女孝惠太后与淑惠太妃，则需要行跪礼跟着表侄儿兼丈夫的康熙帝一起恭恭敬敬地喊皇额娘太后与额娘太妃。

一团混乱的乱伦称谓。

孝庄也是用心良苦，寄望大清皇后都是娘家人。

这也难怪孝庄甚是厌恶汉语，禁止子孙习汉俗。为了将此乱伦扩大化，她还为顺治帝在满洲选择了一个辈分差更大的妃子，即给顺治生养了皇二子福全的宁悫妃。宁悫妃董鄂氏，是顺治帝亲姑姑东果格格与开国元勋、五大臣之一何和礼的曾孙女，也就是顺治帝的表侄孙女。

孝庄太后为了科尔沁娘家的利益，为了稳固满蒙政治联姻关系，也是抛开了一切伦理辈分。

她是为了执行家族和亲的使命，早在她和她的长辈身上，就发生差辈分的多重婚姻。

努尔哈赤听说科尔沁贝勒明安的女儿贤惠，派人前往蒙古下聘。于是，明万历四十年四月，明安将女护送至建州女真。五十四岁的努尔哈赤，具车服以迎，与宴成礼，在他的福晋体系中添了一个蒙古福晋。

两年后，即万历四十二年六月初十日，科尔沁贝勒莽古斯送女哲哲，与皇太极为妻。是为史上孝端文皇后。

莽古斯与明安为兄弟。努尔哈赤与皇太极这一对父子，分别娶了蒙古福晋和孝端文皇后这一对堂姐妹。

后金天命十年二月，当时叫作布木布泰的孝庄太后，作为姑姑哲哲的代孕女人，成了姑父皇太极的侧福晋。

满蒙政治联姻，可以让父子成为连襟，可以让姐妹成为婆媳，可以让姑侄成为姊妹，也可以让姑侄成为扯不清、理还乱的关系。

利益和权力面前，亲情已然成了消弭暴力、获取生存的工具。

即位悬疑，却改变了大清朝的命运

1

传闻努尔哈赤属意多尔衮为汗位继承人，然而其临终前未能宣读和公示传位遗诏，结果给了皇太极带动四大贝勒，逼殉大妃阿巴亥，成功夺位的机会。

所谓多尔衮继承论，主要是以朝鲜史料为依据。日本人稻叶君山在《清朝全史》中，引用朝鲜人李肯翊《然藜室记述》内容做论据："就朝鲜所闻，则太祖临死时谓贵永介曰：'九王当立而年幼，汝摄位后，可传九王也。'贵永介以嫌疑，遂让洪太氏。贵永介即长子代善，洪太氏即四贝勒，太宗是也；九王即睿亲王多尔衮。是太祖欲以最宠纳喇氏所出之多尔衮继汗位，因子幼母寡，暂以长子摄位，其心苦矣。然而太宗之前半生之骨肉相残，祸因亦自此始。"（《清朝全史》上卷第十二章）

由稻叶的这段文字，加上顺治八年二月公示多尔衮"罪状"时，济尔哈朗等称多尔衮"擅自狂称太宗文皇帝之即位，原系夺立"（《清世祖实录》卷五十三），可见皇太极继承努尔哈赤的汗位，确实存在争议。

难道皇太极真的是得位不正吗？难道努尔哈赤属意的继承人，是多尔衮而非皇太极？

努尔哈赤死于天命十一年八月十一日，享年六十九岁。而在此前，他先是攻击明朝，在宁远遭到守将袁崇焕炮击而溃退。继而，他又亲率大军，征讨蒙古喀尔喀五部。大胜归来，他在七月中旬因患毒疽，不久赴清河汤泉疗养，于八月初病势加重。

他在发病前，还是精力充沛、头脑清醒，否则他绝对不会在古稀之年还亲征蒙古部落。即便不需要他冲锋陷阵，但也是长途奔袭，劳累奔波。他的诸子孙都是能征惯战、堪当大任的，然而他还亲率大军，足见身体还行。只是病来如山倒，毒疽发作，很快要了他的命，然而，他还是有足够时间安排后事的。

2

努尔哈赤于天命十一年在宁远兵败袁崇焕之手后，耿耿于怀："朕用兵以来，未有抗颜行者。袁崇焕何人，乃能尔耶。"（《清史稿·太祖本纪》）

自天命三年公开挑战明朝后，努尔哈赤与明朝已然敌对。尤其是四年的萨尔浒一役、七年的广宁之战，他都是绝对的胜利者，接连击败了明军多员名将。然而，他没料到最后败给了一个无名小子袁崇焕手下。

他是要复仇的。

这份重担需要一个有能力者担当，而绝不是年轻的多尔衮所能担负得起的！

一、十五岁的多尔衮还没有上过战场。而他的哥哥们：代善、莽古尔泰、皇太极以及他们的儿子，都成了骁勇善战的大将。努尔哈赤作为一个马上帝王，自然会明白皇太极他们的个性，断然不会听从一个不知军事的少年天子的命令。

二、八和硕贝勒共治国政制及代善领衔的十固山贝勒共同执政。多尔衮兄弟虽在其中，但年轻功薄，真正有话语权的还是代善、皇太极这些大贝勒。多尔衮的政治地位不如阿济格，甚至不如多铎。在天命年间许多重大活动中，都不见多尔衮的踪影。

三、让多尔衮继位、代善执政，未必努尔哈赤愿意。代善与大妃即多尔衮之母阿巴亥之间，曾涉嫌不伦之事，传闻阿巴亥曾半夜出宫去代善府上。努尔哈赤自然不放心让阿巴亥作为太后与执政代善共管朝政。那样只会让儿子与继母重演情感戏。

四、按女真族的幼子守灶制，第十五子多铎是最小的嫡子。故而，努尔哈赤对多铎的优待，是要明显多于多尔衮的。就拿努尔哈赤的分配，多铎要比多尔衮小两岁，但他提前成了正黄旗旗主。他除了三兄弟同时分得的十五牛录外，努尔哈赤还要将自己剩下留作亲兵的部分也全部给多铎。

五、论八旗势力割据，除了阿济格、多尔衮、多铎兄弟接管两黄旗外，其他六旗皆操控在以皇太极为中心的四大贝勒及其追随者手里。皇太极智勇双全，机警聪睿，善用权术，而且功勋卓著。

太祖意欲做强后金，向明军复仇，应该会属意强横的儿子继立。

3

努尔哈赤在建国称汗前后，曾两度指定继承人，即元妃佟佳氏所生的长子褚英和次子代善。

遗憾的是，褚英与努尔哈赤发生了激烈的权力之争，被无情地处死。继而，代善深陷与继母私通、虐待发妻所生二子的丑闻，遭到了努尔哈赤的废黜。

天命五年，努尔哈赤在废除代善嗣位后，指定阿敏、莽古尔泰、皇太极、德格类、岳托、济尔哈朗、阿济格、多铎、多尔衮为八（九）和硕贝勒。

努尔哈赤在探索八和硕贝勒联合执政的政体。大贝勒代善不在其中，其曾虐待的长子岳托取代了他，并从他手上分走了镶红旗，成了掌旗贝勒。

天命七年三月，努尔哈赤正式提出他死后实行八和硕贝勒（八王）共治国政制。八和硕贝勒即各掌旗贝勒："今命尔八子为八和硕贝勒，同心谋国，庶几无失，尔八和硕贝勒中择其能受谏者而有德者，嗣朕登大位。"（《清太祖实录》卷八）

努尔哈赤已提前交代了死后继立大事，即汗位推选制。

八选一，推选资格为八和硕贝勒、善于纳谏、德才兼备。缺一不可。

努尔哈赤还做了限制：不要实力最强者，以免其行为恣肆放纵而获罪于天；如果不能听取意见和行为恶劣者将废掉重选。这些规矩，带有鲜明的部落军事民主制色彩。

按努尔哈赤最初设计的八和硕贝勒，共九人，即多铎与多尔衮占一份，而且年幼的多铎排名在前，而年长的多尔衮排名最后。

仍为四大贝勒之首的代善，仍为正红旗旗主和两红旗共主，同样最具竞选的资格和推选的分量。

就这份名单而言，阿济格、多尔衮与多铎三兄弟，是两票。代善之外，其他三大贝勒各占一票。虽然阿敏与莽古尔泰的弟弟济尔哈朗、德格类都在其列，但他们都是皇太极的支持者。

皇太极很容易在票选上取得优势。

阿敏觊觎汗位，他与济尔哈朗代表舒尔哈齐家族的利益。但他们的父亲舒尔哈齐功劳卓著却被努尔哈赤幽禁至死，代善、莽古尔泰、皇太极诸兄弟子侄自然不会使汗位旁落有仇怨的舒尔哈齐家。也就是，阿敏只有不明确夺位，才不会遭到天命汗家族子孙的群起攻之。

无形中，代善实力最强，却早早地被努尔哈赤设了限制："继朕嗣大位者，毋令强梁有力者为也。以若人为君，惧其尚力自恣而获罪于天也。"（《清太祖实录》卷八）姑且不论代善私通继母案的是非，其虐待亲生子岳托、硕托兄弟之事属实，更遑论于亲善其他兄弟子侄的情分了。

岳托不会支持亲爹继立。果不其然，努尔哈赤去世后，岳托伙同三弟、正红旗管主贝勒萨哈廉，极力怂恿代善主动退选，推举势力尚弱的四贝勒皇太极，使其迅速得到两红旗、两白旗的支持。

德格类与济尔哈朗的支持，也推动了正蓝旗旗主莽古尔泰与镶蓝旗旗主阿敏，以退为进，加入皇太极的"夺位"团队，成功迫使阿济格、多尔衮、多铎兄弟退选。

至于稻叶君山所说"太宗之前半生之骨肉相残，祸因亦自此始”，则主要是努尔哈赤设计的八和硕贝勒共治国政制，使皇太极胜出即位后，却不得不同其他三大贝勒南面听政、共同执政。

皇太极为了乾纲独断，集中和强化汗权，提出“满汉一体”而高度重视汉臣，迅速对代善、阿敏、莽古尔泰三大山头展开了血腥的攻击。

与此同时，皇太极极力培植多尔衮，使之成了少壮派领袖。

4

努尔哈赤不是无人接位，而是没有明确指定继承者。

努尔哈赤在正式改元建立后金前，就开始指定继承者，即元妃佟佳氏所生的嫡长子褚英。褚英军功卓著，深得乃父喜爱，但因自身心性缺陷，以及与四大贝勒、五大臣不和，发生激烈的权力之争，导致最后被努尔哈赤以谋逆弑父之罪处死。当然，在前明遗老的说法里，却成了褚英劝父臣服明朝，而被努尔哈赤无情处死。

继而，努尔哈赤又高度重视佟佳氏所生的嫡次子代善，命为四大贝勒之首，统率两红旗，并说要将诸幼子及大福晋交由代善抚养，明显有指定继承者的事实。然而，其他三大贝勒对代善即位不满，利用代善与大妃涉嫌私通之事，以及代善虐待二子导致次子硕托意图叛逃，努尔哈赤将其继承者身份废止。

二次选择继承人计划失败，于是努尔哈赤根据女真旧俗，推出八和硕贝勒共治国政制，将代善排除在外，但是选入了代善长子岳托。代善仍为大贝勒，两红旗共主（正红旗旗主，镶红旗划归岳托），按努尔哈赤对八和硕贝勒共治国政制的设计，代善仍有即位资格。

努尔哈赤规定，嗣汗将在共治国政的八和硕贝勒（旗主贝勒）中推选产生，若嗣汗不够格，可以罢免重选。也就是说，八和硕贝勒以及不在其列的正红旗旗主代善，都有竞选和推选嗣汗的资格。且在最后推选嗣汗的人员中，扩充到了十五人，也就说努尔哈赤虽没指定，但准备充分。他推出了汗位推选制，突出了择贤而立的一面。

当然，皇太极也为自己造了一个努尔哈赤充分属意自己的身份："四贝勒乃为父我之爱妻所生之唯一之后嗣，故不胜爱悯。"（《满文老档》"太祖皇帝"第五十四册）虽然斯言，为天命七年（1622）八月都堂乌尔古岱额驸收汉官黄金，被"按月分查"的皇太极及三小贝勒获悉，封锁消息，事发，努尔哈赤怒斥皇太极意图拉拢诸小贝勒，慢待三大贝勒兄长，谋求汗位，"尔之贤哲何在？何其愚也！”在努尔哈赤看来，皇太极这个“贤人”做了一次愚事。怨其不争中，又有几分关爱！

至于努尔哈赤将传位第十四子、不到十五岁的多尔衮，命代善摄政，那只是异域李氏王朝的一种说法，不足为据：一是皇太极曾亲征奴役李朝，二是多尔衮曾为李朝王室姑爷，三是多尔衮称皇太极原系夺立。

5

努尔哈赤有儿子十六人，但他是一个有着严格的嫡庶之分的君王，曾明确元妃佟佳氏所生的长子褚英为继承人，继而先后推出的四大贝勒、八和硕贝勒共治国政制，将八旗分给嫡子们统管。

嫡子是他重点培育的对象。甚至可以说，他想探索诸和硕贝勒共和制。

至努尔哈赤驾崩时，排行老八的皇太极，并非势力最强的嫡子。但是，他是四贝勒，同时在八和硕贝勒之列，同时是正白旗旗主，够资格继位。

但是，从八旗势力分割来看：大贝勒代善主管两红旗，镶白旗旗主杜度为其胞兄褚英之子，对其马首是瞻；阿济格、多尔衮、多铎兄弟领导努尔哈赤生前亲率的两黄旗，实力最强。他们是皇太极主要的竞争对手。

此外，二贝勒阿敏为镶蓝旗旗主，有三十三个牛录，但他是努尔哈赤之弟舒尔哈齐之子，虽有觊觎之心，但他明白努尔哈赤诸子是不会让汗位旁落的。

三贝勒莽古尔泰为正蓝旗旗主，与皇太极实力相当。

然而，皇太极得到了代善阵营最得力的两子岳托和萨哈廉的支持，他们力劝代善拥立雄图大略的皇太极，很快势力发生了变化。

代善的态度转变，带动了阿敏和莽古尔泰。皇太极承诺，他即位后，奉行与三大贝勒南面俱坐、同理朝政制度，将天命朝的四大贝勒辅政制上升为四大贝勒共和制。皇太极得到六旗的支持，与多尔衮兄弟相比，明显占了上风。

皇太极的阵营，都是能征惯战的大将，而多尔衮阵营，除了阿济格有些战场历练外，多尔衮和多铎都是年少的贝勒，毫无军事和理政经验。多尔衮兄弟，只能顺势而为，臣服于皇太极的脚下。

这，成就了皇太极。

历史选择了皇太极。

皇太极即位后，积极改变努尔哈赤崇满抑汉、奴役汉民的政治策略，大量使用汉族降官士大夫，革除旧弊，而且是坚定不移。即便满洲旧贵族抱怨："昔太祖诛戮汉人，抚养满洲，今汉人有为王者矣，有为昂邦章京矣。至于宗室，今有为官者，有为民者，时势颠倒一止于此。”（《清太宗实录》卷六十五）皇太极亦高度倚重范文程、鲍承先、孔有德、耿仲明、尚可喜、张存仁等汉臣，委以重任。

皇太极积极建立满汉地主阶级政治联盟，为大清政权基本统一辽东以及日后入关逐鹿中原，奠定了坚实的基础。

6

皇太极在位十八年，向代善、阿敏和莽古尔泰三大贝勒夺权的同时，积极扶持岳托、萨哈廉、济尔哈朗、豪格、多尔衮和多铎等少壮派贝勒。

能干的侄儿岳托与萨哈廉早逝，济尔哈朗为堂弟，皇太极在对儿子豪格有些失望的情势下，选择了精心培植杰出的弟弟多尔衮。

可以说，皇太极对多尔衮的倚重，丝毫不逊色于自己的长子豪格。天聪五年，皇太极初设六部，以多尔衮主管六部之首的吏部事，继而又命他统率六部。天聪十年正月初一，多尔衮率诸贝勒向大汗行礼，四月皇太极改汗称帝，论功行赏，二十四岁的多尔衮封和硕睿亲王，于和硕六王中排名第三。

皇太极不但积极锻炼多尔衮的理政能力，还命其多次领兵征讨四方。

皇太极暴卒，又没有指定继承人，多尔衮有足够的势力，同皇长子、和硕肃亲王豪格争衡。

多尔衮继承太祖、太宗的事业，对于清朝入关、统一全国，无疑是功劳最显著的。

攻明不取燕京，原是应用伐木理论

1

皇太极在位期间，先后五次入关征明，即己巳之变后，天聪八年发动劫掠宣化的入口之战，崇德元年五月袭击北京城外四周，崇德三年九月以多尔衮为奉命大将军、岳托为扬武大将军率兵深入冀鲁，崇德七年十一月命阿巴泰为奉命大将军统兵十万劫掠山东。

规模越来越大，持续越来越久，危害越来越深，破坏越来越严重，从最初的斩获记载并无明确数据，到最后的俘获人畜数十万、劫掠金银几百万，几乎写得一目了然。

他们的破坏程度有多大?

明朝兵科给事中李永茂曾奉命到顺德府察理近畿各府城守情况后，向崇祯帝报告了自崇祯十一年（清崇德三年）以来，自京郊至庆都、新乐、真定、栾城、柏乡、内丘，至顺德，行程千里，“一望荆榛，四郊瓦砾，六十里荒草寒林，止有道路微迹，并无人踪行走”。平乡“受患极惨，至今城内止余焦赤残垣，及

堆积瓦砾”；而整个“畿南郡邑，曾经戊寅之惨，惊魂未定，兼以五载荒瘟，民亡十之九”。（李永茂《荆襄题稿》）

崇德三年，多尔衮与岳托分兵毁边墙而入，会师于通州河西，一路向南，于河北巨鹿一战，战死明督师卢象昇，歼灭其五千残军，继而挥师渡河，直插济南，四处掳掠。这一座号称中原第一大都会的繁华之城，瞬息变为哀号遍地的死城。仅济南一战，死尸达十三万具之多，财货被劫掠一空。据清官方数据显示，他们在此次攻明中，俘获人畜四十六万二千三百，黄金四千零三十九两、白银九十七万七千四百六十两。

烧杀劫掠，惨绝人寰。皇太极在多次伐明中，强调最多的，还是俘获人口。从天聪四年四月己卯，皇太极与文馆首席达海关于袭明俘获的一席话，可见皇太极对于俘获人口最为关注：“金银币帛虽多得不足喜，惟多得人为可喜耳。金银币帛用之有尽，如收得一二贤能之人，堪为国家之助，其利赖宁有穷也。且将来休养生息，我国人民日益繁庶矣。”（《清太宗实录》卷六）

皇太极攻明，推行强制移民政策，同时强化抢夺贤能、为己所用的人才战略。

这对于政治腐朽、党争纷纭、人才见弃的明朝而言，虽然手段不无血腥，但又不啻一招釜底抽薪的良策。

除了天聪三年己巳之变围攻京师，在德胜门、广渠门、左安门发生三次激战外，其他四次，他们始终是绕过北京城，经过而不攻取，把攻明的重点放在畿辅要地，严重地破坏了京城周边的经济生产和社会秩序。可以说，后来李自成东征势如破竹，实为皇太极的五次入关为之拔掉了不少阻碍。同时，也为皇太极死后不到一年，清军再次入关迅速击溃李自成的大顺军奠定了坚实的基础。

2

皇太极生前，尤其是松锦之战后，诸王将帅集体请战，请求乘胜追击，直取北京。

镶蓝旗汉军固山额真李国翰、正蓝旗汉军固山额真佟图赖、正黄旗汉军固山祖泽润、正黄旗汉军梅勒章京祖可法、镶蓝旗汉军梅勒章京张存仁，联合上书，建议迅速出兵，控制山海关：“今天意归于皇上，大统攸属。锦州、松山、杏山、塔山，一时俱为我有。明国人心摇动，燕京震骇，惟当因天时，顺人事，大军前行，炮火继后，直抵燕京而攻破之。是皇上万世鸿基，自此而

定。”（《清太宗实录》卷六十二）

不料，皇太极否决了众汉军高级将领请伐明廷的建议，而是意味深长地说：“尔等建议，直取燕京，朕意以为不可。取燕京如伐大树，须先从两旁斫削，则大树自扑。朕今不取关外四城，岂能即尅山海？今明国精兵已尽，我兵四围纵略，彼国势日衰，我兵力日强，自此燕京可得矣。”（《清太宗实录》卷六十二）

好一个“伐大树”的战略思想：先“从两旁斫削”，以求“大树自扑”。打蛇先打七寸，须严防蛇头反咬。而欲灭敌国，围魏救赵是缓兵之计，但是先攻首府，不免激愤天下勤王。皇太极做梦都想灭了大明，但自知实力不济，即便松锦战后已掌握了辽东的主动权，但未必能与明朝倾国决战。

在弱方实力尚存时，进行生死一战，那只有两败俱伤。皇太极没料到自己会突然暴卒，遗憾地没有登上紫禁城里的雕龙髹金大椅，但是他的儿子，带着他的遗产，很快爬上了新都太和殿中的皇帝御座。

这是皇太极的“伐大树”战略起了效果。

3

皇太极的“伐大树”战略，就是要先消灭明朝的有生力量，捣毁京师周围的经济秩序，将明都燕京隔绝为孤城，摇摇欲坠。

这个战略思想，是等待，也是坚持，更是创举。但是，这不是皇太极的创造，而是从其父努尔哈赤那里学来的。

万历四十年九月，乌拉首领布占泰联合蒙古科尔沁部，率兵攻打建州所属的虎尔哈路。十二月，努尔哈赤率第五子莽古尔泰、第八子皇太极，沿乌拉河南下，连克河西六城后，兵临乌拉城下。努尔哈赤命令建州军攻乌拉城北门，焚其粮，毁其城门。

乌拉兵白天出城对垒河边，晚上则入城休息。

时年二十一岁的皇太极，与莽古尔泰力主渡河，给予致命一击。

努尔哈赤说："不然，汝等出言毋若浮面取水之易也，须探其底里耳。欲伐大木岂能骤折，必以斧斤伐之，渐至微细，然后能折。相等之国，欲一举取之，岂能灭乎？且将所属城郭尽削平之，独存其都城，如此则无仆何以为主，无民何以为君？"（《清太祖武皇帝实录》卷二）

四卷本《清太祖武皇帝实录》修于天聪年间，崇德元年成书。想必皇太极对其父教导的"伐大木"战略思想是认同的，也成功运用于自己的征明大业中。

“伐大树”就是“伐大木”，先斫削两旁而使之自扑，先剪灭四周而使之孤村。皇太极的坚忍，为继承者多尔衮和顺治帝很快入主燕京，准备了有效的基础，真正实现了一统天下的大清朝。

满人攻明的拦路虎，被崇祯帝处死

1

崇祯三年八月十六日，明蓟辽督师袁崇焕被凌迟于京师。

凌迟之刑，即有千刀万剐之残酷。

据计六奇《明季北略》卷五《逮袁崇焕》记载：“江阴中书夏复苏尝与予云：‘昔在都中，见磔崇焕时，百姓将银一钱，买肉一块，如手指大，啖之。食时必骂一声，须臾，崇焕肉悉卖尽。’”

一代名将，死得悲烈，死后肉还被卖钱。

对于他为何会遭到如何酷刑，计六奇在《明季北略》说，崇祯下令逮捕袁崇焕的罪名有三：一、不经请示擅杀悍将毛文龙；二、与后金秘密谋和导致后金军围京；三、在京师保卫战中射杀满桂。

而在敌对的后金（大清），却有另一种说法。清人则认为是皇太极的反间计起了作用。清廷第八代礼亲王昭梿在《啸亭杂录》开篇就写太宗伐明前，利用暗遣被俘的杨太监，逃回向崇祯帝报告，袁崇焕投效了后金，以一次反间计成功诛杀了袁崇焕。

这份反间计，不由让人想到了三国时的蒋干盗书，使曹操无故杀了训练水军的能人蔡瑁与张允。曹孟德幡然醒悟，但，崇祯帝却不以为然，磔杀袁崇焕不解恨，还将袁崇焕的家人流放三千里。

萧一山在《清代通史》中论明末疆事失败的原因时，说："明自用兵以来，督师者如熊廷弼、袁崇焕、孙承宗辈，皆盖世之才，能称其职。而诸将委身许国、效死不屈者，亦前后相望。"（萧一山《清代通史》卷上第一编第五章）

他们先后治辽，时势不同，战机各异，但命运类似。不论他们如何委身许国、效死不屈，亦不可逃脱朝堂之上，权珰排挤、言官非议的境地。故而，萧一山又言："熊廷弼、袁崇焕、孙承宗，皆以盖世之才，治辽事而有余，然或内毁于阉党，外罹于反间，不终其位。"（萧一山《清代通史》卷上第二编第十一章）政权推移，政略纷乱，边防朝令夕改，良将安得善终。

熊廷弼三起三落，最后得了个传首九边。

孙承宗再度见弃，最后自缢于高阳城破时。

袁崇焕之死，世人皆以为冤死，死于崇祯的刚愎自用，容不了救时大才。

2

崇祯杀袁崇焕，是听信了魏阉余党谗言，是自毁长城。

然而，相较于熊廷弼、孙承宗相比，他又是死得不冤。

袁崇焕的成功，源于在宁远大战中击溃了努尔哈赤的大军，在宁锦大战中又败了复仇的皇太极，故而使新上台的崇祯帝倚重，视为柱国重臣。

袁崇焕书生报国、无惧强敌，也书生意气，心胸狭窄，将两次大捷归功于自己，而忘记毛文龙牵制了后金部分主力而使其以红衣大炮大败努尔哈赤，忘记了这两次大战中总兵官满桂等人的浴血奋战。

悍将毛文龙、满桂，成就了袁崇焕。而文龙自负，满桂被欺，先后死于袁崇焕之手。

《明史·袁崇焕传》说，大捷之后，袁崇焕“志益骄”。他患了恃功骄纵的思想病，而且很严重。

袁崇焕私下与皇太极谋和，想为内外交困的大明谋一个稳定的发展环境。

天启二年正月，他以邵武知县进京朝觐，被御史侯恂举荐为人才，破格用之，出任兵部职方司主事。他正好碰上了熊廷弼广宁兵败，于是千里走单骑，去山海关做了一次实地考察，回来后请旨“予我军马钱谷，我一人足守此”（《明史·袁崇焕传》）。

朝廷正因无人可用，遇到这个不怕死的，赶紧将他提升为山东按察司佥事山海监军，带着二十万钱前去扼守山海关。

离京赴任前，袁崇焕专门去诏狱，向前辽东经略熊廷弼请教。熊氏问他如何经略山海关，袁崇焕坦言：“主守而后战！”（《明史·袁崇焕传》）

“主守而后战”，成了袁崇焕经营其辽东事业的战略思想，得到了天启帝师、管兵部事的大学士孙承宗的鼎力支持。

袁崇焕倡言守宁远，要在河西咽喉地带设置这一新据点，遭到了以兵部尚书兼右副都御史经略辽东的王在晋的强烈反对。

王在晋庸碌无为，认为关外形势“四坏”，须“捐弃全辽，则无局之可布矣！逐步退缩之于山海，此后再无一步可退”（《明史·王在晋传》），得到了兵部尚书张鹤鸣、蓟辽总督王象乾的支持。

此时只奉命管理前屯卫所事务的袁崇焕，不能影响辽东经略王在晋的主张，只好越级向首辅叶向高求助。叶向高不知关外实情，于是请孙承宗出手。孙承宗专此

赴山海关外视察，回奏“遥见宁远形势，天设重关，以护神京，必不可不守”，“此城为必据必争之地”。（谈迁《国榷》卷八十五）

孙承宗回京后，疏陈王在晋不堪用，请求裁撤王在晋，自请督师，全力支持袁崇焕创建松锦防线。

稳固的松锦防线，成就了袁崇焕的宁远、宁锦大捷，声名鹊起。但是，他身处千里之外，却不能不受朝廷党争影响。他不得不向天启帝奏请在宁远为太监魏忠贤建懋德祠，但魏阉不领情，故意打压，使其悲愤辞官。

崇祯帝即位，袁崇焕复出，深得圣宠，以兵部尚书兼右副都御史督师蓟辽，兼督登莱、天津军务。

3

成为新皇红人的袁崇焕，有些膨胀了。

崇祯元年七月，袁崇焕进京汇报军务，崇祯帝在平台接见，大肆慰劳，向他问治辽方略。

袁崇焕说：“方略已具疏中。臣受陛下特眷，愿假以便宜，计五年，全辽可复。”（《明史·袁崇焕传》）

著名的“五载复辽”，就在袁崇焕的豪言壮语中出炉了。

吏科给事中许誉卿，向袁崇焕询问具体方略。袁崇焕说：我看到圣心焦虑，想给他一点安慰而已。

好一个安慰圣心！

原是画了一张饼。

想做中兴大帝的崇祯帝，却被打了鸡血，承诺将不吝封侯赏，要让袁崇焕的子孙永享富贵。

袁崇焕自知失言，却受宠若惊，赶紧说“以臣之力，制全辽有余，调众口不足”。他一边夸自己的能力，一边向皇帝要权力。

袁崇焕之所以有这一份底气，一是在辽东大建形象工程赢得崇祯帝的赞同或默认，二是默默地派人和皇太极谈休战谋和的事情。结果，他还是被皇太极骗了，也被不谙实情的崇祯帝磔杀于市。

袁崇焕死得不无冤枉，他以文臣治军，容不下有能力的武将桀骜，无疑是一个排除异己、贻害国家的致命弱点。

崇祯不杀袁崇焕，也未必能为大明王朝续命太久。

袁崇焕虽然此前倚重满桂的拼杀，以及探索实践用辽人守辽土、凭坚城用大炮等战略战术，打赢了对抗后金天命汗努尔哈赤亲率大军来攻的宁远一役。他也曾向朝廷奏报满桂“谋潜九地，勇冠万夫”（《明熹宗实录》

卷七十）。但很快将帅不和，袁崇焕上疏弹劾满桂种种不是，迫使朝廷将满桂调离辽东。

袁氏提出五年恢复辽东计划，还重点举荐祖大寿、何可纲与赵率教堪当大任，并说："臣自期五年，专藉此三人，当与臣相终始。届期不效，臣手戮三人，而身归死于司。"（《明史·袁崇焕传》）世事难料，他在赵率教以身殉国不久，自己身首异处。

他的血色宿命是难逃的。

他除了恃功恃宠外，还有犯了两个严重的错误。

一、擅杀毛文龙，自损"以辽人守辽土"方针。毛文龙虽然生于浙江钱塘，为南人，但投军北上，久居辽东。而且，毛文龙手下的悍将孔有德、尚可喜、耿仲明等，都为辽东人，他们与毛文龙在抗金行动中生死与共，结下了深厚情谊。毛文龙被杀，导致辽人战将体系分崩离析，孔有德们带着庞大精锐的野战军铤而走险，叛明投金。

二、袁崇焕经营的松锦防线，着实牢靠，一直延续至明亡后，吴三桂扼守山海关，足使清军不能从此处破关。但是，守住了山海关，却疏忽了喜峰口等处的防守。袁崇焕曾建议朝廷应当重视防守其他关隘，却被明廷忽略。皇太极在位期间，五次借道蒙古，入关劫掠，都是如入无人之境。

明亡是必然的。袁崇焕亦无能为力。

当然，如果袁崇焕继续经略辽东，崇祯帝不把洪承畴调离西北战场，历史必然是另一副模样。

一份塘报，暴露崇祯想媾和皇太极

1

传闻，天启帝朱由校临终前，寄望后继之君朱由检："来，吾弟当为尧舜。"（汪楫《崇祯长编》卷一）

朱由检热血沸腾，大志雄起，想当一个真正的尧舜大帝，不负乃兄死前所愿。他成了明朝皇帝中最勤奋的一个！

文史大家张岱在《石匮书后集·烈皇帝本纪》中说："古来亡国之君不一，有以酒亡者，以色亡者，以暴虐亡者，以奢侈亡者，以穷兵黩武亡者。嗟我先帝，焦心求治，旰食宵衣，恭俭辛勤，万几无旷，即古之中兴令主，无以过之。"

抱负是伟大的。

朱由检是一个勤政帝、廉政帝，生不逢时，先帝哥哥在给他留下一把金灿灿的龙椅和一个金碧辉煌的紫禁城时，也给他留下了一个根基枯朽的江山和两场愈演愈烈的战争。

他出生晚了，孟森感叹："思宗而在万历之前，非亡国之君也；在天启之后，则必亡而已矣。”（孟森《明史讲义》第二编第六章）这个一心想中兴大明王朝的年轻皇帝，用人不彰，疑心过重，驭下太严，最后只落了个国破家亡、自缢煤山的悲情人生。

他是一个廷推、廷议、廷鞫的最后决策者，却靠着身边的一帮忠奸难辨、忠逆群集的大臣。他怀握雄心壮志，但对怎样驾驭一个分崩离析、战乱不止、国力空虚的国家，存在着很多缺陷。

若干年后，即康熙四十八年十一月十二日，康熙帝谈起崇祯失败的原因时，说：“崇祯尝学乘马，两人执辔，两人捧镫，两人扶鞦，甫乘辄已坠马，乃责马四十，发苦驿当差……如此举动，岂不发噱？总由生于深宫，长于阿保之手，不知人情物理故也。”（《国朝宫史》卷二）

朱由检寄望于形形色色老奸巨猾的所谓重臣，温体仁、薛国观、周延儒揣摩着他的心思说话执政。

袁崇焕、孙承宗虽有旷世之才，但防不住他期望过高后的猜忌。

先天不足，心志不高，一旦动乱来了，就坐不住了！

于是，他脑袋里装了休战谋和！

哪怕敌人要抢他的江山。

2

杨嗣昌死后不久，崇祯帝想起他的话：朝廷无力应对两场战争。

于是，他在吏部尚书兼武英殿大学士谢陞的怂恿下，密令新任兵部尚书陈新甲派人向皇太极询问媾和的条件。

陈新甲是继成化朝工部尚书贾俊之后，明朝第二个以举人身份做到尚书的大臣。杨嗣昌任宣大总督时，他为下属。杨嗣昌接掌兵部，举荐他为兵部右侍郎兼右佥都御史，总督宣大，顶替丁父忧回家守制的卢象昇，协御清兵。

陈新甲有杨氏门徒之称。

不慎的是，陈新甲当面说事关重大，却把议和的绝密文件，没有锁进保险箱，而是放在办公桌上，被秘书当作普通文件转发给了塘报。

最高级别的绝密，成了最有看点的新闻。

朝堂大乱。

崇祯气急败坏，命将陈新甲当众砍了。罪名是越权！

谢陞被罢官回乡。

从犯被杀，主犯还得洗白。

崇祯十五年初，清军拿下松山后，为休整提出议和。崇祯帝赶紧派宁远总兵吴三桂点四千人马，偷袭驻守大山的阿济格。

崇祯帝再一次背信弃义。

皇太极大怒，要跟崇祯帝血战到底，亲率大军来攻。

崇祯帝一心谋和休战，碍于群臣反对，自己断了后路。

太祖联姻的爱女，遭亲弟寡情凌迟

1

皇帝的女儿不愁嫁，但尊荣背后是辛酸。

清太祖努尔哈赤的女儿，贵为大汗之女，却只是亲爹政治需要的祭品。

无论嫡庶，宿命不改。

努尔哈赤的大女儿东果公主，生母为元妃佟佳氏。她是努尔哈赤诸子女中最长者，是褚英、代善的胞姐。明万历十六年(1588)，栋鄂部首领何和礼(又名何和理)来投，努尔哈赤明知他已有福晋，儿女成群，仍然将东果婚配给何和礼做嫡福晋。

当时，东果年仅十一岁，含苞待放却嫁给有妇之夫。

何和礼受此厚赏，誓死效忠，成了清初冲锋陷阵的五大臣之一。

昭梿在《啸亭杂录》卷二中，高度赞赏“何温顺公”归来巨功：“高皇初起兵时，满洲军士尚寡，时董鄂温顺公讳何和理者，为浑春部长，兵马精壮，雄长一方。上欲藉其军力，乃延置至兴京，款以宾礼，而以公主妻之。公乃率众归降，兵马五万余，我国赖以缔造。萨尔浒之役，卒以败明师者，皆公兵马之力也。”

努尔哈赤一统女真的精锐，都是女婿带来的。

牺牲了东果公主一人，成就了努尔哈赤的霸业。

天命四年的萨尔浒一役，彻底改变了金明在辽东的战局。

努尔哈赤在大明重兵和女真反对势力的重围中，站住了脚。

2

相较于东果，继福晋富察氏所生的第三女莽古济，也算是嫡女，但同样是父亲政治联姻的祭品。她虽然没有绑架住一位像何和礼般的勇士，却以柔情攻陷了远比栋鄂部领土宽广、人口众多、物产富庶的哈达部。

哈达部曾为海西女真的带头大哥，其首领王台采取远交近伐、忠于明朝的手段，成了明朝官方承认的哈达万汗，迫使叶赫、乌拉、辉发及建州女真臣服。

王台死后，诸子争权，哈达大乱。王台与叶赫联姻女温姐所生的儿子孟格布禄，伙同舅舅家两个贝勒布寨、纳林布禄，大肆侵害哈达内部，一无叔侄之义，二无兄弟之情，三无故园之爱。

古勒山之战后，九部联军大败。布寨死于非命，纳林布禄仓皇而逃。

哈达的新任贝勒、明朝的龙虎将军孟格布禄，逃回老家。

努尔哈赤本想豢养孟格布禄，不意孟格布禄居于建州与叶赫之间摇摆，笑脸之后磨刀霍霍。努尔哈赤索性把孟格布禄诛杀，又不想计划失败，于是将三女嫁给孟格布禄之子吴尔古代。

吴尔古代成就了莽古济的这一段婚姻，还算是幸福的。

他们的两个女儿，一个嫁给了娘家二哥、大贝勒代善的长子岳托，一个嫁给了八弟、四贝勒皇太极的长子豪格。

亲上加亲。兄妹、姐弟在汗父的安排下，成了缠绕的亲家，而且被指婚的女婿，都是后金大汗帐下战功赫赫的小贝勒。

3

让莽古济没有想到是，她的汗父努尔哈赤去世后，继立大汗皇太极却对她打击不断。

先是天聪元年，蒙古敖汉部首领索诺木杜棱部不满察哈尔部首领林丹汗的残暴统治，向皇太极投诚。皇太极不情愿莽古济继续孀居，索性将这个兼亲家母的亲姐姐赏赐给妻妾成群的索诺木杜棱，再次赋予使命。

既是满蒙政治联姻，也是赋予间谍使命。

莽古济与索诺木杜棱，同床异梦，各怀不满。

继而，成了天聪汗的四贝勒皇太极，不甘心与其他三大贝勒并坐听政的政局，先将二贝勒阿敏议罪拘禁，又瞄准了三贝勒莽古尔泰和大贝勒代善。

莽古尔泰是莽古济的胞兄，对拥立皇太极有功，但也对汗位虎视眈眈，无视皇太极意欲打造的绝对权威。

《清史稿·莽古尔泰传》记载：天聪五年，莽古尔泰跟从大军围攻大凌河，向太宗上奏所率正蓝旗部队被明军重创。太宗诘问他："闻尔所部兵每有违误。"莽古尔泰生气地说："宁有是耶？"太宗说："若告者诬，当治告者；果实，尔所部兵岂得无罪？"说完，皇太极将要乘马而去。莽古尔泰说："上何独与我为难？我固承顺，乃犹欲杀我耶？"说罢，莽古尔泰手握佩刀，数次怒视皇太极。他的胞弟、贝勒德格类怒斥莽古尔泰犯了悖逆之罪，并用拳头打他。

莽古尔泰更加愤怒，将佩刀抽出刀鞘。皇太极怒骂莽古尔泰亲手弑母邀宠的事情。其后诸贝勒商议莽古尔泰"谋上"之罪，夺去和硕贝勒爵位，降为多罗贝勒，削五牛录，罚银万及甲胄、雕鞍马十、素鞍马二。一年后，莽古尔泰气愤暴卒，年四十六岁。

又三年后，莽古济的胞弟德格类病逝。德格类曾为皇太极的积极拥立者之一，没料到最后死于主子的猜忌。《清史稿·德格类传》云:“逾月，莽古尔泰既卒，为冷僧机所讦，以大逆削爵，德格类坐同谋，追削贝勒。”

这个告密者冷僧机，本是莽古济的家奴，出身贫寒，但圆滑狡黠，善于钻营取巧，在莽古尔泰、德格类相继死后，告发莽古尔泰、德格类和莽古济等曾跪焚誓词，密谋篡位，获得了皇太极的垂青。

冷僧机本参与密谋，众议“以自首免坐，亦无功”，但太宗却一反常态，力排众议，嘉奖冷僧机世袭三等梅勒章京。

太宗对莽古济的恨，不仅在其被冷僧机告发或者杜撰的参与密谋。

天聪九年，太宗将归顺的蒙古察哈尔汗的伯奇福晋赐予儿子豪格为侧福晋，引起同为豪格岳母的莽古济不满:“吾女尚在，何得又与豪格贝勒一妻也?”（王先谦《东华录·天聪十》）后来，莽古济路过代善营帐，被代善邀入款待馈赠，兄妹之礼节也惹怒了太宗。

莽古济的质疑和反感，使皇太极恨之入骨。皇太极担心代善与之有可能政治合作，于是找了一个冠冕堂皇的理由，将莽古济处死。

哈达公主莽古济，就这样成了有清一代唯一被处死的公主，而且被削了宗籍。而她那两个嫁回娘家的女儿，都是死于非命。

皇太极的无情，严重违反了努尔哈赤在天命六年正月十二日带着包括他在内的大小贝勒的告天誓言："吾子孙中纵有不善者，天可灭之，勿令刑伤，以开杀戮之端。如有残忍之人，不待天诛，遽兴操戈之念，天地岂不知之？若此者，亦当夺其算。昆弟中若有作乱者，明知之而不加害，俱怀礼义之心，以化导其愚顽。似此者，天地祐之。俾子孙百世延长。所祷者此也。自此之后，伏愿神祇，不咎既往，惟鉴将来。"（《清太祖武皇帝实录》卷三）

莽古济及其两个女儿，既无谋逆叛国之言，也无弑君篡位之迹，却被皇太极无情地处死和迫害。

不仅如此，皇太极的爱妃扎鲁特博尔济吉特氏，曾因贤名而被迎娶，受封为东宫福晋，就因为恃宠为莽古济说了几句公道的求情话，结果触怒天威。就在她刚诞生汗九女没几天，也被皇太极无情地送给了叶赫表侄南褚做老婆。

权力争斗下，恐是没有亲情的。

皇太极将爱妃送人，又向寡妇示宠

1

崇德元年（也是天聪十年）四月十一日，后金大汗皇太极改元称帝，成了正式的大清王朝的首任皇帝。清太祖高皇帝或武皇帝努尔哈赤，那是做了皇帝的皇太极给其父天命汗的追封。

第二天，皇太极为盛京皇宫定后宫宫殿之名，如清宁宫，如关雎宫，如麟趾宫，如衍庆宫，如永福宫，为他即将正式册封五宫后妃做准备。

难道他只有五个女人要册封吗？

他妻妾成群，光是为他生育了皇子皇女的，就不止五人。天聪九年十月，他还强令东宫福晋改嫁在劝降察哈尔林丹汗余部中立功的表侄南褚。

当时的女真社会，尚不受儒家礼教观念的制约，其传统婚姻习俗和价值观是容许他令妻改嫁他人的做法的。他当初娶这位来自蒙古扎鲁特部的东宫福晋时，也是花了一些心思。

《满文老档》“太宗皇帝”上卷第四十九册《封蒙古

扎鲁特部戴青贝勒之女为东宫福晋》记载，天聪六年二月十二日，天聪“汗集诸贝勒大臣于内廷筵宴，以戴青贝勒之女册为东宫福晋。此福晋乃蒙古扎鲁特部戴青贝勒之女。汗已册立中宫福晋、西宫福晋，惟东宫未立福晋。时值选贤，遂遣人往聘此福晋。转谕其父曰：‘我召来观之，中则留于宫内，不中则遣之还。’遂召福晋至，暂憩城外。汗命有眼力者往观可否留于宫中。观者前来报于汗曰：‘无需众多人，汗宜斟酌而行。他人观之岂可相信乎？汗应亲往观之。若可册为东宫福晋，宜按典礼聘之矣。’汗遂亲率从者数人往观之，迎入内廷。非好多娶，按例需备三福晋。以聘礼设宴。是宴也，杀牛一、羊六，治筵二十席”。

戴青贝勒之女，以贤德获取东宫。在接下来三年多的日子，唯有她给皇太极生育了两个孩子（皇六女和皇九女），其他福晋也只有后来的孝端和孝庄各生育一女，可见此间，东宫福晋很得皇太极宠爱。皇太极将其封为东宫福晋，使原为第二夫人的西宫福晋庄妃位号下沉。

不幸的是，天聪九年十月初七日，这位受宠的东宫福晋突然“不遂汗意，改适叶赫部德勒格尔台吉之子南褚”(《天聪九年档》)。

事起突然。

而且，在数月前，东宫福晋的父亲戴青贝勒还多次进献牛羊马匹，也得到了皇太极丰厚的赏赐，然而就在东宫福晋生下皇九女的第十一天，却被皇太极无情地当作一件奖品深情地送给了一个侄辈大臣。

有人认为是颇有贤名的东宫福晋，在皇太极正对皇姐兼姻亲、哈达公主莽古济进行惩罚时，恃宠而发表了不合时宜的言论，因而遭到了固执的皇太极翻脸无情。

但是，结合此期，皇太极又爱上了来自蒙古科尔沁的大龄女海兰珠，以及对其宠冠后宫、即将册封等事来看，皇太极怒惩东宫福晋，有给海兰珠腾出重要位置的提前安排。

2

《清入关前内国史院满文档案译编》记载：天聪八年“十月十六日，科尔沁部吴克善洪台吉率诸臣送妹至。汗偕诸福晋迎至，设大宴纳之为福晋”。

吴克善这次“送妹”，送的就是海兰珠。

九年前，即后金天命十年二月，吴克善曾护送十三岁的妹妹布木布泰到盛京，作为他们的亲姑姑哲哲的代孕替补，嫁给皇太极做侧福晋。布木布泰后来成了永福宫庄妃、孝庄皇太后。

海兰珠是布木布泰的姐姐，年长妹妹四岁，但比妹妹晚嫁皇太极九年。海兰珠嫁给皇太极时，已经二十六岁了。

当时的满蒙男女由于长期食肉，成熟很早，也成婚很早。海兰珠和布木布泰的姑姑哲哲嫁给皇太极时，为十六岁。

无疑，海兰珠嫁给皇太极，已然是超大龄女子了。

科尔沁部落的东部是统一女真的后金，西部为兵力强悍的察哈尔，首领博尔济吉特氏家族限于自己兵力不强，在夹缝里求得生存，就只能把自己的女儿送给两边通婚。

倘若布木布泰初嫁时，海兰珠在家，亦有十七岁了，已属大龄，她们家族必然会安排海兰珠先嫁皇太极。

海兰珠不能先嫁皇太极，只有一种情况，即她当时已嫁他人。这虽是猜疑，但有可能便是真实。

3

皇太极将自己的妻妾随意送给大臣，如东宫福晋，如生育了皇五子硕塞的侧妃叶赫那拉氏。同样，他也娶别人的妻妾。

据满文档案记载，侧妃叶赫那拉氏在进入皇太极妻妾序列前，曾为他人妇。而皇太极后来册封的崇德五妃中，除了皇后和庄妃是少女即嫁皇太极外，其他三妃归嫁皇太极前皆为他人妇。贵妃和淑妃原来都是察哈尔首领林丹汗的八大福晋之一，前者为正室大福晋（囊囊福晋），后者为四福晋（窦土门福晋）。

贵妃和淑妃归嫁皇太极的历史背景是，天聪八年，皇太极率兵攻打察哈尔，林丹汗败退在青海大草滩去世。他的女人们成了寡妇。

窦土门福晋寡居不久，在部下的护送下归顺后金。大贝勒代善等举行盛宴欢迎归附的蒙古诸大臣，众贝勒等上奏请皇太极娶为妃。此事有前提，窦土门福晋对代善表示想嫁给皇太极。皇太极最初不允，但考虑到政治原因以及代善说是天意的安排，于是答应了接纳这个寡妇，留给后世一个“野鸡入帐”的故事，并把她与前夫林丹汗的女儿养在宫中，后来指婚给多尔衮为侧福晋。

扎鲁特虽为蒙古二十四部之一，但在后金兴起时，遭受女真武力重创，于皇太极统治前期臣服。察哈尔部为蒙古诸部势力最强者，虽然新近投降，然皇太极对其极力笼络。故而，册封崇德后宫五妃，他不惜将少女来嫁、情缘颇深的布木布泰降为第五位，将来自察哈尔的林丹汗两个遗孀以及可能曾嫁察哈尔贵族的海兰珠，悉数排名前列。

这是强化满蒙政治联姻的再选择，以期实现他统一漠南蒙古的丰功伟绩。

况皇太极对大龄来嫁的海兰珠，是宠冠后宫。

倘若不借故休弃东宫福晋，后宫第二的位号，则是东宫福晋当仁不让。那么，海兰珠只得靠后站。

皇太极为了保证海兰珠最受尊崇的地位，又保证中宫女主非哲哲这位稳重无过的女人所属，所以他在仅次于皇后的位号上，为海兰珠进行后宫身份设计。

他先将东宫福晋赐予大臣做妻子，而不是休弃回娘家，断了她有望重返后宫的后路。天命朝大妃阿巴亥，就因曾被休弃回娘家，终因太祖见召而重归大妃席位。

继而，他在崇德元年五月十四日制定福晋位号，明确“清宁宫正宫大福晋为国君福晋，东关雎宫福晋为东大福晋，西麟趾宫福晋为西大福晋，东衍庆宫福晋为东侧福晋，西永福宫福晋为西侧福晋”（《满文老档》“太宗皇帝”下卷第十二册）。

两个月后，即崇德元年七月初十日，皇太极正式册封五大福晋。

典礼的程序是繁缛的，但是册封的位号是明确的。海兰珠被册封为东关雎宫大福晋，占据了皇太极强令东宫福晋再嫁而腾出的位置，成了仅次于清宁宫国君福晋的第二夫人。

祖大寿复降，想拉吴三桂邀功

1

清崇德七年（明崇祯十五年）二月，皇太极发动了生前最后一次入口之战。松山城破，明军辽东最高统帅洪承畴被俘降清。

祖大寿在锦州，被围困了一年，又是粮绝援尽，城中重演杀人相食的惨状，于是率部众开城出降。

皇太极没有杀他，授其为自己亲率的正黄旗总兵官。

但是，清朝史官在撰写《太宗实录》时，对祖大寿再次屈膝，并无好言语："天威一振，歼明援兵十三万……负恩之总兵祖大寿自知罪在不赦，冒死率众叩首乞降。"（《清太宗实录》卷五十九）

史官如此说，理应是皇太极冷眼待之。皇太极此间曾致书宁远总兵吴三桂，说明对宁锦降将的处理意见，留养洪承畴和率先投降的松山副将夏承德外"其余抗命者，尽行诛戮"，而祖大寿、祖大乐兄弟等"因系将军之戚，故留之。锦州祖大寿归命，其眷属部众，俱获保

全”。（《清太宗实录》卷六十）

祖大寿也意识到了当初降而复叛的严重后果，故而跪着对皇太极摇尾乞怜，一再声明：臣的罪行，不同于洪承畴，降而复叛，“背弃洪恩”，“理应万死”。（《清太宗实录》卷六十）

2

梁启超在《袁崇焕》中说：“祖氏兄弟，大寿、大弼、大乐以督师裨将，遵其方略，犹能为睢阳之守者岁余，非洪承畴之降，锦州固未易下也。”

这次降清后，祖大寿主动给镇守宁远的外甥、总兵吴三桂（祖氏为吴三桂继母兄弟）写信劝降。

值得注意的是，《清太宗实录》中，还长篇累牍地收录了这一封祖大寿致吴三桂的劝降信：

“宁锦间隔，不相通问者岁余矣。春时松山、锦州，相继失陷，以为老身必死无疑。不期大清皇帝天纵仁圣，不但不加诛戮，反蒙加恩厚养。我祖氏一门以及亲戚属员，皆霑渥泽。而洪总督、朱粮厅辈，亦叨遇优隆。自至沈阳以来，解衣推食，仆从田庐，无所不备，我已得其所矣。幸贤甥勿以为虑，但未知故乡光景何如耳。以愚意度之，各镇集兵来援辽左，未一月而四城失陷，全军覆没。人事如此，天意可知。贤甥当世豪杰，岂智不及此耶？再观大清规模形势，将来必成大事。际此延揽之会，正豪杰择主之时，若率城来归，定有分茅裂土之封，功名富贵，不待言也。念系骨肉至亲，故尔披肝沥胆，非为大清之说客耳。惟贤甥熟思之。虎骨靶小刀一柄，是贤甥素常见者，故寄以取信。”（《清太宗实录》卷六十三）

曾经豪情万丈、降而复叛的祖大寿，写起劝降书来，亦是词情并茂，情理兼具。此信是随皇太极亲自招降“明宁远总兵吴三桂”一同发出的。

皇太极的信上，对“宁远城吴大将军”，玩了不少文字游戏。

晓之以理：“今者，明祚衰微。”

动之以情：“将军与朕，素无仇隙。将军之亲戚，俱在朕处。”

威之以力：“将军相度势，早为之计。”

祖大寿之书，是奉命写的心里话，还是范文程等儒生捉刀，不得而知。

3

次年正月，吴三桂回复“犹豫未决”，使祖大寿劝降失效，新功难立，于是主动向皇太极奏言："臣深荷圣恩，至德宽厚，天地生成，无以加此。臣先执谬，自辱其身，深愧归降之晚，皆臣见识浅薄之所致也。"(《清太宗实录》卷六十四)

祖大寿深度表示自己意识到没有早降的严重错误，大骂"吴总兵罪重忧深。文武官属，心皆恐怖罔知所致"，而不谈自己的二次屈降，亦是情势所迫。

好一句"吴总兵罪重忧深"!

数十年后，做了降臣的吴三桂挑起"三藩之乱"，学祖大寿玩了一次降而复叛，对大清确实是"罪重忧深"。那是后话。但在祖大寿感恩"圣主"皇太极洪恩时，吴三桂还是忠于苟延残喘的大明王朝的。

祖大寿忘了皇太极历数自己的罪行，"亦应万死!"(《清太宗实录》卷六十)

大凌河之战，城中军民杀人为食是诱因。

宁锦一役，呼应的友军出降是诱因。

但他在明知没有援军的情势下，还打着坚守待援的幌子，使部众惨无人道地演绎了另一种大屠杀。

他不但大亏气节，而且是反复小人。

祖大寿复降如此。

吴三桂后叛亦然。

这样的人，虽是名将，但在那顶永远无法甩掉的贰臣帽子下，不但不自省，不但不反思，最终落了个里外不是人。

金庸的小说《碧血剑》，干脆还拿祖大寿做戏，描述他受命劝降袁承志而不惧追责、放走刺客、身在清营心在明的无可奈何。

第二篇

一统天下

多尔衮为何无缘继承太祖之汗位？

1

天命十一年(1626)七月中旬，努尔哈赤身患毒疽，下旬前往清河汤泉疗养。八月初，病势转危，他遂决定乘船顺太子河返回沈阳，十一日病死于距沈阳四十里的叆鸡堡，终年六十九岁。

电视剧《太祖秘史》设计，努尔哈赤死于宁远兵败归途，中间插入了皇太极逼宫篡位，矫旨逼大妃阿巴亥殉葬。

阿巴亥之死，确是皇太极主导，帮凶有代善等。但是，努尔哈赤并非死于宁远兵败的归途。

《清史稿·太祖本纪》对努尔哈赤死前的数月事情是有明确记载的：天命十一年正月，努尔哈赤发动伐明的宁远大战，不敌年轻的明将袁崇焕从西洋购置的红夷大炮，折戟而返。二月壬午，努尔哈赤回到都城沈阳，对诸贝勒说："朕用兵以来，未有抗颜行者。袁崇焕何人，乃能尔耶。"努尔哈赤是佩服袁崇焕的，誓要拔掉这颗钉子。此后，努尔哈赤四月御驾亲征背盟的蒙古喀尔喀五部，五月经历了女真大败明将毛文龙，还封了科尔沁贝勒奥巴为土谢图汗。

努尔哈赤宁远班师回京，还活了大半年，办了不少事情。

如果皇太极真如秘史所表现的那样，那么又怎会有努尔哈赤死后，四贝勒与阿济格三兄弟的皇位之争呢？

皇太极得到了二哥代善的鼎力支持，完胜阿济格等三个弟弟。

2

《太祖秘史》安排努尔哈赤在发兵宁远之前，特地给大妃阿巴亥留下两黄旗的调兵凭证，说要传位给多尔衮。

电视剧的表现，也有历史依据。努尔哈赤晚年提前做安排，将亲统的两黄旗授予阿巴亥的三子：阿济格、多尔衮和多铎，每人十五牛录，其余自己统率做亲军。他有个明确的指示：阿济格是镶黄旗旗主，多铎领正黄旗，将来自己死后统率的亲军全给多铎。另赐一旗给多尔衮。（据说，努尔哈赤有意将统率镶白旗的褚英之子杜度调至镶红旗，把镶白旗给多尔衮。）

有史家据此认为努尔哈赤要立多尔衮做继承人。努尔哈赤没有明确赐多尔衮统率哪一旗，故而猜测是想让他成为八旗之主，让阿济格与多铎统率两黄旗作为护卫。这种认识，源于朝鲜史籍《春坡堂日月录》的记载，努尔哈赤临终时，曾遗命由幼子多尔衮继承汗位，代善为摄政。

电视剧设计，阿巴亥所生三子中，多尔衮是老大，阿济格是老幺。这明显有悖于史料。史料写得很清楚，阿济格为努尔哈赤第十二子，要大第十四子多尔衮七岁，大第十五子多铎九岁。

多尔衮出生于明万历四十年（1612），至努尔哈赤驾崩时，仅十五岁。虽然他和十三岁的弟弟多铎都有十五个牛录，但并不足以与强大的皇太极、代善联合集团对抗。

3

虽然多尔衮三兄弟在努尔哈赤身前，得到了实力最强的两黄旗支持，但他们年纪太小，阿济格虽已成年但直爽莽撞，即便有大妃阿巴亥在背后帮衬（皇太极、代善矫旨逼死她，也是要剪除她对多尔衮的支持与可以拿努尔哈赤的遗言发号施令），但还是不能对代善、皇太极形成威胁。

代善虽被废储，但他仍是四大贝勒之首，参与国政，掌管两红旗（正红、镶红）人马，其四子岳托、硕托、萨哈廉、瓦克达，皆是英勇善战的猛将。镶白旗旗主、褚英之子杜度，也是能征惯战，一直追随叔叔代善。也就是说，代善至少拥有六十六个牛录，且手下悍将不少。

在诸多贝勒中，代善实力最强、威望最高、年龄最大，而且是努尔哈赤元妃所生的次子，有着足够的本钱夺位。但是，他的左右手儿子岳托、萨哈廉力劝父亲支持老八皇太极，他也知道自己制伏不了其他执政贝勒：镶蓝旗旗主阿敏素有野心，正蓝旗旗主莽古尔泰桀骜不驯，阿济格刚强好斗，而不是旗主的多尔衮虽小，也不愿甘为人下。尤其是皇太极胸怀大志。

皇太极智勇双全，机警聪睿，善用权术，而且功勋卓著。他是正白旗的旗主贝勒，生母也是努尔哈赤的"爱妻"(《满文老档》"太祖皇帝"第五十四册)，深受汗父宠爱，岳托、济尔哈朗、斋桑古（阿敏之弟）、德格类等贝勒及八旗诸多大将，都与他关系密切，曾誓言愿意为皇太极效劳。

这些，未必努尔哈赤不清楚，即便他再爱多尔衮，那也只是父子之情，而在明王朝还很强大、蒙古也未臣服的情势下，即便是他亲自选择接班人，也只能是文韬武略的皇太极，而不是尚无历练的多尔衮。

4

多尔衮继位说是朝鲜人报复皇太极。

朝鲜人李肯翊《燃藜室记述》二十七引时人罗万甲所写的《丙子录》，记载："丙寅五月，建州虏酋奴儿赤，疽发背死。临死命立世子贵荣介。贵荣介让于弟弘他时曰：'汝智勇胜于我，汝须代立。'弘他时略不辞让而立。"又引时人李星龄《春坡堂日月录》说："奴儿赤临死，谓贵永介曰：'九王子当立而年幼，汝可摄位，后传九王也。'贵永介以为嫌避，遂立洪太氏云。僭号天总（聪）。"

奴儿赤，即努尔哈赤。贵荣介、贵永介为代善，弘他时、洪太氏为皇太极。而九王子是朝鲜人对多尔衮的称呼，是从九贝勒来的。多尔衮在太祖所封的后金十贝勒中，排序第九。

太祖病逝时，并不老迈昏聩，精力还很充沛。在宁远之战失利退回沈阳，不久又御驾亲征蒙古势力颇强的部落喀尔喀，大获全胜；旋即又调兵遣将大败偷袭鞍山驿和萨尔浒的明将毛文龙。

应该是在宁远一战受阻所致心伤，努尔哈赤七月发病，到八月病亡，但他有足够的时间安排后事和接班人。毕竟此前为了他那把椅子，已让他两次面对亲弟被幽禁而死、长子圈禁后被杀的人伦悲剧。他已经不可能也不情愿再为此付出流血的代价。

努尔哈赤称汗建国十一年，先册封四大贝勒辅政，后实行八和硕贝勒共治国政。不论是前制还是后制，杰出的皇太极无疑是带头大哥，即便是前储君代善虽与之有权力暗战但自知不如。皇太极身边也聚集了后金一大批战将贝勒，就连代善最优秀的两个儿子岳托和萨哈廉(《清史稿》作“萨哈璘”)，也唯皇太极马首是瞻。

多尔衮是否真为努尔哈赤最爱，有意传位于他，还是一宗扑朔迷离的旧案。四大贝勒辅政时，多尔衮只是刚出生的娃娃。八和硕贝勒共治国政时，多尔衮与年仅八岁的胞弟多铎共占一个席位。

即便多尔衮参与共治国政，也是和多铎一样，都是一个虚设。且不说四大贝勒持重老成、军功卓著，当时的多尔衮和多铎不过是十岁左右的儿童。努尔哈赤将部众分为八旗，亲率两黄旗，打算要多铎掌正黄，阿济格掌镶黄旗，而多尔衮该是哪旗旗主尚未正式公文。多尔衮拿什么来与“才德冠世”的皇太极进行权力之争呢?

满人有“幼子守灶”的习俗，而多尔衮虽幼但不是幼子。太祖不把多尔衮单列为辅政贝勒，是另有用意，但如果没有他的公示，并专门培养一段时间，是更不能服众的，还会招来杀身之祸。

毕竟，太祖驾崩时，既没有一纸遗诏，也没有重臣为证。不到十五岁的多尔衮，在没有绝对力量的支持下，是不可能有继位的机会的。

虽然李肯翊传言，太祖要代善摄政，将来传给多尔衮，但李氏史家严重地忽略了一个大环境和一个大前提。

努尔哈赤虽统一了女真，时不时敲打实力不弱的蒙古和朝鲜，但他自立，还必须有一个强有力的接班人来对抗故主——强大的大明王朝。最起码，让他这个常胜大佬吃了大亏的袁崇焕，还像一颗钉子一样镇守在宁远。

王先谦《东华录·天聪一》通过代善长子岳托、三子萨哈廉的嘴，说出了太祖对皇太极的特别用心：“四贝勒才德冠世，深契先帝圣心，众皆悦服，当速继大位。”皇太极继位是众望所归！

李肯翊也承认太祖托孤时，代善让贤皇太极。足以证明当时能力最强的，当属皇太极。

另外，代善何人也？太祖废掉褚英之后，指定代善为储，后因代善听继妻谗言要杀自己的儿子，又似同多尔衮的母亲阿巴亥大妃曝出不清不白的私情案，才将其废掉。太祖这时又遗命代善摄政，这难道不是明摆着要代善继位吗？

如果让代善摄政，又是一次私密的谈话，而没有公开的诏书，这对于代善而言，就是没有监督，他完全可以废掉甚至杀掉傀儡大汗多尔衮，自己根据国家命运和历史需要正式登基，然后传之子孙。论实力，多尔衮兄弟即便有大妃阿巴亥的支持，但也不是强大的代善父子的对手。

努尔哈赤临终遗言谁来继位，谁来摄政，如此私密的事情，若真有其事，那也是在场的人，只有努尔哈赤、代善，顶多加上阿巴亥。这怎么会被朝鲜人窥知。难道是阿巴亥，或者是代善传出？

为什么朝鲜人专门设计了一幕努尔哈赤遗命代善摄政、传位多尔衮的场景戏呢？

这是有原因的！

朝鲜人对代善还是同情为主，对多尔衮却是友好。而对皇太极很是仇恨。

朝鲜与明接壤，又与后金为邻。明金对峙，后金要想西进伐明，就要考虑东面朝鲜的行动。朝鲜的向背确实举足轻重。在后金统治集团内有两种意见，据朝鲜《李朝实录》记载："贵永介主和、洪太主主战，和战异议，所见相左。"（吴晗《朝鲜李朝实录中的中国史料》

上编卷五十一）努尔哈赤为了避免两线作战，故对朝鲜采取拉拢的政策，曾多次派遣使臣赴朝投书，希望朝鲜与明朝脱离关系，同后金结盟。

天命四年的萨尔浒一战，明军大败，许多贝勒都主张杀掉前来为明助战的朝鲜元帅姜弘立等。但代善不赞成，他认为：与南面的明朝相战，不可不与北面的朝鲜相合。当姜弘立率剩余的五千兵下山来投降，因不以后金礼节拜见太祖，太祖发怒并欲尽斩朝鲜将卒以后快时，又是代善出面阻止。

代善说：阵上和约已指天为誓，若将他们杀掉天所不容，并建议将朝鲜军队尽数释放回朝鲜国。最后，太祖依代善所言，与朝鲜暂时达成了修好之议。

顺治元年始，摄政王多尔衮成为清朝主要决策者，他的朝鲜政策主要秉承皇太极。由于清明战略形势的巨变，为了得到朝鲜的物资援助，多尔衮及时调整了朝鲜政策，使得清与朝鲜的关系由征服与被征服者的关系开始向传统的宗藩关系回归。

在多尔衮有名分的十一名妻妾中，有二女来自朝鲜李氏王族。一个是侍妾李氏，传为李朝宗室李什绪之女，崇德三年为多尔衮生下独生女东莪。一个是六娶福晋李氏，即李朝宗室锦林君李恺胤之女，封义顺公主。顺治七年，多尔衮在迎娶豪格遗孀的同时，又派亲信去朝鲜选美，多尔衮亲自前往迎娶，未举行任何仪式，就迫不及待地与十六岁的李氏在连山成婚。

虽是耽于享乐，但也可见多尔衮对朝鲜还是友善的。故而朝鲜史家投桃报李，也希望大清该是这个姑爷的。可惜的是，多尔衮性急地纳了李氏后，又说李氏公主长得不好看，意欲重新选美，不料半年后行围时，纵马跌伤，撒手尘寰。

皇太极对朝鲜，确实一以贯之地打击。朝鲜对清朝，由以前的兄弟之称，更执藩臣之礼。

《清史稿·太宗本纪》中就有两次详细的记载：

天聪元年正月，皇太极命二贝勒阿敏，贝勒济尔哈朗、阿济格、杜度、岳托、硕托率兵出征朝鲜。皇太极的理由是："朝鲜累世得罪，今明毛文龙近彼海岛，纳我叛民，宜两图之。"(《清史稿·太宗本纪一》) 这一战，迫使朝鲜国王李倧率妻儿仓皇出逃，后献大礼议和，盟约罢兵，还派了七千兵员防守义州和镇江城。此次，阿敏还准备在朝鲜自立称王。

崇德元年十一月，皇太极以"朝鲜败盟逆命"为由，决定发兵讨伐，"乙丑冬至，大祀天于圜丘。以将征朝鲜告祭天地、太庙。己巳，颁军令，传檄朝鲜"(《清史稿·太宗本纪二》)，十二月率军起行。朝鲜国王李倧预料"朝夕被兵"，寄希望于明朝支援，实际落空了。清军攻城略地，势如破竹，来势凶猛，史称“丙子之役”（朝鲜称“丙子虏乱”）。第二年正月，清军战胜朝鲜全罗、忠清两道援军，李倧逃到南汉山城“势穷情迫”，称臣请罪。皇太极要求严惩朝鲜挑起衅端的大臣，同时造船发兵攻入江华岛，获朝鲜王妃、王子及阁臣等人。李倧亲至皇太极面前伏地请罪，行三跪九叩之礼，受封朝鲜国王。举行受降仪式后，当即留下其长子及次子为质，其余被俘妻子家口二百余人遣送还京。

从此，清朝代替明朝把朝鲜变成了藩属国，直至1895年4月，中日甲午战争清朝战败，被迫签订《马关条约》，日本控制下的朝鲜政府宣布终止与清朝的宗藩关系。

朝鲜人对皇太极的恨，不仅表现在说皇太极的汗位不合法，而且通过朝鲜使臣郑忠信之口，说他对力保他继位的代善“位次相逼，猜忌必深”（吴晗《朝鲜李朝实录中的中国史料》上编卷五十一）。

此事还有所指，天命六年九月，努尔哈赤问堂弟阿敦，谁可继位。阿敦一句“智勇俱全，人皆称道者可”（吴晗《朝鲜李朝实录中的中国史料》上编卷五十一），即指皇太极。不久后，阿敦又跟代善说，皇太极伙同莽古尔泰、阿济格要杀他。代善向太祖求庇护，太祖找来皇太极三人对质，皇太极矢口否认。太祖大怒，认为阿敦挑拨自己的儿子们内斗，将其拴上铁链圈禁。所以，郑忠信回国后，宣扬此事，认为皇太极使诈。

郑氏分析努尔哈赤诸子情形说，代善不过为“特寻常一庸夫”，而皇太极“虽英勇超人，内多猜忌，恃其父之偏爱，潜怀弑兄之计”。（吴晗《朝鲜李朝实录中的中国史料》上编卷五十一）在此等无情的狠人强势之下，年少的多尔衮，纵有觊觎之念，也只能行韬晦之计，在等待中成长。

招降吴三桂，多尔衮胜皇太极一筹

1

诱降吴三桂，不是多尔衮的首创。

早在崇德七年（1642）松锦大捷后，皇太极接受了大凌河降将张存仁的建议：利用松锦城破、洪祖俘降大做文章，以“逆者必杀，顺者必生”（《清史列传·张存仁传》）的政策，招降宁远总兵吴三桂。

张存仁认为吴三桂进退失据，持观望的态度。

于是，皇太极命张存仁等给吴三桂写劝降信，晓之以理，威之以力，动之以情。

张存仁在信上写道：明朝气运已尽，救锦州之围而导致松、杏二城被困，“守一城而三城俱失，重臣大帅被俘归降”。（《清史列传·张存仁传》）吴将军是祖大寿的外甥，舅舅既已降清，你难逃朝廷的追责，很难表明忠诚的心迹。明朝大厦将倾，你也是一木难支，纵然苟延岁月，但智竭力穷，最终也要重蹈你舅父覆辙。不如现在就投降，还能在大清获取勋名。

受命给吴三桂写信的，还有祖可法及其义父祖大寿。他们与吴三桂有裙带关系，祖大寿的妹妹嫁给了吴三桂的父亲、原锦州总兵吴襄，成为吴三桂的继母。

吴三桂看完此信，表达出愤怒：他要做崇祯帝的忠臣，砍下祖大寿、张存仁的脑袋以报天恩。

但是，吴三桂最终还是回了信，被转给了皇太极。崇德八年（1643）正月，皇太极当即给他去了一封长信：

“大清国皇帝敕谕吴大将军：尔遣使遗尔舅祖总兵书，朕已洞悉。将军之心，犹豫未决，朕恐将军失此机会，殊可惜耳。我国自兴师征明以来，攻城略地，历有年所，明之将士，至今有能立功名、保身家、全忠义者乎？非阵亡于我军，即受戮于尔主。军机一失，峻法随之，良将劲兵，殆将尽矣。将军知此，何为昧于从事，蹈覆车之辙哉！祖总兵初不携其妻子来归，今悔之无及，料将军亦所悉知。当祖总兵被围锦州时，明以各省镇兵倾国来援，一朝覆败，锦州、松山、杏山、塔山，俱已失守。今我军围困宁远，不知更有何处援兵，以解将军之厄耶？若不乘此时急图归顺，勉立功名？傥我国蒙天眷佑，南北两都，皆为我有，蕞尔宁远，岂能独立乎？逮至糗粮罄绝，阽危待毙之际，将军悔不可追矣！此非朕自为矜诩，实至论也。我国原以武力精强，言词谦逊者为贵，若徒为大言，又何益于胜负之数哉！将军试思之。”（《清太宗实录》卷六十四）

皇太极晓之以理、威之以力地劝降“犹豫不决”的吴三桂，吴三桂暂时是守住了底线，被崇祯帝视作最后一根救命稻草。

2

甲申巨变，大顺国永昌皇帝李自成攻陷大明京师，其第一大将刘宗敏抓住了吴三桂的父亲吴襄，抢走了丰厚的吴府财产，还霸占了吴三桂好不容易得来的爱妾陈圆圆（陈沅）。

《明史·流贼传·李自成》记载：“初，三桂奉诏入援，至山海关，京师陷，犹豫不进。自成劫其父襄，作书招之，三桂欲降，至滦州，闻爱姬陈沅被刘宗敏掠去，愤甚，疾归山海，袭破贼将。自成怒，亲部贼十余万，执吴襄于军，东攻山海关，以别将从一片石越关外。”

《清史稿·吴三桂传》也记载李自成曾招降吴三桂。吴再三犹豫，曾一度有降闯的念头，但因爱妾陈圆圆被刘宗敏掳去而作罢：“自成胁襄以书招之，令通以银四万犒师，遣别将率二万人代三桂守关。三桂引兵西，至滦州，闻其妾陈为自成将刘宗敏掠去，怒，还击破自成所遣守关将。”

吴三桂欲降，这是清代官方的说法。而民间史家称他欲死忠明朝，不但痛斥李闯为贼，谴责其父不忠，还杀了李自成派出劝降的使者。

生于天启二年（1622）的草根学者计六奇说，吴襄奉命招降吴三桂时，吴三桂还表现过欲同李闯誓不戴天的决绝态度，表示他要为先帝“复大仇，歼大寇，以奠神京”（计六奇《明季北略》卷二十）。他还声称要与其父绝情：“父既不能为忠臣，儿亦安能为孝子乎？”哪怕李闯要烹煮了吴襄，他也会“不顾”。

孰是孰非，各执一说，但吴三桂最后倒向多尔衮，联军攻击李自成，看似为了什么陈圆圆，然其最大的目的不过裂土自立，或者以“复君父之仇”成为明朝的实际统治者。

3

崇祯死了，明朝亡了。以摄政睿亲王亲领奉命大将军的多尔衮，陈兵山海关外，急需迫降扼守山海关的吴三桂，洞开逐鹿中原的入口。

他要彻底臣服吴三桂。

此前，多尔衮接受洪承畴的战略建议，对前明文武宣示：“此行特扫除乱逆，期于灭贼。有抗拒者，必加诛戮，不屠人民、不焚庐舍、不掠财物之意，仍布告各州县。有开门归降者，官则加升，军民秋毫无犯。若抗拒不服者，城下之日官吏诛，百姓仍予安全。有首倡内应立大功者，破格封赏。法立令行，此要务也。”（《清世祖实录》卷四）

此“有首倡内应立大功者，破格封赏”，当然针对守关的拦路虎吴三桂。

继而，多尔衮对吴三桂专门送去了一份承诺：平西伯“若率众来归，必封以故土，晋以藩王。一则国仇得报，一则身家可保，世世子孙，长享富贵，如河山之永也”（《清世祖实录》卷四）。

多尔衮出手大方，裂土封王，世袭罔替，不像李自成仅升侯，还霸占了人家爱妾和家产。吴三桂降清得福，愿为前驱，追击李闯，成了多尔衮收降最好的榜样。

皇太极已封“三顺王”，却诱降还有残喘的明朝作为最后屏障的吴三桂，只有客气，远不及针对已成丧家狗的吴三桂的多尔衮给得实际。

吴三桂还想讨价还价，李自成率兵东征，在山海关展开大战。吴三桂不敌，催促多尔衮参战，而多尔衮作壁上观，待到吴三桂明显处于下风。李自成将吴襄阵前斩首，悬于长杆，吴三桂不得不对多尔衮屈膝臣服，故而有了多尔衮派出精锐偷袭李自成左翼，使闯军溃逃，退至京师，仓皇而逃。

吴三桂降清，不但遵从多尔衮令旨，按满洲习俗剃发，还带动一千多员前明官员和三万多乡勇降清。

多尔衮率部进入山海关，当即兑现承诺："进吴三桂爵为平西王，赐玉带、蟒袍、貂裘、鞍马、玲珑、撒袋、弓矢等物。"（《清世祖实录》卷四）还安排一万骑兵隶属吴三桂。吴三桂感激涕零地率城中军民剃发，还带着诸将起誓：要追随睿亲王，直趋燕京，追杀"流贼"，"除暴救民，灭流寇，安天下"。

六个月后，顺治帝在紫禁城再次表演了一次登极大戏，封多尔衮为叔父摄政王，不久向吴三桂正式颁发平西王的宝册，其上写道："咨尔平西伯吴三桂，洞识天时，当叔父摄政王统兵西征之际，尔即擒流贼说士，遣官归命军前。迨王师式临，开关迎入，又随叔父摄政王破贼兵二十万，底定中原。大功茂著，宜膺延世之赏，永坚带砺之盟。"（《清世祖实录》卷十）再次强调吴三桂开关迎降、助清剿闯、底定中原之功。

吴三桂得封平西王，协助清军灭掉李自成后，多尔衮对他采取了防患的态度，担心他复明，故命其还镇锦州，使之不再考虑复君父仇，两年后因为李自成的大顺军余部、张献忠的大西军余部和南明军联合抗清，才命其入关南进。吴三桂还将长子吴应熊留在京师作为质子。

清统治者派遣吴三桂等率兵南下，进攻尚为南明势力范围的云贵两广地区时，准其留镇一方，世袭罔替，并清楚写着清王朝的殷殷期待："益励忠勤，奉公守义，以报特恩，尚其钦哉，勿负朕命！"（《清世祖实录》卷四十四）

多尔衮虽然派出孔有德、耿仲明、尚可喜和吴三桂诸路异姓王大军南下，并辅以满洲王公所率大军进剿，为的就是剿灭南明势力。为了防范异姓王，清廷给他们的兵力，最多不过两万，却以准其居家驻防，是画饼式的利益诱惑。

多尔衮虚晃一枪，要封地，那你就得去抢，给我抢了一个辽阔的疆域，我再分你一小块，但是，主权和财权、行政权必须归属中央。

世事难料，不到三十年，清朝皇帝就对还在任的吴三桂动手了。"世世子孙，长享富贵，如河山之永矣"，亦不过是没煮熟的黄粱。

多尔衮一度对李自成和南明朝示好

1

1644年的多尔衮，已经成为清朝的实际最高统治者。

顺治帝冲龄践祚，年仅七岁。满洲统治集团为他推选了两位监护人，一个是摄政睿亲王多尔衮，这是顺治帝的亲叔；另一个是辅政郑亲王济尔哈朗，他是顺治帝的堂叔。

多尔衮虽然要比济尔哈朗要小十三岁，但是，多尔衮在太宗朝最得皇太极倚重，不但分管过六部之首的吏部，而且一度统辖六部，推动皇太极对政府机构进行八衙管制改革，具体执行对文臣武将的袭承升降以及管理各部的王公贵胄的任命。多尔衮不但在综理政务方面得到了很好的锻炼，还多次出任领兵征战的主帅，故而在太宗暴卒、未定储君的情势下，最有希望继立。

济尔哈朗出任辅政，主要是作为争夺帝位失败的肃亲王豪格阵营的代表，以达成统治阶层内部的平衡，但在理政用兵上，明显不如经验丰富的多尔衮。故而，济尔哈朗很聪明，谕告群臣，凡事先请示摄政王，书名亦以多尔衮领衔。

济尔哈朗的退让，纵容了多尔衮的专政。然而，此时的大清国，在实现平稳过渡的同时问鼎中原，完成太宗未竟的事业，急需多尔衮这样的文武全才领导大清国。

2

多尔衮领导的大清国，已经统治关外的辽东全域。宁远总兵吴三桂退守山海关，成了清军挺进中原的大明最后一道防火墙。

多尔衮提前想到了陕西造反的李自成。

他想同李自成结盟，联合攻明。

大清顺治元年（大顺永昌元年，大明崇祯十七年）正月二十七日，多尔衮以娃娃天子顺治帝的名义，给李自成写了一封结盟信，主要内容是："大清国皇帝致西据明地之诸帅，朕与公等山河远隔，但闻战胜攻取之名，不能悉知称号，故书中不及，幸毋以此而介意也。兹者致书，欲与诸公协谋同力，并取中原。倘混一区宇，富贵共之矣。不知尊意如何耳。惟望速驰书使，倾怀以告，是诚至愿也！"（《明清史料》丙编第一本）

多尔衮派迟起龙，借道蒙古，潜入内地，送往关中。远在辽东的多尔衮，不知此时的李自成已经改元称帝，故而表达联合攻明、平分天下之意。

当信送至陕西榆林时，刚刚建国大顺的永昌皇帝李自成，已经率领大军东渡黄河，大举进攻山西，大张旗鼓地向明廷的京师进军。

榆林守将王良智接待了迟起龙，并写了回信，承诺会向上禀告李皇帝。但是，他将多尔衮表示友好的原信，退给了送信人。

当时没有复印机，也没有扫描仪，迟起龙回禀王良智“奏知他主上去了”，其实是口说无凭。此等大事，仅凭王良智一张嘴，能说服李自成吗？

此事，不了了之。王良智是否报告李自成，且不好说，更何况他无凭可据，自然会销声匿迹，他自然怕李自成给他一个结交外敌的大罪。

所以说，不论多尔衮是否送出了这封求和信，都不会被送到李自成的手中。

值得注意的是，像这样这封表达国家战略的重要信件，却不见诸《世祖实录》，只是《明清史料》丙编第一本中有一篇《清帝致西据明地诸帅书稿》。

是确有其事，还是另有原因，不得而知。

3

多尔衮示好李自成不成功。李自成却成功拿下了紫禁城。

多尔衮想到了将与李闯争锋，而李闯也没有意识到清军将是同自己争夺天下的主要对手。

倾覆了大明王朝的李自成，依然沉醉于追赃助饷的阶段，没有及时调整战略部署和军事方向，迫使似有意输诚的吴三桂跪在了多尔衮的面前。

多尔衮与吴三桂，联合击败了贸然东征的李自成，一举将大顺势力赶出了京师，仓皇向西。

成了紫禁城新主人的多尔衮，自然不会提及曾在数月前对李自成的结盟意愿，而是时刻说明李自成是贼。

他旗帜鲜明地把李自成列为头号公敌，而且给南方的朱明势力写信示好。

顺治元年六月初一日，多尔衮颁诏江南，大骂李自成和大顺军弑君篡国，而将自己鸠占鹊巢虚功夸饰一番。

他在自许义师，不杀无辜，不抢财物，不烧房屋，却强制推行剃发、圈地等霸王条款。

他在鼓动那些“不忘明室”的“河北、河南、江淮诸勋旧大臣，节钺将吏及布衣豪杰之怀忠慕义者，或世受国恩，或新膺主眷，或自矢从王，皆怀故国之悲，孰无雪耻之愿?”（谈迁《国榷》卷一百二）

为了进一步推动南明的积极响应，多尔衮想到了致书南明弘光政权的督师大学士史可法，先大肆表功，称自己统兵入京后，首先尊崇崇祯帝后谥号，以最高规格安葬山陵，对前明王公勋戚和文武大臣，封赏如昔，重用依旧，做到了“耕市不惊，秋毫无犯”（多尔衮《致史可法书》)。

紧接着，多尔衮向史可法通报最近的战斗计划：“方拟秋高气爽，遣将西征，传檄江南，联兵河朔，陈师鞠旅，戮力同心，报乃君国之仇，彰我朝廷之德。”

他寄望支持南明政权的各方势力，能看到他打出的为明帝复仇讨贼的旗号。

他及时把年初的联闯攻明计划，调整为联明攻闯了。

他之所以这样做，就是要借力打力。他统兵入关，八旗势力兵丁加民夫，总共不过十七八万，加上吴三桂、唐通等前明降将带来的数万人马，是很难分兵攻击李闯和南明的，所以他想到了玩情感战术，联明攻闯。

吴三桂降清剿闯，南明君臣很高兴

1

甲申巨变，崇祯自缢，大明没了。

李自成入主紫禁城，派降将唐通带着四万两饷银、一纸招降书和一份晋爵承诺，送到了前明宁远总兵、平西伯吴三桂的面前。

吴三桂向多尔衮提出，借兵与其复君父之仇，日后以黄河南北分治。

多尔衮在范文程、洪承畴的影响下，却想彻底降服吴三桂，可"封以故土，晋以藩王"(《清世祖实录》卷四)，但必须有一个明确归附的行动。

当李自成率六万大军逼近山海关时，吴三桂派出六名士绅前往迎接，意图欺骗李自成，为自己争取多尔衮借与虎旅以抗闯的时间。

多尔衮却在观望，迎闯使却要逃跑。李自成发现吴三桂假降的阴谋，于是将其父吴襄斩首，将其头颅挂在竹竿上，威逼吴三桂，也提振士气。

李自成所为，将吴三桂逼上了绝路。吴三桂决意坚守待援，与李自成激战一天半，丝毫不给李闯获胜的机会。

2

吴、李僵持在山海关。

李自成自恃灭明神武，无视偏守一隅的吴三桂，自然也没想到关外的多尔衮枕戈待发，一旦得到吴三桂彻底臣服的表态后，会迅速出兵。

清军等待这一机会，可谓等了几十年。尤其崇德六年松山决战后，清军攻明已有充足的把握。虽然顺治元年正月，主持朝政的摄政王多尔衮曾派亲信致书李自成，提出联合攻明，共享胜利，那也不过是多尔衮想沿着皇太极此前派兵突袭中原的路线，经由内蒙古，奔袭蓟州、密云，图取大明京师，而不受到东进的李闯大军的袭扰与拦截。

李自成提前东征，没有收到多尔衮的联合提议。李自成的东征，使明廷急调镇守关外孤城的吴三桂统军民撤离宁远，使多尔衮看到了新的机会。他马上下令修整军器、筹办粮草，于四月初大举攻明。

如今，吴三桂大开山海关门，清军顺利入关，向李自成发起突然袭击。

一片石战役，李自成大败。吴三桂看到了唯有臣服多尔衮，才有复仇的希望。

3

吴三桂成了降臣，成了清廷的平西王。而在清军入关之初，很多人对于吴三桂的开关迎降，给予了一致性的赞赏。

南明弘光朝廷为此专门开展了一次群议活动，商量给吴三桂如何进行最佳的表彰。因为吴三桂引兵将祸乱京师的李自成赶出了紫禁城，而且弘光帝一直记恨李自成曾将其父、老福王朱常洵烹煮分羹。

太仆少卿万元吉说："臣屡阅北来塘报，镇臣吴三桂原止精卒数千，惟凭恃忠义，当闯百万，遂能屡挫贼锋，凯奏收京，功成勒鼎。皇上爵以上公，永锡带砺。"（李天根《爝火集》卷四）

礼部尚书兼东阁大学士、管兵部事的史可法，也向弘光帝提交了《请颁诏敕定北方人心疏》，奖励"四月二十四日，吴镇大败贼兵于一片石，贼踉跄入都，尽掠资财，于四月二十九日西遁……我皇上进膺大宝，正位旧都，在山东北直之人，尚未通晓，万一人心涣散，固尽弃前功；即或割据分争，又渐生后患。伏乞皇上即谕该部院，选廷臣之有才望者，赍监国、即位二诏及赐吴三桂、谢陞二敕，直抵山东北直一带，晓谕通知，庶人心有归，扫三秦之余孽，在指顾间矣。”（《史可法集》卷一）

弘光元年五月二十八日，内阁首辅、兵部尚书兼东阁大学士马士英向弘光帝朱由崧奏报吴三桂战败李自成的事迹。弘光帝龙颜大悦，当即下旨，嘉奖吴三桂“倡义讨贼，雪耻除凶，功在社稷”（李天根《爝火集》卷三），著封吴三桂为蓟国公，世袭罔替，加赐坐蟒滚龙纻丝八表里，银二百两。并责成户部发银五万两，漕米十万石，派太仆正卿兼户部郎中沈廷扬负责由海路运送，慰劳吴三桂的军队。

新建的弘光小朝廷，财力捉襟见肘，却还能拿出一笔巨资和大量粮食，对吴三桂进行奖励，足见对吴三桂的重视。

他们认为吴三桂是联清剿闯、曲线救国，对朱明王朝功同再造。监军佥事宋劼在一份《仇耻最极疏》中建议定恢复规模、决扫荡大计、选将卒以振士气等，称“吴三桂克复神京，功在唐将郭、李之上”（李天根《爝火集》卷四）。

唐朝爆发“安史之乱”，差点倾覆李唐王朝。名将郭子仪、李光弼勠力勤王，力挽狂澜。宋劼将吴三桂拔至此等高度，也是代表了弘光朝廷大多数人的认识。

当然，也有人对吴三桂的“忠义”持疑。刑部侍郎贺世奇上奏：“如吴三桂奋勇血战，李、郭同功，拜爵方无愧色。若夫口头报国，岂其遂是干城？河上拥兵，曷不以之敌忾？恩数已盈，勋名不立，冒滥莫甚。”（计六奇《明季南略》卷二《贺世奇言慎刑赏》。邹漪《明季遗闻》卷四载“贺世寿”，计六奇署作“贺世奇”存疑。值得注意的是，贺世寿于崇祯十六年拜户部尚书，能于弘光小朝廷屈居侍郎一职吗？）

不论贺世奇还是贺世寿，证明当时弘光政权内，有人意识到吴三桂已叛国。

曾任崇祯太子师的杨士聪，是一个好无气节的软骨头，先降闯出任兵部侍郎，后屈膝做了清廷降官。但是，身历目睹甲申巨变的他，左右逢源，却在《甲申核真略》中挞伐吴三桂，权衡在李自成和多尔衮之间，审时度势，主动向东迎降多尔衮：“西不能讨贼，东不能守关，姑潜匿焉以徐观鹬蚌之持，亦未为大失也。乃束身东降，予以复仇之名，一战再战，贼虽西遁，而京师非我有矣。且东宫三王祸不旋踵，吴襄被戮，殃及全家，揆之忠孝，有何当焉？坊刻不察，而沾沾三桂之功，吾不知其何功也。”

杨士聪嘲讽地说：如果要讲吴三桂的功劳，那就是渡河涉江，拿下金陵，灭了南明，就是他的功劳。

这些，弘光朝廷的君臣始料未及。他们只看到吴三桂是多尔衮跟前的红人，寄望吴三桂将清军劝返关外，而没看到他有心助力多尔衮剿灭朱明余势，主动剃发易服就是他的自证。

当弘光朝派出的以左懋第和陈洪范、马绍愉为正副使的通北使团，抵达京师后，带着接受南明御封的蓟国公封号和万两白银，去拜访已贵为清廷平西王的吴三桂时，吴三桂连忙找了一个借口出京了。

大清首任总督，竟是崇祯的殿中帅

1

1644年，清摄政睿亲王多尔衮兼领奉命大将军，利用李自成东征的机会，彻底迫使徘徊在山海关的吴三桂亲自出城，正式投降。

此前，多尔衮还给吴三桂写了一封承诺满满的书信，希望他学一学“昔管仲射桓公中钩，后桓公用之为相，以成霸业。”（《清世祖实录》卷四）

多尔衮在彰显自己不记仇，以德报怨，大度无疆，对吴三桂诱之以利。但从结果来看，多尔衮以两千多年前管仲事齐桓公一例来看，已然摧毁了明平西伯吴三桂原来分界而治的政治心理。

吴三桂在进入京师的李自成东征时，请求多尔衮：一、不得伤害老百姓；二、不得侵犯明陵寝；三、待他寻访到崇祯帝的东宫太子及二皇子，准其在南京重新立朝。

只要多尔衮同意，吴三桂保证：黄河为界，南北通好。

他要和多尔衮以黄河为界，隔河而治，“裂地以酬”。(《清世祖实录》卷四）此时的吴三桂虽割地丧权，但也是无奈之举，他还想重建大明政权，保住故国天下。

吴三桂还想着做明朝的中兴之臣，当然也想以社稷再造、居功厥伟成为真正的王。但是，李自成的东征，让多尔衮想到了彻底解决吴三桂进退失据的问题。他的意思很明确，只要吴三桂投降，他可以不计前嫌，还封其为异姓王，世袭罔替。这是有潜台词的，那就是警示吴三桂要想成为管仲，就必须臣服于齐桓公，臣服于大清国。

崇祯皇帝在煤山上吊后，吴三桂在和李自成讲条件失败后，盘算着用清军占领的辽西土地换得清军助力、实现联清抗李。多尔衮没有拒绝，却坐山观虎斗，同时向进军沿途的汉人传递出一个信息：“义兵之来，为尔等复君父仇，非杀百姓也。今所诛者，惟闯贼。官来归者，复其官；民来归者，复其业。必不尔害。”（徐锡龄、钱泳《熙朝新语》卷一）

这是带病随征的内秘书院大学士范文程为多尔衮草拟的安民布告。

前明的小秀才成了清朝的大学士，范文程明白底层老百姓，尤其北方的边民需要什么。

战乱频仍，谁能给老百姓以安居乐业，那就是他们欢迎的救星、期待的希望、久远的梦想。

李自成的大顺军一路向东，势如破竹，就是因为打出了“均田免赋”的旗号。谁料，老百姓信心满满地唱着“杀牛羊，备酒酱，开节城门迎闯王，闯王来了不纳粮”（无名氏诗《闯王》），一路欢呼李自成的军队攻入京师后，大将刘宗敏、李锦等对前明官员士绅拷掠追饷，同时对曾经欢迎他们进城的老百姓疯狂劫掠烧杀、欺侮奸淫，弄得民不聊生，怨声载道。

早在多尔衮收到京师城破、崇祯上吊的消息后，立马找到太宗费尽心思招降又久作闲置监视的前明兵部尚书、辽东经略洪承畴垂询顾问。

洪承畴建议：改伐明大计为给崇祯报仇，把李自成的大顺军定为主要敌人。

洪氏复仇，是报答崇祯帝重用他、闻其殉国而亲自主持祭葬，还是报效摄政王屈尊来问计、给了他备受重视的机会？

这只有天知道，地知晓。

然其给多尔衮设计的战略部署，无疑是一招大手笔：“今宜先遣官宣布王令，示以此行特扫除乱逆，期于灭贼，有抗拒者必加诛戮，不屠人民、不焚庐舍、不掠财物之意。仍布告各府州县，有开门归降者，官则加升，军民秋毫无犯；若抗拒不服者，城下之日官吏诛，百姓仍予安全。有首倡内应立大功者，则破格封赏，法在必行。此要务也！”（《清世祖实录》卷四）

紧接着，洪承畴为多尔衮分析大顺军的战斗情形：“流寇初起时，遇弱则战，遇强则遁，今得京城，财足志骄，已无固志。一旦闻我军至，必焚其宫殿府库遁，而其骡马不下三十余万，昼夜兼程可二三百里。及我兵抵京，贼已远去，财物悉空，逆恶不得除，士卒无所获，亦大可惜也。今宜计道里限时日，辎重在后，精兵在前，出其不意，从蓟州密云近京处疾行而前，贼走则疾行追剿。倘仍坐据京城以拒我，则伐之更易。”

洪承畴不愧是战略高手、义军克星，知己知彼。他以书生冲杀沙场，铁腕镇压起家，曾把高迎祥、李自成、张献忠打得落荒而逃。倘不是京师与辽东危急，崇祯将其调离西北战场，那么历史又会是另外一副模样。

其实，李自成提出的“均田免赋”，是他一路东进的利器。利器的背后，也是他不断劫掠后收买民心。

然而，冠冕堂皇的口号最后成了虚化的幌子。这一根原来用来冲出明军重重包围的救命稻草，也被登峰造极的他和他的合作者们彻底放弃了。

往事如烟。历史的现场，不容重新布置情节。而今多尔衮请出洪承畴，固然是李自成的噩梦。

多尔衮接受了洪承畴的建议，把曾经尝试联李伐明的方略，径直改为联明抗李。

就在是年正月，多尔衮曾派人给大顺永昌皇帝李自成送去了一封信，提出："欲与诸公协谋同力，并取中原，倘混一区宇，富贵共之。"（《明清史料》丙编第一本）他要和李自成分了大明江山。

但李自成拒绝了，而且独占京师。所以，多尔衮改变策略，接受了洪承畴的建议。大计议定。长于文字的范文程，为多尔衮把矛盾直接指向"闯贼"，同时发布妄杀、哄抢、奸淫等依律斩杀的命令。此令一出，马上受到了老百姓的欢迎。

虽然最初老百姓欢迎的是吴三桂的队伍，对新来的"大清客人"并无多少好感——因为大明子民的心中还是期待着吴三桂拥立明太子复国，但没料到他们的大救星平西伯已经响应清人的剃发令，背叛了大明朝。

就在洪承畴、范文程等积极为大清国摄政睿亲王出谋划策，制定联明剿闯、律己安民的一系列政策时，李自成手下的谋士干将牛金星、刘宗敏们却忙于追名逐利、逼民造反。

虽然清醒的李岩孤掌独鸣，暂时惊醒了在紫禁城里过皇帝瘾的李自成。但李自成想要大家支持他做个好皇帝，却招来了大将们的强烈不满："皇帝之权归汝，

拷掠之威归我，无烦言也!”(钱士馨《甲申传信录》卷四)

这是制将军说的。制将军者，李自成的侄儿李锦也。

2

多尔衮在清军入关时，推出的安民剿闯政策，不啻一支势不可当、势如破竹的精锐，直入京师。

天子脚下，繁荣是百姓的，更是帝王家的。帝王家居住在宫殿华堂中骄奢淫逸，而老百姓只能含辛茹苦地匍匐在社会底层，接受帝王家及其豢养的大官小吏百般欺诈、千种奴役、万重盘剥。

谁能让他们安居乐业，他们就是欢迎的。

即便他们对大清颁发的一系列关于“永享太平”的摄政王令旨，还是持怀疑的态度，甚至怀疑清兵也会像大顺军一样很快离去。但他们的生活随着多尔衮有限的解禁，尤其是谴责李自成攻陷京城四处拷掠劫财、以帝礼改葬前明末帝崇祯后，“官民大悦，皆颂我朝仁义，声施万代云”(《清世祖实录》卷五)。

开心的不只京师的“官民”，就连拼凑有百万“雄兵”的南明政权，也对进入紫禁城的大清、暂居武英殿的多尔衮，抱有了浓浓的期待，期待他们伸出援手，帮助南明王朝一起勠力翦灭大顺军。

虽然左良玉麾下的八十万兵力，有不少是李自成部在武昌分裂投降过来的大顺军，但在南明弘光帝及兵部尚书史可法等实权派的眼里，是大顺军逼死了先帝崇祯！

弑君之仇，远大于鸠占鹊巢。

紧接着，多尔衮在六月十五日发出的一道新命令，传到了江南："予闻不共戴天者，君父之仇。救灾恤患者，邻邦之义。惟尔大明太祖高皇帝，斥逐胡元，剪我仇国，永世有民，代为哲王。"（谈迁《国榷》卷一百二）

多尔衮将征服辽东自立、三次入关劫掠的清军，打扮成为明朝复"君父之仇""救灾恤患"的"邻邦"，并大书特书明太祖驱逐蒙元、恢复中华的历史功绩。多尔衮不提其祖上自七世祖孟特穆起，便是臣服于明朝皇帝的世袭武官，也不谈其父努尔哈赤乃建州都督、龙虎将军叛明自立，而是挖出朱元璋灭元，而替其报了元灭金国之仇，以期拉近与南明的距离。

数典忘祖，成了冠冕堂皇的同仇敌忾。

继而，多尔衮极口颂扬崇祯之德："迄乎末造，吏偷民穷，群盗满野。然大行崇祯皇帝，秉恭俭之心，弘仁孝之行，德高世替，惟日不宁。"他话锋一转，大肆谴责："蠢兹逆贼李自成者，狗盗之雄，鸱张兽视，忘累世之深恩，逞滔天之大恶，喋血京师，逼殒皇后，焚烧宫寝，流毒缙绅，以金银为营窟，视百姓如草菅。”（谈迁《国榷》卷一百二）多尔衮结合李自成四十二天为乱京师、拷掠群臣、荼毒百姓的暴行，直指其如鸡鸣狗盗之辈，禽兽不如，却不说自己父子兄弟以数十年侵害明朝的罪恶滔天。

毕竟，此时的多尔衮是高蹈着胜利者的姿态、救世主的模样，向偏安江南却势力不容小觑的南明政权示好：“皇天震怒，日月无光。我大清皇帝义切同仇，恩深吊伐，六师方整。蚁聚忽奔，斩馘虏遗，川盈谷量，游魂西遁，指日擒遗。予用息马燕京，抚兹黎庶，为尔大行皇帝缟素三日，丧祭尽哀。钦谥曰怀宗端皇帝，陵曰思陵，梓宫聿新，寝园增固。”（谈迁《国榷》卷一百二）

崇祯的思陵，本是李自成命人将朱由检及周皇后合葬于两年前修建的田贵妃之墓，并改名思陵，使其成为明十三陵中唯一一座帝后与妃嫔合葬之陵。

多尔衮玩了一次“拿来主义”，虽曾下令以礼改葬崇祯，营建思陵建筑，但后代修前朝皇帝的陵寝，难免不尽心，不仅银两不能及时如数到位，就连监工的前明太监们也不能尽力，故而相较于明朝其他皇陵，思陵的规模无疑是较小的。

思陵虽小，但多尔衮的这一份心思却打动了很多前明遗老。多尔衮曾以一句“尔朝皇帝尚未收殓，明日即欲令京城官民人等哭临。无神主，何以哭临？无谥号，何以题神主？”（计六奇《明季北略》卷二十）强迫还未来得及逃走、曾力劝崇祯南迁的左中允李明睿，感激涕零地出任清朝礼部左侍郎。

崇祯帝被追谥怀宗端皇帝，尊周皇后为烈皇后，安奉神主于历代帝王庙，是多尔衮安排李明睿弄的。虽是形式上的虚荣，却如一丝暖流，慰藉着正为亡国丧主而前路迷茫的前明遗老追思情意。

从李明睿感激一事上，多尔衮看到了希望，所以他要向南方的朱明臣民们传递出友善，传递出“希望”，传递出他有心为他们复“君父之仇”的殷殷情意：“深痛尔明朝嫡胤无遗，势孤难立，用移我大清宅此北土，厉兵秣马，必歼丑类，以清万邦，非有富天下之心，实为救中国之计。”（谈迁《国榷》卷一百二）

多尔衮洋洋洒洒地说了一大篇煽情的鬼话，就是要烧起南明的复仇的火焰，以自己在攻打李自成的老巢秦地，激励南明军队对南下的大顺军围追堵截。如果李自成重整旧部，并联手张献忠等义军，与清军进行大决战，多尔衮的胜算不大。

借力打力，死敌也能成为盟友。

尤其是多尔衮赞赏南明政权的支持者们，“不忘明室，辅立贤藩，戮力同心，共保江左者”，不但让马士英、史可法们深感欣慰，就连那个贪鄙好利、沉迷酒色的弘光帝朱由崧，听到“贤藩”二字，更是趾高气扬，心旌摇曳。

要知道，就在两月前，南京诸臣议立新主时，吏部尚书兼左都御史张慎言、兵部侍郎吕大器、詹事掌翰林院事姜曰广等同议：“福王由崧，神宗孙也，伦序当立，而有七不可：贪、淫、酗酒、不孝、虐下、不读书、干预有司也。潞王常淓，神宗侄也，贤明当立。”他们给史可法写信，可法亦以为然：福王“在藩不忠不孝，恐难主天下。”（计六奇《明季南略》卷一）

如果不是凤阳总督马士英贿赂操江提督、诚意伯刘孔昭和镇将刘泽清、刘良佐、高杰、黄得功等，进行内外联名推戴福王，迫使史可法、吕大器们无可奈何地接受“以序为贤，无如福王”，朱由崧也无法成真皇帝美梦。

如今，把强大的李自成从紫禁城赶走的大清朝摄政王多尔衮，却盛赞他为“贤藩”，自然让朱由崧更加愿意相信他的友好诚意。

结果，南明君臣相信了多尔衮。

哪怕他是一纸空文。

3

多尔衮之所以在拿下前明京师后，主动对初建的南明政权示好，动之以情，威之以力，就是想暂缓两支正规军的直接交锋，使其有充足的精力和兵力去追击李自成尚未彻底失败的杂牌军主力。

当然，他也想激怒南明政权号令前明军队，对大顺军进行复仇式围剿。

为此，多尔衮在派出英亲王阿济格作为靖远大将军，率吴三桂等西征的同时，命豫亲王多铎为定国大将军，同样是一路向西，追亡李自成。

南明朝廷积极响应清朝提议，把李自成当作共同的敌人。

拥戴有功而贵为弘光朝首辅、东阁大学士兼兵部尚书马士英，在得到多尔衮“欲与尔大明和好，永享太平”（计六奇《明季南略》卷二）的表态前，就在策划提出通过吴三桂“款虏”（李清《南渡记》卷一），并推荐了“陈新甲曾使款奴”的马绍愉，去找督师史可法详谈此事。

随后，史可法一份奏疏被送到了弘光帝的案头，他强调：“此前最急者为办寇！”（《史可法集·请遣北使疏》）

史可法虽然手下只有数千人马（如李成栋部的四千人）可以自主调动，但还是以南明王朝的督师自居。毕竟他是崇祯先帝任命的南京兵部尚书，弘光帝又给他加了武英殿大学士。虽然他与马士英争权失势，但他还是希望利用督师江北、统筹四镇、办理机务，建功以待功成。马士英在与清休战谋和的事情上，尊重他，派人来商议，所以他信心倍增，将早已剃发降清封王的吴三桂追击李自成的局部胜利，拿来当作一份捷报。

史可法在给朱由崧奏疏上说："近闻辽镇吴三桂杀贼十余万，追至晋界而还。或云假之以破贼，或云借之以成功，音信杳然，未审孰是。然以理筹度，宁前既撤，则势必随以入关，此时畿辅之间必为所有；但是既能杀贼，即为我复仇。予以义名，因其顺势，先国仇之大，而特宥前辜；借兵力之强，而尽歼丑类，亦今日不得不然之着数也。"（《史可法集·请遣北使疏》）

史可法最希望吴三桂复君父之仇是真，曲线救国也是真。

《南明野史》卷上记载："史可法、马士英各疏奏吴三桂杀贼功。封三桂蓟国公，世袭。遣海运中书沈廷扬运米十万石、银五万两济其军。"

既然政见不同的首辅和督师，不约而同地赞同联清抗李，朱由崧拍板，派出一支大规模的使团北上，去与远方的客人实现“通和讲好”的美好愿景。

以朱由崧与马士英、史可法为首的南明君臣，自然希望收复失地，重返故都，那样居功厥伟不说，更是名副其实的统治者。所以，他们期待以馈赠厚礼、让出关外和每年输银十万两，送走以多尔衮为首的清军。

他们忘记了清军为了入主中原，承继中华王朝正朔，已经谋划、敲打了三十余年。努尔哈赤为了伐明，公开宣读了“七大恨”，公然向明朝皇帝宣战。皇太极初继大汗，也是以征明为己任，天聪三年底他就尝试攻打京师，迫于明军成功阻击，他留下了一句“城中痴儿，取之若反掌耳。但其疆圉尚强，非旦夕可溃者，得之易，守之难，不若简兵练旅以待天命可也”（昭梿《啸亭杂录》卷一）的豪言壮语。

清廷入主中原，是蓄谋已久，是狼子野心，是自许天命，是雄图大略。这岂是南明估算的蝇头小利所能打发的？只是南明的痴儿太多，有着太多的理想主义者、空想主义者和幻想主义者。

大计初定，马士英就忙于寻找议和人选。

曾两释张献忠放虎归山的原昌平镇总兵、加左都督陈洪范第一个请缨。他被马士英极力推荐给弘光帝。就在他入选的当天，已投降清廷的参将唐虞时建议多尔衮：“若虑张献忠、左良玉首鼠两端，则有原任镇臣陈洪范可以招抚，乞即用为招抚总兵。臣子起龙乃洪范婿，曾为史可法标下参将。彼中将领多所亲识，乞即赍谕往招，则近悦远来，一统之功可成矣。”（《清世祖实录》卷五）陈洪范原是有人在敌营工作，所以汉心已然摇荡。

兵部右侍郎兼右佥都御史左懋第最初是反对议和的，极力主战，并请求率兵北上收复失地，力劝弘光帝“时时以先帝之仇、北都之耻为念”，“勿以北行为和议必成，勿以和成为足恃”。但他在拒绝北上议和后，突然毛遂自荐。他自荐的理由很荒唐：“母死于北京。”（《明史·左懋第传》）这样一个主意反复之人，却被马士英安排为通北正使。

《南明野史》说：“既而闻清师南下，始召原任都督陈洪范、应天巡抚左懋第，加洪范太子太傅、懋第兵部侍郎，赍国书至燕京通好，以经理河北，联络关东。给路费银三万两以往。”陈洪范的《北使纪略》将左懋第署作“兵部侍郎”，而且开篇就对南明君臣的重用感激涕零：“闯寇肆虐，逼犯北京；先帝宾天，宗社沦丧。洪范世受国恩，迩年废居海滨，惊闻异变，泣愤同仇；徒跣至镇江，史阁部招同过江，议安将士。忽接礼部札付，奉旨召对；始知为吴三桂借兵破贼，顾大宗伯荐往北使。蒙皇上面命，谨对：国事多艰，惟命所之，义不敢辞。”

陈洪范虽然品级在左懋第之上，但他是因离任官员受命。左懋第对陈洪范为副手，是表示欢迎的。但他对于另外一个副手、太仆寺少卿马绍愉，又是耻与为伍的。

左懋第认为崇祯十五年，马绍愉曾奉兵部尚书陈新甲之命出使清廷，休战谋和，奴颜婢膝，深恶痛绝。他曾力谏主使者崇祯帝对其严惩。

马绍愉是三人中唯一有过议和经历的南明官员。经验谈不上，毕竟那是失败的，以崇祯帝再次失信于皇太极，而遭到了清军的反击。但是，当时南明朝廷只有马绍愉与清廷方面有过近距离的接触，更何况他是马士英、史可法力主和谈的联系人，所以左懋第的反对是无效的。

为了自证清白，马绍愉特地对弘光帝重提陈新甲议和旧事，谈及陈新甲因遭言官弹劾而被弃市，本为救国却做了替罪羊。他这是在为自己留后路，向弘光帝提前讨一份特赦令，结果弘光帝大张旗鼓地要为陈新甲平反，更加坚定地支持马绍愉作为议和的关键人物。

和谈人选议定，南明君臣便商定底线。

李清《三垣笔记·笔记下·弘光》记载，南明决策层专门讨论议和条件，有人提出以两淮为界，礼部尚书兼东阁大学士高弘图认为："山东百二山河，决不可弃。必不得已，当界河间耳"。

南明的条件是，只要清廷愿意勠力剿闯，他们愿意实现南北分治。当然，南明还有更积极的打算，那就是找到手握重兵的吴三桂，寄望他直接与南明合作，去说服清朝当权者退回关外。

为了实现这样一个空想，南明朝廷对使团带去的金银财货做了一个规划：

一、送给吴三桂一万两银子和两千匹绢；

二、送给清廷一千两黄金、十万两银子和一万匹绢；

三、安排三万两银子送礼，三万两银子作为差旅费。

在财政实力疲软、军费严重短缺、军士四处劫掠、百姓生活困苦的时刻，南明政权一次性拿出了一千两黄金、十七万两银子和一万两千匹绢，派出三千二百多人的庞大队伍，浩浩荡荡地去和野心远比李自成、张献忠巨大的清廷"通和讲好"，（谈迁《国榷》卷一百二）无疑是送一群肥羊去虎口，希冀凶恶的老虎乖乖地退至铁笼。

空想是伟大的，幻想是奇特的，梦想是虚化的。

使团还没有见到清廷的实权人物，却在北直隶遭到了一个原来在崇祯朝的老同事的百般纠缠。

4

为难南明通北使团顺利进京的老熟人，为崇祯朝的锦衣卫指挥使骆养性。

锦衣卫是明太祖朱元璋的一大发明，最初是为了收集军政情报而设，建置的目的是针对不法之臣进行特务工作。《明史·刑法志》记载："胡惟庸、蓝玉两案，株连且四万。"这就是锦衣卫在明初的最大成绩。他们短短几年便为朱元璋解决了两大侵害皇权的潜伏大佬。

皇帝的绝对权威，得到有效的维护，那么就要做有力的拱卫。明成祖朱棣篡位成功，将洪武二十年废除的锦衣卫重新设置，于是锦衣卫成了侍卫皇帝的专门机构。

我们在影视剧，如《锦衣卫》，如《绣春刀》，看到锦衣卫一身飞鱼服、一把绣春刀，煞是威风。他们是工作在皇帝身边的特勤人员。其带头大哥指挥使大人，身着蟒袍，腰缠玉带，直接对皇帝负责，官职为正三品，一般由皇帝的亲信担任。

骆养性的指挥使，是世袭其父骆思恭之位，做了锦衣卫指挥使二代。

骆思恭自万历十年就在锦衣卫工作，为万历朝鲜之役输送了大量的情报人员，后来在泰昌元年的“移宫案”中，配合东林党魁、朝廷重臣杨涟、刘一燝和太监王安，护卫皇长子朱由校顺利继位，毁灭了李选侍和李进忠欲挟幼主以令天下的阴谋。

李进忠改名魏忠贤，与熹宗乳母客氏“对食”，夤缘变成了司礼秉笔太监，专擅朝政，在打击东林一党时，陷害骆思恭至死，安排亲信田尔耕接任锦衣卫指挥使。

田尔耕，为魏忠贤“五彪”之一，专主杀戮，阴险歹毒，短短两年间便被累加少师兼太子太师，最终被上台的崇祯帝以阉党主犯处死。

作为忠臣之后，骆养性袭任父职，做了大内高手的带头人，无疑是深得崇祯帝的信任和重用。他虽不及田尔耕进位三孤之列，但也被升至左都督，加太子太傅。

本是三品官员，因此升迁加衔，骆养性也是位极人臣，影响朝野。崇祯十四年九月，前首辅周延儒被召还京师，重新组阁，复为宰执，加太子太师，进吏部尚书、中极殿大学士。他想将骆养性援引入阁，却遭到了次辅、礼部尚书兼东阁大学士吴甡的强烈反对。

二辅为骆养性，争得面红耳赤，于是把此事闹到了崇祯帝那里。

崇祯有意支持亲信骆养性入阁。

吴甡直言不讳：厂卫入阁，弊大于利，骆养性为锦衣卫中人，不能入阁！

曾遭皇帝的另一个亲信辅臣温体仁排挤出阁的周延儒，幡然醒悟，随之附和吴甡。

崇祯无法，便不强求。

然因此事，骆养性既恨吴甡拦路，也怒周延儒不争。虽然他已是一品大员，扼守禁中，比周延儒、吴甡还容易见到皇帝，甚至周、吴要想一睹天颜也需要他不刁难。但他的工作主要在朝堂之外。阁臣辅政，协助皇帝处理国家军政要务，负责朝廷用人行政，自然比他一个高配的指挥使要显赫得多。

时行人司副熊开元因求职光禄寺丞，遭到周延儒搪塞拒绝，因为多次弹劾周延儒排除异己、安插心腹："辅臣心事明，诸臣流品亦别。陛下若不察，将吏狃情面贿赂，失地丧师，皆得无罪，谁复为陛下捐躯报国者?"(《明史·熊开元传》)

中层干部叫板内阁首辅、皇帝救星，很快引发了一次大规模的廷议。

大理寺卿孙晋、兵部侍郎冯元飙等纷纷指责熊开元诬陷朝廷柱国首辅："首辅多引贤者。首辅退，贤者且尽逐。"《明史·熊开元传》这是契合崇祯公开执师礼事周延儒之举，期待其力挽狂澜拯救大明劫。

熊开元欲言还休的攻击，彻底激怒了崇祯帝。

崇祯下令锦衣卫，逮捕熊开元下狱。

骆养性与熊开元是老乡，好不容易逮住了这个不怕死的人疯狂攻击周延儒。于是，他火速结案，草草了事。

这回，崇祯帝不高兴了，说：熊开元构陷中伤辅弼周延儒，使朕孤立于上，好方便他暗中行私，这其中一定有主使者。骆养性不加刑拷打，就是严重渎职。

崇祯将此案发还锦衣卫，责令骆养性严加审讯，不出结果不罢休。

结果，骆养性为了交差，授意同僚将熊开元和另外一个下狱官员活活打死。

同僚问为何，骆养性说是奉了皇帝的密旨。

这是玩忽职守、草菅人命，还是泄愤不成、杀人灭口？

兹事体大，同僚不敢盲从，怕惹祸上身，于是劝告骆养性不要步了田尔耕、许显纯的后尘，继续像天启末年那样大搞冤假错案。想必，这位同僚也会提及骆父思恭是如何正直无私，田尔耕等是怎样不得善终。

同僚一番话，养性一身汗。这样也就保住了熊开元的命，也为后来南明唐王政权留下了一个不肯就职的东阁大学士。

骆养性虽然狡诈多变，但又胆小如鼠，他却把这一次对话告诉了另一个老乡、户科给事中廖国遴。廖国遴是周延儒的心腹，于是将此事说与兵科给事中曹国直。

曹国直人如其名，忠贞于国，为人耿直，于是给崇祯帝上疏弹劾骆养性："归过于君，而自以示恩，若无此旨不宜诬谤，即有之不宜泄，请诛养性。"（《清史列传·骆养性传》）

结果让人更加惊诧："疏入，留中。"

就曹氏一疏而言，骆养性犯了三个该执行杀千刀的罪名：

一是让皇帝背负骂名，而彰显自己私德。此为欺君之罪。

二是没有密旨却称密旨，他诬谤定罪。此为矫旨之罪。

三是有密旨而违抗密旨，泄露机密。这是泄密之罪。

此事蹊跷，按理自负的崇祯该自证清白，处死骆养性。

然而，崇祯帝不怒也不罚，反而息事宁人。

看来骆养性所谓密旨一事，崇祯帝心知肚明，确有其事，唯有不了了之。或者说，骆养性矫旨杀人，崇祯帝暗有此意，被他心领神会。

躲过一劫的骆养性，终于在崇祯十六年逮住了一石二鸟的机会。他先是联手户部尚书兼武英殿大学士陈演，构陷新晋太子少保，户部尚书兼兵部尚书文渊阁大学士吴甡奉命督师湖广却拖延逗留罢任削职，使之下狱议罪，遣戍金齿；继而告发周延儒督师通州，不战而假传捷报，被罢任召回，然“养性复腾蜚语。帝遂命尽削延儒职，遣缇骑逮入京师”（《明史·周延儒传》），不久周延儒自缢官邸，传旨监刑者正是骆养性。

两个月后，负责守城的骆养性放弃抵抗，方便了李自成顺利攻陷京师。骆养性主动跪在了李自成的脚下。

清朝史官后来很不客气地说：“养性从贼！”（《清史列传·骆养性传》）

李自成、刘宗敏并没有因为骆养性的顺从，而不让他捐银助饷。骆养性无法，一次性交付了三万两银子。

四十二天后，李自成败退出京，骆养性约定御马监张太监出城迎接多尔衮的大军，同时与锦衣卫都指挥使同知王鹏冲为清军组织了一支声势浩大的仪仗队。

骆养性跪拜摄政睿亲王，只报前明官职，引导多尔衮进入武英殿。

多尔衮需要一个熟悉紫禁城的人拱卫皇宫，于是命其继续担任锦衣卫指挥使。虽然安排了一个趋炎附势的降官，专司其事，但少不了安排来自满洲亲信紧跟其后，说是补充警力，说是加强队伍，但说到底是严密监控和快速掌控。

5

锦衣卫在清朝只是一个过渡机构，一年后被改为銮仪卫。明朝过来的指挥使骆养性会办事，仅仅在新朝的锦衣卫干了一个月，便被多尔衮安排到天津总督军务。

多尔衮是要重用狡诈多变的骆养性吗？未必！

多尔衮难道不知骆养性行事阴毒、工于心计、能力一般吗？非也！

摄政睿亲王为何对这位前明护主不力、投效李闯马下的首鼠两端者，命其封疆？

多尔衮初入京师，骆养性屈膝迎降。多尔衮命骆养性继续负责禁中的保卫工作，追剿李闯余部。但是很快将其调离外任天津总督，名为封疆一方，实为开疆拓土。

多尔衮之所以这样考虑，自然有特殊的安排。与其说他是要重用骆养性，还不如说是利用骆养性。

一是骆养性长期担任禁中卫帅，熟悉畿辅要津各种复杂情形。

二是骆养性擅长特务政治手段，能够及时处理大范围的应急突发事件。

三是天津距离近、辖区小，一旦骆养性降而复叛，清军可快速派出机动力量围剿。

久在权力中枢任事的骆养性，自然洞察到多尔衮的王者心术。

所以，他上任伊始，便拿盐税开刀，并及时请示摄政睿亲王，要废储明季以来形形色色的苛捐杂税。

他没做成亡明的阁中重臣，却在新朝荣任封疆大员，新鲜，也想做点实事。他在给多尔衮的报告中，说了一句难得的恤民实话：繁重的盐税，外加辽饷、练饷等，“在各商苦于上纳，食盐之民又苦价高。病商病民，莫此为甚。”（《清史列传·骆养性传》）一个曾久在崇祯身边工作的人物，能说出此话，未必是新观察，而是崇祯也曾发出过此般感慨。只是如烟往事，莫由追悔。

或者说，时运不济，进退失据。

或者说，予取予求，左右无源。

当然，他主政地方，既有戡乱维稳之重任，也有开源节流的想法。于是，他又给多尔衮送去了一份报告：他要疏请征纳钱粮，照旧例每两加火耗三分。

每两加三分火耗，相较于明朝每两加银六钱五分七厘，算是大大地减负了。但是，他这一份貌似取悦朝廷的提议，却遭到了多尔衮严厉的批评。

多尔衮说：钱粮征纳每两火耗三分，就是明廷贪婪的一大弊政，哪是什么旧例？何况朝廷正在考虑对钱粮正额进行蠲免，怎还容许你额外加收?!

多尔衮驳回了骆养性的财税计划，“著严行禁革!”（《清史列传·骆养性传》）多尔衮不给骆养性推行新政的机会，却任命了他推举的前明官员。如清初的内国史院大学士党崇雅、都察院左都御史房可壮、刑部尚书李化熙和天津巡抚张忻，都是骆养性推荐给多尔衮的。

三个月后，算对清廷忠诚的骆养性，却受到了更加严厉的惩罚——吏部要将他革职为民——原因是：他擅自接待了南明福王（弘光帝）派来的左懋第议和团。

南明主动派团北上议和，是对多尔衮联明剿闯的政策的回应。他们必须经过骆养性的辖区。

南明使团副使陈洪范在《北使纪略》中几回写到骆养性：

“十五日晚，临清有旧锦衣骆养性——用为天津督抚，遣兵来迎。”临清在山东境内，时为方大猷的辖区，骆养性派人越境来迎，无疑是热情过分了。

“二十六日，骆养性亲到静海县，将三使臣所带官丁止许百人进京……养性虽奉旨，语言之际，似尚不忘故国。谍者侦知以报；摄政王怒，疑养性，削职逮问。”

他强令原来配有三千护卫的使团，将兵丁缩减至一百人，然后派出自己的队伍护送他们进京。骆养性是为不发生武力冲突、流血事件考虑的，提前解决了南明使团的警备力量，算防患于未然。当然，这是多尔衮的命令，早在使团经过临清时，山东巡抚方大猷就宣布："奉摄政王令旨，陈洪范经过地方，有司不必敬他，着自备盘费。陈洪范、左懋第、马绍愉止许百人进京朝见，其余俱留置静海。"（陈洪范《北使纪略》）

骆养性也是在执行多尔衮的指示，收归南明使团多余的兵丁。职责所在，但他不该不经请示，擅自在静海县私自接待了左懋第一行。虽然他是以清廷的总督去彰显大公无私地训令南明使者，但这却是得意忘形，忘记了他有前明降臣的身份。

同样是前明降臣，洪承畴、冯铨、谢陞、吴三桂却很聪明，丝毫不给南明使团以亲近的机会。

使团抵达京师后，被安排在会同四夷馆。内院大学士洪承畴、谢陞、冯铨受命接见他们，洪氏两次"似有不安之色，含涕欲堕"，谢陞"时而夷帽，时而南冠，默然忸怩"，但到了关键时刻，他们还是如冯铨一样，言语粗鲁，毫无礼数，毫不理会故人近乎囚禁在清冷刺骨的鸿胪寺的窘况。

左懋第派人找到吴三桂，希望他出来调解，因为他是明朝的平西伯、清廷的平西王，军功卓著。不料，吴三桂派人传话："清朝法令甚严，恐致嫌疑，不敢出见。令所亲来致意，终身不忍一矢相加遗。"（陈洪范《北使纪略》）

左懋第再找人二请吴三桂周旋时，得到的回报是：吴大人领兵西征了！

洪承畴、吴三桂们唯恐避之不及，而骆养性主动出面，在无监督的场合与南明使团面对面地交谈，着实大胆，不知所畏。

无知无畏，大胆则罚。多尔衮没有批准吏部的惩罚报告，却直免了他的天津总督。

骆养性兴致勃勃地就任封疆，四月而止，虽然被保留了明朝转过来的太子太傅、左都督的虚衔，一年后被叙迎顺之功，被象征性地给了一个太子太师的荣誉。

级别和待遇没变，只是换了一个响亮的说法。

多尔衮不再重用他，甚至授意人重提他贪婪通闯旧事。正史白纸黑字地写着"养性从贼"（《清史列传·骆养性传》），是多尔衮早早定了调。

当骆养性找多尔衮乞讨新的委任时，多尔衮在报告上径直批示："静候简用。"（《清史列传·骆养性传》）国家用人之际，骆养性却静候佳音，也是无奈之举。

简用，选拔也，有破格之意。骆养性在家苦苦等候了三年多，等来的是吏部不用、兵部降用。他被安排到浙江做掌印都司。

都司为明朝传给清朝中层军官名，正四品，位在参将、游击之下。做了二十多年一品大员的骆养性，最后被安排以一品都督的级别去干四品都司的工作，也算是明清两朝的独一份。

而他在总督任上趾高气扬地去接见的南明使臣们，命运也是各有不同。左懋第以“生为大明忠臣，死为大明忠鬼”（谈迁《北游录纪闻上》）自许，被多尔衮处死，做了“明末文天祥”。而马绍愉、陈洪范自亏降清，成了祸害南明的民族败类。尤其是陈洪范自请南归，甘为密探，输送城防机密，为多铎彻底击溃李自成的主力后，突然兵锋南指，进军江南，俘杀朱由崧、史可法和马士英，一举捣毁曾怀抱请清自退、定鼎紫禁的弘光美梦。

一场与虎谋皮的和谈乱局，看似给南明政权平添了复仇剿闯的希望，却给清廷借力打力、逐个击破创造了机会。清军入关时，将士加壮丁，不过十七八万人，加上王永吉、吴三桂投降的军队，也不过三十万人，却能够很快把李自成、张献忠和南明军近两百万军队追击得如丧家狗。

南明政权始终带着剿灭义军的心理，对义军的联明抗清熟视无睹，结果只能成就了原本弱势的清廷日益强大。

而堪为南明弘光柱石的史可法，也怀着热忱的休战议和心理，无疑是一种侥幸和奢望。

顾诚在《南明史》第五章《弘光政权的瓦解》中，谈及“扬州失守”，不无感伤地说：“明清易代之际激于义而死焉者多如牛毛，把史可法捧为巨星，无非是因为他官大；孰不知官高任重，身系社稷安危，史可法在军国重务上决策几乎全部错误，对于弘光朝廷的土崩瓦解负有不可推卸的责任。”

弘光命短，可法悲哀。

良将史可法死于非命，连遗骸都没有找到。

百姓将史可法的衣冠葬于扬州城外的梅花岭。

红梅怒放。这是当初对清和谈持乐观态度而壮烈殒命的史可法的人生写照，又何其不是诸多努力死志卫护南明政权的官员士绅难逃的血色宿命呢？

6

骆养性以左都督原官外任为天津总督，时间很短。顺治元年六月初三日授任，十月初十日革职。历时四月零七日。

对于他这一短暂任期的作为，他后来曾在一篇《为申明臣功以明心迹疏》中，以“原任总督天津等处军务太子太傅左都督今闲住臣骆养性谨奏为申明臣功以明心迹事”，称：“乃时天津人心不安，盗贼蜂起，叔父摄政王委臣总督。臣赴任之后，收集海舟，招抚土居，安神流寓，惠通商贾，肆月以来，心力竭尽。”其“托为清朝首功之臣，即为南中深罪之人”，在任期间做得最大的一件事，就是南明陈洪范使团南来，奉内院转发的多尔衮令旨，将使团跟随人役截留静海，“亲往静海县，大破情面，遵旨截留，南来各官不许住察院，地方官不许谒见，将寮望人役安置县外大寺之中，仍发官兵关防，跟随人役皆去其弓矢，始教前行”。

他没想到，顺治帝在自己曾经负责保卫工作的紫禁城登基数日后，将其革职撤回，还责了他一个“迎接之罪”，枉费了他“一片为国奉法之苦心”。

即便如此，但是他作为大清王朝第一个总督，无疑写进了历史。就在顺治元年，清廷任命了三个总督，另外两个，一个是七月初七日以前明吏部员外郎擢右佥御史授宣大山西总督的吴孳昌，一个是七月十九日以秘书院学士擢兵部左侍郎兼右佥御史的杨方兴。骆养性比他们早了一个多月。

清朝在学习和践行前明的总督职衔，同时又在探索和推行新的总督制度。

在这里，我们有必要谈谈明、清总督虚实之变。因为，总督在清朝职官制度建设上，是一个非常重要的表现，它是清朝少数民族满洲统治强化中央集权时，对以占绝对人口优势的汉族为首的其他民族实现帝制统治的一个关键职官。

明正统六年（1441）正月，云南麓川宣慰使思任发拥众反叛，攻占南甸、腾冲，多次击败官军，新任黔国公沐晟奏请朝廷用兵戡乱。于是，权宦王振支持兵部尚书王骥总督军务，率十五万人马征讨。

王骥是中国历史上第一个总督。总督在明朝，有实权，非实职，无品级，因事而设，事毕即撤。即便于谦率军取得了京师保卫战的胜利，被加少保，总督全国军务，其实际职务还是兵部尚书。

明朝还设置了专务总督，如总督粮储、总督河道、总督漕运，皆以所辖专务为职，提督军务为辅。冠以总督名分，即对其统摄事务明确。明确的是职权，而不是职位。

景泰三年（1452）始设两广总督，带有鲜明的实验性质，直至成化元年（1465）才成定制。总督是中央政府派出的钦差大臣，与三司之间名义上是中央官与地方官的关系，地方日常事务仍由三司管理。总督举足轻重，入则为朝廷显官，出则为一方军政首长，时称文帅第一重任，但没有既定的封疆。

明末应对关内外两场大战，再次使用总督负责军务，规定管理的范围和职责。总督是战时统帅，专掌征讨之事。随着战事的扩大，总督职权也不断增加。

崇祯四年（1631），洪承畴接任陕西三边总督，连败义军。朝廷为改变“各镇抚事权不一，相互观望”被动局面，以洪承畴仍任三边总督，加太子太保、兵部尚书衔，替换围剿失败的陈奇瑜总督河南、山西、陕西、湖广、四川五省军务，成为第二任五省总督。洪承畴成为镇压农民起义的军事统帅。由于洪承畴统辖太广，难以兼顾，不久被崇祯帝下令，以卢象昇总理江北、河南、山陕、川湖军务。

总督多省，就是划定任职者能负责多大的范围。同样有总督之责，洪承畴以从一品虚衔加正二品尚书就任，而卢象昇只是正三品的都察院右副都御史。品级不同，但职权相当，卢象昇管理关外明军，而洪承畴专管关内官兵。

明末的总督，职权如同清代大将军，随着军事斗争的需要而不断扩大管理范围。崇祯十六年五月，陕西三边总督孙传庭兼督河南、四川军务，升兵部尚书，改称督师，加督山西、湖广、贵州及江南、北军务。所谓的八省总督就出炉了（辖区还不止八省）。

总督军权在握，兼管辖区行政、财税。清沿明制，正式确定总督为封疆大吏，彻底变革了明朝总督仅满足军事、经济、社会需要而设的地方政治体制。

清初的总督额数及辖区并不固定，且因诸多战事的需要，朝廷经常派出大将军。大将军类似前明总督，只在遇到重大战事时设立，统辖战区军政大权。

清代总督有实授，也有署理，同样官位，但权力不等。署理是在原任出缺或离任时的临时代理。乾隆时，总督成为定制，兼具了清初大将军的主要职责，有了正式的封疆。全国设八大军政总督：直隶、两江、陕甘、闽浙、两湖（湖广）、两广、四川、云贵，另有漕运、东河、南河及仓场四员专务总督。光绪三十二年（1906），东北奉天、吉林、黑龙江建行省，改将军为东三省总督。

《清史稿·职官志三》记载："总督，从一品，掌厘治军民，综制文武，察举官吏，修饬封疆。"总督统辖一省或数省行政、经济及军事，尊称督宪、制台等，实际官阶为正二品，但可通过兼兵部尚书衔高配至从一品。清代对地方的管理实行督抚制。总督由部院正官中推选，一般带兵部侍郎、右都御史甚至尚书衔。论职权，巡抚普遍位于总督之下，亦有总督兼巡抚者。论辖区，巡抚仅管一省，总督总管一省或二三省。论级别，巡抚主要为从二品，而总督最低正二品。

总督侧重军务，巡抚主管民政，二者没有直接的隶属关系，都对上直接听命于皇帝，但因辖区内的利益之争，常发生督抚不和的事件，也有些督抚互相拉拢，如晚清名臣胡林翼署湖北巡抚时，曾受由荆州将军调任湖广总督的官文排挤，于是造了一个裙带关系，请自己的母亲认官文的小妾做干女儿，此后督抚和衷。

晚清的总督，实际权力越来越大。像曾国藩、李鸿章、左宗棠、曾国荃、张之洞等总督地方，有正一品大学士、军机大臣身份。他们大多有军功在身，甚至位列侯爵，就连最高统治者慈禧太后也不敢怠慢。

总督权势坐大，甚至掣肘中央权力，这也是后话。毕竟清初推行总督任命，还是为了迅速接管、维稳、治平其武力争夺的地盘。

崇祯探花劝进多尔衮，目的很吊诡

1

不可否认，顺治朝著名的大学士陈名夏是明清之际典型的政治投机分子。

他于崇祯十六年历尽艰辛、跋山涉水地赶至京城，参加了大明王朝最后一届考试。他没填写报考具体职位，但只要通过第一关，就有机会进入中央智库——翰林院，或者被安排做县长。用现在的话说，只要过关，就是县处级干部。

然而，这一年的九月，是一个多事之秋。退伍出身的张献忠造反，相继攻陷岳州、宝庆、永州；另一个犯事军官李自成做了自封的闯王，又两次大败督师孙传庭。多难不兴邦，朱皇帝的龙兴之地凤阳频仍地震。

尽管如此，不情愿“国君死社稷”的崇祯帝，还做着重建尧舜盛世的美梦，发布恩科金榜。

崇祯一次性点了四百名进士，还大张旗鼓地举行了一次皇帝面试。

杨廷鉴、宋之绳、陈名夏，名列一甲。他们组成了中央储备干部的第一梯队，成了跳龙门的领军人物，当然更是壮志不已的崇祯帝寄予厚望的政治新星。

杨廷鉴是礼部尚书孙慎行和副都御史张清惠共同的学生，尤以树立品节敦励廉耻为第一义，赴京时绕道河南拜谒父亲的好友，不意被李自成的义军擒获，强留军中，书写“开了大门迎闯王，闯王来了不纳粮”“均田免粮”等标语。

写熟了关系，但写不出希望，写不好忠义，于是杨廷鉴寻机脱身，继续进京参加廷试。杨廷鉴不提被俘之事，而是在太和殿回答皇帝提问，侃侃而言：科场取士该先品行而后文辞，官场用人应贵朴诚而贱轻浮，只论邪正，不论门户……”崇祯帝狂喜，朱笔一挥，钦点状元，授翰林院修撰。

第二名的宋之绳与第三名的陈名夏，都是江南溧阳人。他们也很优秀，有杰出的表现，直接进入翰林院任职。

探花郎陈名夏很幸运，官居翰林院编撰，兼户、兵二科给事中。国家全面用兵，这是一个实缺，有一票否决中央财政和行军方略的特权，可以列席崇祯帝主持的最高“国务会议”。

但是命运危急，还来不及让他们在中央直属机关充分展示自己的才华，就被闯入紫禁城的李自成弄下了岗。

崇祯帝上吊了。

工部尚书兼东阁大学士范景文留下遗书“身为大臣，不能灭贼雪耻，死有余恨”（《明史·范景文传》）后，遂至演象所拜辞阙墓，跳入双塔寺旁的古井自杀。

户部尚书倪元璐自缢前，整衣冠拜阙，忏悔自己身为社稷重臣，不能保卫江山，唯有“以死谢国，乃分内之事。死后勿葬，必暴我尸于外，聊表内心之哀痛”（《明史·倪元璐传》）。

像范景文、倪元璐这样选择为国殉节、亦死社稷的忠臣，至少有四十多人，其中大部分为南方人。然而，计六奇在《明季北略》中说，至少有一百六十七人争先恐后地臣服于李自成的脚下，其中有大名鼎鼎的内阁首辅陈演、魏德藻。

而陈名夏有权监督的兵部尚书张缙彦，成了著名的带路党。

李自成不想重用崇祯帝的旧臣，而他的左辅大学士牛金星却对新科进士们非常的热情。杨廷鉴、宋之绳、陈名夏一度准备藏匿起来，最后被大顺军抓获送至李自成的刑部论罪。

李自成发话了，不能惩罚他们，而要重用他们。

杨、宋二位不敢欺辱，即便被吏部从几千人报考新政权官职的前明降官中，选进了最后的九十二人名单，但他们趁乱逃回了江南老家。但是，陈名夏通过熟人推荐给牛金星后，很快重返已改名为宏文馆的翰林院官复原职。

远在江南的南明福王，称帝后要象征性地惩处改投李自成的降官，弄了一个处理不了的从贼案，其中就有陈名夏的大名。

李自成在京城短暂停留了四十二天，最后把富丽堂皇的紫禁城留给了清朝多尔衮。陈名夏怕再次遭遇拘押，于是跟着逃亡的队伍出了城，同时趁乱逃离了牛金星负责的翰林队伍。

不甘寂寞的陈名夏，不像杨廷鉴、宋之绳那样想尽办法拒绝出仕，而是主动抵达大名府向清廷投诚。

顺治二年七月，陈名夏找到保定巡抚王文奎，由其举荐给多尔衮，被官复原职。

一个人，曾三次出任翰林院编撰，而且是在三个政权中各任一次，也算是一个奇迹。

2

《清史稿·陈名夏传》对陈名夏与多尔衮的第一次见面的情景，有一个精彩的描述："入谒睿亲王，请正大位。王曰：'本朝自有家法，非尔所知也。'"

可以说，陈名夏是吃了熊心豹子胆，第一次拜见大名鼎鼎的摄政睿亲王，就劝他篡位，取代顺治做皇帝。

这是一句大逆不道的话，在那个皇权专制时代，足以被以图谋不轨的大罪，凌迟处死，满门抄斩。新人陈名夏敢冒天下之大不韪，很有冒险精神，但又可以看出，他对太宗暴卒引发的继位之争，以及统兵问鼎中原的多尔衮心理，还是有充足的研究。

难道他想挑起皇家再次内讧，实现对朱明王朝的曲线复明吗？

多尔衮并未因此责罚他，而是对他说掏心窝子的话，称皇位是家法所定，他有他的难处。

在《多尔衮摄政日记》中，有一句“崇祯皇帝是好的，只是武官虚功冒赏，文官贪赃坏法，所以把天下失了”（顺治元年六月二十九日），很有意思。多尔衮看到了崇祯皇帝之败，而没有看清陈名夏这位清明文官的软骨头，暗中有心计。

或许他把陈名夏定位为“济不得事”的“良臣”，而“崇祯之亡，天数已定！”

那时的陈名夏，只是一个进不了朝堂的小吏，既算不上良臣，也见不得皇帝，而经历两次投诚，却被夺取明朝天下的大清摄政王多尔衮看中了。

多尔衮很感激陈名夏说了一句暖心的话，于是在陈氏任事翰林院没几天，就给他下达了新的任命书：吏部左侍郎，兼翰林院侍读学士。

清朝的翰林院是顺治元年设置的，沿袭明制定为五品。是年十一月，内弘文院大学士冯铨请奏，经多尔衮批准，将翰林院由五品改定为明初所定的正三品衙门，并“定掌院学士为专官，置汉员一人，兼礼部侍郎衔，侍读学士、侍讲学士各二人，侍读、侍讲各二人，修撰、编修、检讨、庶吉士，无定员”（《清史稿·职官志二》）。掌院学士秩为正三品，侍读学士正四品，编撰从六品。而清朝新定的吏部左侍郎，秩从二品。

陈名夏被从六品编撰提拔为从二品侍郎，直升七级。不仅如此，还在翰林院挂职，高了翰林院掌院学士一级。

多尔衮如此破格超授，不无别扭，掌院学士兼礼部侍郎高配，而陈名夏以尊于礼部侍郎的吏部左侍郎兼了一个掌院学士的属官，更可见多尔衮重任心腹职掌人事部门，恐辅政叔王济尔哈朗及其他诸亲王异议，特地给陈名夏弄了一个尴尬匹配的侍讲学士。

《清史稿》陈名夏本传说：“名夏劝进虽不用，以此邀峻擢。”多尔衮投桃报李，将陈名夏笼为心腹，倚为重臣。

这为陈名夏下一步入阁，建立了基础。从明朝过来的陈名夏，自然熟稔“非进士不入翰林，非翰林不入内阁……而庶吉士始进之时，已群目为储相”（《明史·职官志三》）的官场惯例，在前明一百七十多位宰辅中，出身翰林者十之有九。

他是前朝的翰林修撰，因为国亡而丧失了跻身阁揆的机会，而新朝直接让其做学士，无疑为他晋升大学士给了一个更高的跳板。

当豫亲王多铎平定江南后，九卿科道言官联合奏议，像前明一样在陪都南京设置一套相应的职官体系。此议一出，有赞同者，有反对者，有观望者，各种意见汇集到多尔衮那里。他虽然在太宗朝有统率六部的经验，于顺治朝更是对军政大事负总责，但毕竟没有统治过比他原来的关外时期要大数倍的疆域。

他不想做第二个李自成，也不敢做第二个李自成，更怕形形色色的反清势力对他反戈一击。

在多尔衮犹豫不决时，陈名夏一句“国家定鼎神京，居北制南。不当如前朝称都会，宜去京之名，存设官之实”（《清史列传·陈名夏传》），给他解决了难题。

顺治三年，陈名夏丁父忧，按儒家礼教观念该回籍终制。时满人刚开始同汉人士大夫进行政治合作，自然要入乡随俗以示尊重。然而，多尔衮给陈名夏下令：“在官任事，私居持服”（《清史列传·陈名夏传》），并命礼部代表国家进行慰问。陈氏怕人说闲话，坚持辞职。多尔衮说，你回家可以，但明年必须回任，同时送了他五百两银子的人情。

《清世祖实录》卷三十九记载：顺治五年七月，“丁丑，设六部汉尚书、都察院汉左都御史各一员，以陈名夏为吏部尚书”。此时顺治帝也在争权，但权力牢牢掌握在多尔衮的手中。多尔衮以陈名夏职掌六部之首的吏部，既是一种对心腹的回报，也是一种对权力的控制。

果然，四个月过去，多尔衮和心腹重臣们暗箱操作，迫使顺治帝在十一月南郊礼成后，颁诏曰：“叔父摄政王治安天下，有大勋劳，宜加殊礼，以崇功德，尊为皇父摄政王。”（《清史稿·多尔衮传》）皇父摄政王，虽然有新发明的满臣最高爵位的可能，但更像是摄政王被尊为皇父。熟稔汉人历史的陈名夏，自然熟知如此尊崇的特殊含义，说不定这其中就有他奉献的政治智慧。

陈名夏在吏部，大刀阔斧地进行改革，被加太子太保的虚衔，进行嘉奖。

3

顺治七年十一月，正当陈名夏踌躇满志、如日中天时，他的知遇大恩人多尔衮出猎古北口外，不幸落马，伤重而亡。

陈名夏哀痛不已，也彷徨不止。多尔衮不但是围猎落马，而且是政治落马！

满是感伤和苍凉的陈名夏，却没有想到少年老成的顺治帝，迅速对多尔衮进行无情清算甚至扬灰毁墓时，却授陈名夏为内翰林弘文院大学士，同时让他继续兼任吏部尚书。

陈名夏的才干和能耐，得到了青年天子顺治帝的高度赏识。

然而，陈名夏并没有因为有过力劝多尔衮称帝、多次给睿亲王争权出谋划策的隐恶，进行收敛，而是顶着顺治严厉追责多尔衮的盛怒中，连续向皇帝公然叫板。

第一次，称投降有功，以死对抗。

顺治八年五月，候外转御史张煊弹劾陈名夏和国史院大学士兼管都察院左都御史事洪承畴和礼部尚书陈之遴甄别御史，处置不公，为陈名夏总结了十罪二不法。

时顺治帝出猎在外，令巽亲王满达海审查。满达海召集诸议政王大臣，逐条审理，查明张煊控告属实，于是将陈名夏、洪承畴羁押，派兵看守，并派人向顺治报告。

陈名夏的密友、满吏部尚书谭泰赶到顺治的驻跸之所，申辩张煊所奏不实，是诬告陈名夏。顺治回京，廷议此案，谭泰挺身而出，咆哮攘臂，为陈名夏开脱，不惜暗箱操作，隐瞒了大臣中的反对意见，结果导致张煊诬告罪名成立，被处死。

三个月后，多尔衮昔日的心腹谭泰，被举报因擅权乱政、阿附多尔衮，被处死。第二年正月，福临将张煊一案发送济尔哈朗、硕塞连同内院、刑部大臣复审。洪承畴老实交代，获得了福临的宽恕。

陈名夏厉声强辩，闪烁其词，及诘问词穷，乃哭诉投诚之功，哭天喊地地要寻死，让福临很讨厌他这种死不悔改的卑劣行径，感慨："朕始知名夏为辗转矫诈之小人也，名夏罪实难逭！"（《清世祖实录》卷六十二）话音刚落，年轻的顺治帝又来一句"但朕有前旨，凡与谭泰干连者，一概赦免，若仍执名夏而罪之，是不信前旨也"。皇帝是金口玉言，于是宽免了陈名夏。

顺治憎恨陈名夏很不争气，但因此前有旨不追究与谭泰有牵连的人，宽宥了他，革职罢任，然品级俸禄照旧。顺治赏识陈有学问，书读得好，是一个人才，很快又让他署吏部尚书，入内院复补秘书院大学士。

但是，一旦顺治对陈名夏有了看法，纵然陈名夏想利用南方战事受阻之机，谋求总督军务之差，逃离权力中枢的政治旋涡，也是不允的，不给他隔岸观火重新镀金的机会。这就有了顺治十年（1653），年过花甲的洪承畴，再度出征，经略五省，总督军务，兼理粮饷，又立巨功。而刚知天命的陈名夏，陷身党争，惨遭围攻，距身败名裂、死于非命不远矣。

第二次，顺治认为他带领汉臣与满臣对立。

顺治十年二月，兴安总兵任珍因妻妾与人通奸，私行将人处死（乾隆朝《钦定国史贰臣表传》称任珍“自治其家属淫乱，擅杀多人”），担心被追责，派人进京向兵、刑二部行贿。事发，顺治下旨惩罚了一批受贿官员，并革除任珍世职一半。

两个月后，任家婢女告发任珍，“家居怨望，出言不轨，并指奸谋诸丑行”（《清世祖实录》卷七十四）。

刑部审讯后，认定任珍确有叛逆言论，已由初始的杀人罪上升为重大的叛国嫌疑，将他判为死罪，并籍没家产。顺治却强调“任珍曾立大功，所犯情罪亦重大可耻”，要求刑部将此案用满汉文书写清楚后，会集九卿科道会等审议处罚结论。这就引发了朝堂上一次杀与不杀的大讨论。

结果，满汉大臣意见两边倒。

满官一直同意刑部原判，必须以出言不轨等罪处死任珍。他们认为，贰臣心生怨言，意图不轨，就须严惩，以儆效尤。

而以陈名夏、陈之遴、金之俊为首的二十七位汉官纷纷上疏，原告所说事件重大，“任珍俱不承认，若以此定案，反开展辩之端，不若坐以应得之罪”（《清世祖实录》卷七十四）。

福临不太明白汉官们的意思，询问：“是谁展辩？应得何罪？”

陈名夏等回答，任珍不承认婢女的指控，若据此讼词定罪，他肯定不服，这就是我们所说恐开展辩之端。如果他确实负恩犯法，刑部拟定死罪，这就是应得之罪。可是又律无正条，似乎应该勒令他自尽。

顺治被这种首鼠两端、模棱两可的言辞激怒了：你们既说处死任珍，是应得之罪、律无正条，又说似应勒令自尽。勒令自尽是哪个盛世典例？你们“欲致君尧舜者，岂有进此言之理？凡人自知有过即从实引咎，乃大臣之道。若执为己是，以巧生事，又欲以巧止事，甚属不合，尔群臣当副朕期望至意！”

顺治命陈名夏再明白回奏。这次，陈名夏等只是说他们知道改为勒令自尽，不是盛世典例，又不是按婢女讼词定罪。陈名夏说来说去，始终没有说到点子上，同时承认自己有罪，等待皇上发落。

顺治本想通过大臣重审，调动满汉大臣参与廷议的积极性，哪知陈名夏等的回答：“词语全是朦混支吾，竟不身任咎过，更巧为遮饰，将有心之事，佯作误失。”

本来，任珍私定刑罚，擅杀多人，顺治已是网开一面，但是婢女仅凭片面讼词，而无其他人证、物证为据，借着专制时代无证的狂言能定罪的可能，将任珍置之死地。府中婢女，为何这样做？难道她也是“家属淫乱”的参与者，任珍擅杀案的脱网者，要为被妄杀的同道复仇？或者是她受过任家妻妾或通奸者的恩惠，要为恩人出头，对已被处罚的家主落井下石？或者是当清廷对前明降将严重设防，仅凭一种逝去的声音可定罪？

定罪当有证据。

顺治如果想将任珍处死，完全没有必要大费周折地弄进朝堂提议。满臣看不起汉人降将，但汉臣不能有效反驳，还为顺治表演了一场拉帮结派、欺君妄为、文过饰非的闹剧。

顺治命大学士范文程、洪承畴、额色黑召集陈名夏等二十八人于午门训话，说：你们的获罪，都是自陷其身、朦混议事，不与满官和衷共济，“满洲官议内无一汉官，汉官议内无一满洲官，此皆尔等心志未协之故也！”

内三院、九卿满汉官员、六科十四道、翰林七品以上、六部郎中奉旨齐集午门外，马上议罪，讨论的结果是将陈名夏、陈之遴和金之俊处死，其他一干人等定为流徙、革职、免职和降调。

讨论的结果报上去后，顺治又是朱笔一挥：陈名夏等深负朕恩，本当论死，姑从宽处理，只削去官衔二级，罚俸一年。纷争的朝堂，迷乱的君臣，陈名夏又逃过了一劫，只被罢免了吏部尚书的代职，但保留了他的内阁辅臣。

顺治帝痛心陈名夏的胶柱鼓瑟，恼怒他的首鼠两端，怜惜他的德薄才厚，于是还借着任珍投清的带头大哥、陕西总督孟乔芳之死，警告陈名夏再负皇恩即严惩。

第三次，被大学士宁完我、刘正宗联手致命一击。

陈名夏是当时清廷中南方籍汉官集群的盟主，与汉军旗官宁完我为首的“辽东旧人”和北方籍汉官刘正宗为首的“北人”集团，倾轧不止，缠斗不休。

同样，历史也并没有因为顺治钟爱陈名夏，就却销蚀他曾与多尔衮、谭泰穿一条裤子的往事。

《清史列传·陈名夏传》云：“初，睿亲王多尔衮专擅威福，尚书公刚愎揽权，名夏既掌铨衡，徇私植党，揣摩执政意指，越格滥用匪人，以迎合固宠。”

多尔衮死了，谭泰死了，但是他们的政敌把明枪暗箭瞄准了陈名夏。

顺治十一年三月初一日，太宗亲信旧臣、国史院大学士兼议政大臣宁完我，疏劾陈名夏结党怀奸，涂抹票拟稿簿，私自涂抹一百十四字，删改谕旨，庇护同党，纵子为害乡里，凡七事。

他不但擅改重要文件中的措辞，书红时删掉他不满的文字，还利用掌选翰林院词臣之便结纳私党。

宁完我还说，陈名夏曾对他说“要天下太平，只依我一两事”，“留头发，复衣冠，天下即太平……是第一要紧事”(《清世祖实录》卷八十二)。

第二天中午，顺治帝亲自讯问，侍臣当众宣读宁完我的劾奏，不等侍臣读毕，名夏极力辩白。

顺治大怒：你即使要辩解，为何不等宣读完毕？

于是，命陈名夏跪着与宁完我对质。顺治帝命廷臣审查陈名夏，陈氏说宁完我诬告他不少罪行，但承认是说了留发复衣冠之事。

其他诸事再大，不过奸臣之举，是内部矛盾。而想要一改清朝既定的剃发国策，恢复明朝的长发衣帽，便是逆臣的包藏祸心，光凭这一条，就足以抄家灭族。

顺治盛怒未息之际，宁完我和内翰林弘文院大学士兼吏部尚书刘正宗联袂的弹劾报告，被送到了顺治的桌上。

他们共证陈名夏揽权、市恩、欺罔诸罪。

顺治决定不再保陈，陈名夏表面上很固执己见、很食古不化、很胶柱鼓瑟，实际上尽最大可能躲在皇帝的钟爱下大肆攫取利益。

顺治年轻，最恨大臣狐假虎威欺骗他，于是命将陈名夏转押吏部。吏部等部门会鞫，认为宁完我劾奏陈氏诸罪成立，报议政诸王贝勒大臣核议，主张将其论斩，籍没家产，妻子流放盛京为奴。报告提交内廷，顺治还是决定，将陈名夏砍头改为绞刑，算作一种从宽。

陈名夏是否算得上一代名臣不好说，但他是一个著名的贰臣。

他在历史上，服务过崇祯帝，跪拜过李自成，最后匍匐在多尔衮和顺治帝的脚下，官越做越大，秩越来越高，但他究竟做过哪些政绩，是乏善可陈，还是罪行遮掩，那只有历史知道。

但从他为了利益，心甘情愿地跪拜这个主子，劝进那个主子，甚至廉不知耻地把自亏投降当作一份荣耀，到头来还是在权力场上恶名昭彰。即便年轻的顺治帝再爱他的学问，那也是一条滑溜溜的鲇鱼，迟早少不了挨上那毙命的一刀。

4

至于顺治十一年（1654）三月，陈名夏因见顺治帝将前明朝服，从内廷带入内院，狂喜过后，认为满洲皇帝有意恢复汉人习俗，于是倡言“留发复衣冠，天下即太平”。

说者太欢心，听者别有心。陈名夏在朝的头号政敌、内国史院大学士宁完我套话，借机给他上了一章《劾大学士陈名夏结党怀私情事叵测疏》：

“陈名夏屡蒙皇上赦宥擢用，眷顾优隆，即宜洗心易行，效忠于我朝。孰意性生奸回，习成矫诈，痛恨我朝剃发，鄙陋我国衣冠。蛊惑故绅，号召南党，布假局以行私，藏祸心而倡乱，何以明其然也。”（《清世祖实录》卷八十二）

宁完我称，陈名夏跟他说：如果要想天下太平，只须依他一两事，立就太平。

宁氏谦说不解，愿闻其详，只见“名夏推帽摩其首云：只须留头发、复衣冠，天下即太平矣”。

宁完我把自己扮成正臣模样，称治平天下，关键在于法度严明，官吏廉洁，乡绅爱人，兵马众强，只有如此，才能使民心皆悦服，天下致太平。天下太平，与剃发无关，崇祯不剃发不也亡了国。

陈名夏冥顽不灵，继续说“只留头发复衣冠是第一要紧事”（《清世祖实录》卷八十二）。宁完我大肆渲染，大唱赞歌为铺垫：“我国臣民之众，不敌明朝十分之一，而能统一天下者，以衣服便于骑射，士马精强故也”，直指陈名夏“欲宽衣博带、变清为明，是计弱我国也”。

宁完我揭发陈同事十二宗罪，各有说辞。

唯有“留发复衣冠”，陈大学士供认不讳。

满洲统治者入关伊始，强行推行剃发、易服等恶政，执行民族征服和歧视政策，遭到了汉人大范围的抗死抵制。

当时在北京的张怡，曾在《謏闻续笔》卷一中记载：“剃发令下，有言其不便者曰：‘南人剃发，不得归。远近闻风惊畏，非一统之策也。’九王曰：‘何言一统？但得寸则寸，得尺则尺耳。’”

“九王”即代行皇权、统兵入关的摄政睿亲王多尔衮。

这“有言不便者”，是不是力劝多尔衮取代顺治帝的陈名夏？史料不载，且不好说。但有一点，多尔衮进驻紫禁城时，京师民众传闻他们不久东迁。因为他们此时并无明确的一统天下的计划，还不知道怎么经略广大的关内和繁多的汉人，弄得多尔衮赶紧发布定鼎中原的安民告示。

多尔衮已死，顺治帝亲政。顺治帝虽然在政治上对曾经威福自专的摄政王，做了褫夺追尊、平毁墓葬的彻底清算，但仍继承了他摄政期间制定的大政方略，积极改善满汉关系，缓和满汉矛盾。年轻的顺治帝，表现出对汉俗、汉文化有着浓厚的兴趣，躲在深宫，穿戴前明的龙袍和皇冠，还说比满人的漂亮。

没有不透风的墙。顺治的皇宫，皆是前明留下的太监。

沾沾自喜的陈名夏，似乎再次看到了希望。

难道陈名夏是偷生图报，志在复明而努力？

但是，他却为一个缺乏原则、丧失气节的三姓家奴，或曰四姓家奴（除了前明和李闯王，他还在多尔衮与顺治帝之间恃强凌弱）。即便他的“留发复衣冠”方略，是为了帮助青年天子顺治帝集中和强化皇权，然其却深知此时的顺治帝推行改制，已同以孝庄太后为首的满洲贵族保守势力发生了激烈的冲突和尖锐的矛盾。

顺治帝在权力顶层，支持者并不多。汉大学士虽有不少，但在满洲权贵的压制下，也只能噤若寒蝉。尤其是顺治帝决绝废后，已经将太祖、太宗朝制定践行，孝庄、王公极力维护的满蒙政治联姻关系推至破裂的境地。而此时陈名夏鼓吹“留发复衣冠”论，只能彻底激化对汉文化格格不入的孝庄领导的老一辈满洲贵族集团，更加猛烈地围攻顺治帝。

来自蒙古草原的孝庄太后，爱上了满洲习俗旧制，而“甚厌汉语，或有儿孙习汉俗者，则以为汉俗盛而胡运衰，辄加禁抑”（吴晗《朝鲜李朝实录中的中国史料》下编卷二）。陈名夏此为，无疑是促使顺治帝触犯孝庄太后的底线。

皇太后与两黄旗勋旧大臣的强大阻力，是顺治帝无法抵御的。陈名夏明明知道他们之间，因为政见分歧，已导致顺治帝失望、痛苦地哀悼前明亡国之君崇祯帝，然而他却推出“留发复衣冠”的建议，招不来已有烈烈仇满情绪的广大汉人的支持，而导致满洲贵族保守集团对顺治帝发起更严厉的反扑和围猎。

他在为汉人情感争取减负的空间，却在为满洲权斗添加速燃的油料。

顺治帝将其绞杀。

而其不得善终，真是志在复明吗？我看未必！

他向顺治帝倡言留发复衣冠，如十一年前劝多尔衮自立正大位，如出一辙，激起内乱，遑论太平。

顺治帝虽然有志进行政治改良，但支持者少，满洲亲贵中唯有堂兄安亲王岳乐是他的心腹重臣，汉大学士虽多，皆为附和画诺、噤若寒蝉，除了为内院出谋划策外，缺乏行之有效的执行力度。在顺治帝势单力薄的情势下，陈名夏意图推行复兴汉俗计划，只会挑起满洲统治集团更无情的杀戮。

更何况，他的反复，决定他是一个典型的政治投机主义者，身上早没了儒家誓死不屈的道德英雄主义色彩。

多铎嗜杀又好色，给摄政哥忙拆台

1

说来也怪，《清史稿·索尼传》写“诸王大臣列坐东西庑，索尼及巴图鲁鳌拜首言立皇子，睿亲王令暂退”，继续写道：“英亲王阿济格、豫亲王多铎劝睿亲王即帝位，睿亲王犹豫未允，豫亲王曰：‘若不允，当立我。我名在太祖遗诏。’睿亲王曰：‘肃亲王亦有名，不独王也。’豫亲王又曰：‘不立我，论长当立礼亲王。’礼亲王曰：‘睿亲王若允，我国之福。否则当立皇子。我老矣，能胜此耶？’乃定议奉世祖即位。”

据后面一段文字所描述的，传主索尼并不在场，而在几个当事人的传略中，却未写此事。这段对话发生在崇德八年（1643）九月二十七日，太宗驾崩后的第六天。阿济格、多铎，还是多罗郡王，顺治元年才被摄政王多尔衮假借皇帝的名义，进封和硕亲王（多铎虽在崇德元年被太宗封为和硕豫亲王，但在崇德四年降为多罗贝勒，七年七月晋多罗郡王）。

多铎劝多尔衮即位，或推代善继位，但他真实的意图，未必不是逼多尔衮、代善谦让，抬出太祖遗诏赤裸裸地为自己夺位找依据。多尔衮和代善都不支持他，一个说豪格也名在遗诏而使遗诏失效，一个以多尔衮谦让而转到太宗皇子身上。

这段话，暴露了多铎觊觎帝位的勃勃野心。这也决定了他后来在多尔衮摄政时，与豪格更加亲近，而经常拆胞兄的台。

2

阿济格、多尔衮和多铎同父同母，电视剧中大都安排多尔衮和多铎亲近的场景。不可否认，多尔衮对胞弟比对胞兄要好很多。多铎死后，阿济格希望取代多铎成为叔王，遭到多尔衮斥责一事，就是证明。《清史列传·阿济格传》记载："阿济格自以功多，告多尔衮曰：'辅政德豫亲王征流寇至望都，潜身僻地，破潼关、西安，不歼其众；追腾机思，不取其国。功绩未著，不当优异其子。……'多尔衮斥其妄：'德豫亲王薨不久，何忍出此言？曩者令尔征流寇，德豫亲王征江南，尔逗遛边外。德豫亲王乃破流寇克西安，平定江南、河南、浙江，追腾机思，败喀尔喀二汗兵，功较尔甚多，且原系亲王，尔原为郡王，其一子吾养为子，一子袭王爵，何为优异？……尔安得思越分，自请为叔王？'"

亲弟弟染天花英年早逝不到一年，亲哥哥就迫不及待地攻讦，抢功夺位。足见，在利益面前，是没有多少亲情可言的。多尔衮尽情地拉拢、厚待多铎，多铎又究竟留情多少呢？

多尔衮和多铎丧母时，都未成年，也未立功，这对难兄难弟的感情却素不融洽，这是太祖无心、太宗有意造成的。

多铎是太祖最小的嫡子，备受宠爱，几岁便受封台吉，新年朝贺位排前列。天命七年，太祖颁行八和硕贝勒共治国政制度，军政财刑皆由八人共议裁决。究竟是哪八人，有几个版本，不同就是阿济格、多尔衮有二选一之说，而八岁的多铎都在其中毫无疑问。这养成了多铎恃宠骄纵、我行我素的性格。多尔衮当时并不被太祖和诸人重视，新年朝贺大典未安排他参加。太祖逝前，安排多铎掌最强大的正黄旗，阿济格掌镶黄旗，而多尔衮还不是旗主贝勒。

多尔衮和多铎，都是在太宗时期才累积军功的少壮派，拜将封王。而阿济格是太祖朝过来的战将，太宗的继妃、豪格的母亲乌拉纳喇氏被太祖下令休弃，与阿济格有关，这未必不是后来太宗对他用完就打压的原因之一。天聪二年，阿济格为多铎向舅舅家求亲，遭太宗忌恨，太宗“以擅主弟多铎婚，削爵”（《清史稿·阿济格传》），趁机将阿济格的镶黄旗主旗贝勒给了多尔衮。

虽然多尔衮掌了镶黄旗，太宗并未停止进一步分化他们兄弟的势力。天聪四年、六年，太宗相继囚禁阿敏、莽古尔泰之后，重组八旗（主要是两黄、两白和两蓝六旗），将多尔衮、多铎主旗的两黄旗改名为两白旗，又让他们兄弟对调，让多尔衮掌管原属多铎的正黄旗（正白旗），从而引起了多铎对多尔衮的不满。

3

多尔衮摄政后，对多铎甚是照顾，让他由原来的从征之将，变成了领兵主帅。顺治元年十月，重新晋为和硕豫亲王的多铎，受封定国大将军，统领将士南征，一举摧毁了西安的大顺政权和南京弘光政权。顺治三年五月，多铎为扬威大将军，率兵镇压叛奔喀尔喀的蒙古苏尼特部腾机思、腾机特等，大获全胜。

多尔衮拉拢多铎，也是有原因的。他知道，除了正白旗听命于他，太宗遗留的两黄旗和豪格的正蓝旗则坚决不依附他。代善家族的两红旗与济尔哈朗的镶蓝旗，只忠于大清朝廷。唯有争取多铎的镶白旗，是他能在各个山头制衡中真正的发展之路。

多尔衮除了给多铎更多的成就“开国诸王战功之最”（《清高宗实录》卷一千四十八）的机会，还不断给他加封升爵。顺治二年十月，多铎晋级为和硕德豫亲王。顺治四年七月，多铎进封为辅政叔德豫亲王。多铎成为多尔衮之下，清廷实际上的二号人物。

但是，多铎未必对多尔衮的殷勤，有太多的亲近和感谢。

幼主继位刚两月，多铎便做了一件让摄政的多尔衮感到极为棘手的事情，即多铎谋夺内院大学士范文程之妻。

范文程虽说是汉人，但他是太祖朝过来的三朝元老重臣，尤其在太宗朝，深受倚赖，凡是讨明策略、策反明朝官员、进攻朝鲜、抚定蒙古、国家制度的建设等，他都是核心层的首席智囊。太宗去世，世祖继位，但皇家内部派系斗争并未停止，郡王阿达礼、贝子硕托谋立多尔衮为君，代善、多尔衮告诸王贝勒，遂以扰政乱国的叛逆罪，将阿达礼、硕托处死，籍没其家。范文程原属硕托的镶红旗包衣，被拨入镶黄旗。故主硕托乱国，使范文程险遭不测之祸，紧接着豫郡王多铎欺负范文程，公然霸占范妻。事情很快闹到了多尔衮那里，刚摄政不久的他还得依靠范文程，只好追责多铎，罚银千两，夺去所属十五个牛录。

此事并非野史，《清世祖实录》崇德八年十月戊子条中有记载：“多罗豫郡王多铎，谋夺大学士范文程妻事觉，下诸王贝勒大臣鞫讯。得状，多铎罚银一千两，并夺十五牛录。和硕肃亲王豪格，坐知其事不发，罚银三千两。”

多铎性爱声色不假，却打大清开国宰辅范文程之妻的主意。范文程要年长多铎十八岁，其妻与多铎的年龄差距多大，史书没有记载。而单就范文程对当时处在历史转折中的清廷而言，重要性非几个带兵贝勒王爷所能比，就是多尔衮也要尊重礼遇。

萧一山在《清代通史》中说：“运筹策划，经略四方，管理机要，创制规模者，如范文程、洪承畴、金之俊、冯铨辈，虽以汉人投效，行节有亏，史书所载，黜之贰臣；然经营勤劳，亦不失为开国之良辅。”“福临入关，宣力文臣，必以文程居首，历事四朝，首定大计，诏敕谕檄，皆出其手，经营草昧，弼成丕业，盖亦清之厚幸也！”（萧一山《清代通史》卷上第三篇第十五章）康熙五年八月，范文程病逝，享年七十，康熙帝为他亲撰祭文，立碑纪绩，称文程之策，可抵百万雄兵，并御书祠额曰“元辅高风”。（《清史稿·范文程传》）

就连多铎的父亲太祖也曾告诫诸贝勒：“此名臣后

也，善遇之！”（《清史稿·范文程传》），但是多铎以夺妻来侮辱文臣之首的范文程，归根结底是要给多尔衮摄政难堪。这或许是多铎对当初跪求多尔衮推自己上位不允的报复。

4

多铎对多尔衮的报复，不仅如此。他还同多尔衮最大的政敌豪格甚是亲近，就连谋夺范妻一事，也是最早让豪格知情，甚至暗中参与。只有多铎与豪格关系密切，订立攻守同盟，豪格才会对忠于其父太宗的老臣受辱遇难之事，知情不发。二人还在多尔衮与豪格矛盾激化的情势下，相约外出放鹰，很晚才回。豪格对多铎围猎山林禁地的行为，非但不予制止，反而隐瞒。

多铎争位不得，对自己当初没有支持济尔哈朗谋立豪格的事情，后悔不已：“和硕郑亲王初议立尔为君，因王性柔，力不能胜众。议遂寝。其时我亦曾劝令勿立。由今思之。殆失计矣。今愿出力效死于前。”（《清世祖实录》卷二十四）此话是何洛会构陷豪格说“和硕睿亲王，非有福人，乃有疾人也。其寿几何而能终其事乎，设不克终事”的后续。孰是孰非，诬言难辨，但还是可见多铎同侄儿豪格有同命相怜之感，而对胞兄多尔衮却愤懑不满的蛛丝马迹。

也许正是对多尔衮摄政擅权的不满，多铎在外攻城略地时，也是疯狂杀戮，丝毫不为清朝入关未稳，亟须收服民心考虑。顺治二年四月十五日，多铎率领清军围攻扬州，数次遣人招降南明督师史可法，都遭拒绝。十日后，多铎以红夷大炮轰城，擒获史可法，杀死暴尸，直至腐烂，使江南民众士人更加寒心。

多铎以不听招降为由，下令屠杀扬州百姓，延续十天，死亡八十余万之多，史称“扬州十日”。幸存者王秀楚在《扬州十日记》中描写这一惨况：“火势愈炽，墓木皆焚，光如电灼，声如山摧，悲风怒号，令人生噤，赤日惨淡，为之无光，目前如见无数夜叉鬼母驱杀千百地狱人而驱逐之。惊悸之余，时作昏眩，盖已不知此身之在人世间矣。”

烧杀戮抢，势如地狱。屠城兵祸，罄竹难书。

《清初内国史院满文档案译编》中册也有记载：顺治二年十一月十五日，多铎将扬州大屠杀中掠夺的“才貌超群汉女人一百零三”，奉献给清朝最高统治者：顺治帝获十名，摄政王多尔衮获三名，辅政郑亲王济尔哈朗三名，肃亲王豪格等各二名，英郡王阿济格等各一名。

多铎嗜杀好色，在虞山强娶富商黄亮功三十五岁的遗孀刘氏为妾。同时下令，告诫南明官民，若抗拒不降，扬州屠城便是前车之鉴。

多尔衮霸凌，孝庄默认顺治拉清单

1

崇德八年（1643）八月初九日，五十二岁的大清皇帝皇太极猝死于盛京后宫。

猝然长逝，皇太极又像先汗努尔哈赤死后一样，没有指定帝位继承者。他曾属意关雎宫宸妃所生的皇八子，但因幼儿早夭而立储计划落空。他的皇长子豪格，以赫赫军功受封和硕肃亲王，一度出任户部主管王爷，但其母不在崇德五妃之列，豪格只是一个庶子，皇太极对他有父子之情却无传国之意。

这给了坐拥重兵且总管六部的睿亲王多尔衮最大的机会。

多尔衮是皇十四弟、正白旗旗主王爷，又得胞弟、统率镶白旗的豫亲王多铎等人的支持，于是与皇长子豪格，成了主要的竞争对手。

二者势均力敌，多尔衮自然不想帝位旁落他人。而豪格的背后，还有原由皇太极亲率的两黄旗的支持，同时代善家族的两红旗也不支持多尔衮，而济尔哈朗支持豪格。多尔衮只有他的兄弟阿济格、多铎表面支持，多铎的心里也打着夺位的小算盘。

由于两黄旗的大将集团誓死拥立豪格，让多尔衮不得不顾忌，只好做出让步，因而决意迫使豪格一同退出，正好与两黄旗大臣力保皇子继位的用意吻合。

永福宫庄妃（后来的孝庄太后），在姑姑清宁宫皇后的支持下，成功地利用各旗旗属利害关系联合两黄旗大臣，使自己六岁儿子的福临，成了两虎相争的幸运者。

多尔衮接受了政治交易，成了被作为豪格阵营代言人的郑亲王济尔哈朗制衡的摄政王。此后，多尔衮功劳越来越多，率军入关，定鼎中原，将济尔哈朗挤出了权力中心，最终由皇叔父摄政王变成了皇父摄政王。

多尔衮权势煊赫，成为操控真皇帝顺治的假皇帝。他有称帝的野心，但不敢妄动。

两黄旗虽屡遭多尔衮打击，但他们的整体实力不在多尔衮之下。加之多尔衮的嚣张，采取不断晋封的手段凌驾于诸王之上，强大自将正白旗而削弱其他旗，让其他各旗主王爷很是不满。更何况，孝庄与两黄旗大臣结为了稳固的政治盟友，并得到了皇太极生前重用的汉臣如范文程、洪承畴等的支持，有效地与多尔衮进行坚忍的对抗。

原来支持多尔衮的多铎，因多尔衮不支持他继位，而不时对哥哥摄政拆台。多尔衮曾有意扶持多铎，命其统兵南征，但多铎孔武滥杀，与多尔衮缓和满汉矛盾的大政方略严重冲突。多尔衮只好中途召回多铎，改授洪承畴作为经略大学士，招抚南方，总督军务。后来，多尔衮封多铎为辅政叔王，给予高出其他亲王一等的政治殊荣，但是，自己又逼封皇父摄政王，再次压了多铎一筹。多铎未必心甘情愿，不久，患天花早逝。

清廷入主中原后，积极邀请贯彻儒家政治理想的汉人士子和前明官员，进行政治合作。如果他突然篡位，必然会引起儒家道统人士及中原民众非议和反抗。明朝降臣陈名夏在紫禁城初见多尔衮，便力劝多尔衮自立正位，被多尔衮以“本朝自有家法，非尔所知也”（《清史稿·陈名夏传》）为理由谢绝。

满人初入中原，以少数民族统治主体民族汉人，强制推行剃发、易服、圈地、投充、逃人等恶政，激化矛盾。倘其篡位，即继位不正，改变了帝位继承的合法性和合理性，只会更加激化民族征服和民族矛盾的诸多问题。

多尔衮摄政期间，虽然派出多路大将追击李自成的大顺军、张献忠的大西军，以及前明宗室建立的南明政权，但在李自成、张献忠死后，大顺军、大西军余部打出联明抗清的旗号，让本部人马不过二十万的多尔衮不得不要稳定内部，为满人入主中原的大局着想。

2

统兵入关的多尔衮并没有正大位，而是迎驾入关，让冲龄践祚的顺治帝重新登基，感受紫禁城里的宏大气魄。

按理，顺治帝应该感激多尔衮。如果皇太极去世后，多尔衮不计后果地争夺帝位，或在坐稳摄政王位子后自立，那么冲龄践祚的顺治帝都难逃厄运。多尔衮统兵入关，让顺治帝拥有了扩大十多倍疆域的天下。

一百多年后，自负的乾隆帝还是说：“睿亲王多尔衮，扫荡贼氛，肃清宫禁。分遣诸王，追歼流寇，抚定疆陲。创制规模，皆所经画。寻奉世祖入都成一统之业，功劳最著。”（《清高宗实录》卷一千四十八，乾隆四十三年正月辛未）

这是乾隆帝要推翻顺治钦定的铁案时的说辞。他强调多尔衮兵权在握时，足以萌生异志，但是，多尔衮没有。但是，他又指出多尔衮“摄政有年，威福自专”(《清高宗实录》卷九百二十六，乾隆三十八年二月壬戌)。

摄政七年的多尔衮，独擅威权，让顺治帝只是名义上的皇帝，纯粹一个摆设。

多尔衮高居摄政王之尊，但还是臣下，但他凌驾于皇帝之上，做了皇叔父摄政王后，逼封皇父摄政王。按关内的称法，多尔衮自许为顺治帝的皇父，即对太上皇改了一个等同的称法。

多尔衮掌控票拟本章大权，规定其命令为令旨，且将玉玺搬入摄政王府，貌似组建了第二朝廷，架空了顺治帝和真正的朝廷。同时多尔衮在仪仗、音乐、侍从和府第规制上一步步接近皇帝的规格。

多尔衮喜好美色，经常出入后宫，胡乱奸淫。民间传闻，太后下嫁多尔衮，给崇尚儒家礼教观念的顺治找了一个后爹。太后下嫁当存疑，但多尔衮侵占了顺治帝的后宫，必然让顺治很是不满。

多尔衮称皇太极即位不合法，那么作为皇太极之子继立更是不合法理。顺治帝更担心此条，一旦形成了大影响，不免会被多尔衮夺取皇位。

至于多尔衮将济尔哈朗排挤出局，另封多铎为辅政叔王，构陷肃亲王豪格致死，那都是济尔哈朗帮助顺治帝做足多尔衮的罪证而已。

3

顺治七年十二月，时值壮年的多尔衮突然病逝，举朝震惊。顺治帝下诏，追尊其为成宗义皇帝，奉入太庙配享，但是很快褫夺其母子夫妻所得的一切封典，甚至出现了平毁墓葬的悲剧。

多尔衮被顺治帝秋后算账，定罪除封。那么，传闻孝庄皇太后曾下嫁多尔衮，为何此时不出面调停干预呢？

太后下嫁说，主要是因为远在东南的南明兵部尚书张煌言的一首带有谤词性质的《望夷宫词》所致，加之好色的多尔衮淫秽后宫，强迫顺治尊其为皇父摄政王等，留给民间和后世野史笔记和影视剧做无稽之谈的发酵，编造他们在年轻时代就有着刻骨铭心的情感纠葛。

孝庄是在天命十年二月十三岁时，作为其姑姑哲哲的代孕替补，成为姑父皇太极的小妾的。而在此前不久，十三岁的多尔衮娶了科尔沁的另一个女子，新婚蜜月期，多尔衮乐在其中，自然不会想着另一个陌生的女子。而当孝庄成为他的小嫂子时，他更加不敢叫板四大贝勒的核心人物皇太极。

多尔衮自称皇父摄政王，是在顺治五年末。而顺治六年，其正妃博尔济吉特氏逝世，他还追封其为敬孝忠恭正宫元妃。可见，这个女人是多尔衮的正妻，更可证明孝庄嫁给多尔衮做小，或无名分，是附会的。多尔衮去世后，顺治追尊多尔衮为成宗义皇帝，将其正妃追封为敬孝忠恭义皇后，就是公开显示孝庄不可能是多尔衮的女人。多尔衮在正妃死后，接连娶了几个女人，更不是深爱孝庄的表现。

而在太宗暴卒后，皇家夺位内斗激烈，最有希望的多尔衮让位给不满六周岁的顺治，也是被迫的！

皇太极死前没有指定接班人，位高权重的皇十四弟、睿亲王多尔衮（正白旗旗主）和皇长子、肃亲王豪格（正蓝旗旗主），成了最强劲的皇位竞争者，势均力敌。

虽然豪格的势力和威望稍逊多尔衮，但他作为皇长子，赢得了皇太极生前亲率的两黄旗大臣力挺。多尔衮又屈居下风。

镶蓝旗旗主济尔哈朗支持豪格。两红旗总负责代善倾向豪格。镶白旗旗主多铎先是支持多尔衮，同时与豪格私交甚笃，加之多尔衮不支持他争位而对胞兄心生芥蒂。

多尔衮不敌豪格，又不甘心豪格胜利，于是二人退出，接受两黄旗提出的誓立皇子的条件，改推豪格之外的皇子。皇太极生有十一子，三子幼殇，豪格之外，还有七子。满人虽有幼子守灶旧俗，但诸子因生母尊卑而有嫡庶之分，唯有皇九子、六岁的福临与皇十一子、两岁的博穆博果尔为崇德五妃所生，要比其他五子更有继承的权利。孝庄在中宫皇后哲哲的支持下，联合捍卫自身利益的皇帝亲率的上旗两黄旗势力，并获取曾逼殉多尔衮生母的两红旗共主、和硕礼亲王代善的支持，使福临继承大统，也是大家都愿意接受的。而多尔衮成为摄政王，无疑又占了权力优势。

多尔衮强娶侄媳，戳穿孝庄下嫁说

1

天聪三年，清太宗皇太极颁发禁令，永行禁止娶继母、伯母、婶母、弟侄媳为妻。皇太极为加速女真社会发展进程，学习和吸收儒家礼教观念，移风易俗，以禁绝收继婚俗的法令，来改革女真族的原始陋习："嫁娶则不择族类，父死而子妻其母。"（李民寏《建州见闻录》）

李民寏，作为朝鲜元帅姜弘立的幕僚，于天命四年随姜弘立助战明军发动萨尔浒之战，兵败被俘，在后金囚禁了一年，归国后将在后金的所见所闻写成了《建州见闻录》。他所言女真族内嫁娶非虚，后金大汗努尔哈赤曾扬言，其百年之后，年轻的大妃则由其指定继承人、大贝勒代善继承。

皇太极明令改变天命朝乱象："凡娶继母、伯母、弟妇、侄妇，永行禁止……同族嫁娶，男女以奸论。"（朱璘《明纪辑略》卷十四）

此后，皇太极多次申明谕令，禁止同族嫁娶违者，以奸论罪，甚至学习《明律》中的规定："若收父祖妾及伯叔母者，各斩。若兄亡收嫂，弟亡收弟妇者，各绞”，定罪量刑。

虽然他的如崇德五妃中，关雎宫宸妃、麟趾宫贵妃、衍庆宫淑妃，原为敌国孀妇，却被尊崇有加；虽然他可以把妃嫔如东宫福晋博尔济吉特氏、侧福晋叶赫那拉氏，送给大臣以示宠信……但他不愿意在他死后，兄弟儿子们侵占他留下的女人。

2

让皇太极始料未及的是，在他死后不久，他留下的八旗军从龙入关，问鼎中原，新添的敌国南明则流传着一首诗。

“上寿觞为合卺尊，慈宁宫里烂盈门。春宫昨进新仪注，大礼恭逢太后婚。”（张煌言《建夷宫词》）

说的就是，皇太极的永福宫庄妃，即后来的孝庄太后，为了保住儿子顺治的帝位，下嫁皇太极生前非常倚信的皇十四弟、摄政睿亲王多尔衮。多尔衮收嫂不打紧，还公开宣称自己是皇父摄政王。

孝庄太后下嫁多尔衮之说，各有争论。抗清名臣张煌言一组《建夷宫词》，不过是反清的宣传书，多有毁损之意，不足为信。

但是，多尔衮侵占皇太极留下的女人，清宫史料并未避讳。多尔衮可以随便出入皇宫内院，随意闯入皇帝的私地，虽不见得是与孝庄私会，但与宫女也多有关系。

皇太极的禁令，到了多尔衮这里是无效的。多尔衮不但创造了“二帝”（孟森《明清史论著集刊》下册）局面，且成了凌驾于真皇帝之上的第一皇帝。

代行皇权，我行我素，多尔衮公然践踏皇太极严禁族内婚的命令。

顺治八年二月，公示多尔衮罪状中，有一条：“构陷威逼，使肃亲王不得其死，遂纳其妃。”（《清世祖实录》卷五十三）

肃亲王即皇太极的皇长子豪格。皇太极死后，豪格成了多尔衮夺位的主要对手与最大阻力。孝庄太后利用多尔衮与豪格的争衡，联合两黄旗大臣与后宫蒙古势力，推出自己的儿子福临，使多尔衮与豪格都不得继立。

混乱的朝局，离不开多尔衮这样的治政大才。多尔衮成了摄政王，郑亲王济尔哈朗作为豪格的代言人出任辅政叔王。济尔哈朗一度退让，使多尔衮统兵入关后，进一步权倾朝野。

大位旁落一个六龄童，多尔衮是怀恨在心的。虽然他在初进紫禁城，谢绝了降臣陈名夏关于自立上位的建议，说“本朝自有家法，非尔所知也”（《清史稿·陈名夏传》），但他把仇恨的怒火，疯狂地烧向亲侄儿豪格。

他先是命豪格为靖远大将军，统兵西征张献忠。此前，多尔衮的心腹、正黄旗固山额真何洛会为定西大将军，征讨张献忠，不敌而返。多尔衮以张献忠为一根难啃的硬骨头，激发征剿李自成有功的豪格领命。多尔衮想借机置之死地，殊不料，豪格很快大破大西军，射杀张献忠，拔寨一百三十余座，斩首数万级。

豪格大获全胜，功劳不输多尔衮。

顺治帝将论功行赏，而多尔衮加紧为之罗织罪名，称他隐瞒部将冒功、起用罪人之弟等问题，将豪格下狱，百般侵害。

豪格下狱，不到二月，被幽禁致死。

3

豪格去世一年后，多尔衮的元妃病逝。多尔衮很快将白幡改红绸，在摄政王府张灯结彩，迎娶新福晋。

这个继福晋，就是豪格的侧福晋。

多尔衮大张旗鼓地迎娶了侄媳妇。

张煌言《建夷宫词》中，有一首云：“掖庭又说册阏氏，妙选孀闺足母仪。椒寝梦回云雨散，错将虾子作龙儿。”

据“虾子”的字面解释，不当指顺治帝。顺治帝为皇太极之子，先天即为“龙儿”。唯有多尔衮逼死豪格后，强纳其侧福晋，得了一个“遗腹子”。

遗腹子是说不过去的。豪格被囚禁致死，时为顺治五年四月。而多尔衮纳豪格寡妻在顺治七年初，前后相距二十多个月。这个所谓虾子，则是多尔衮在豪格死后，就与侄媳妇有了关系，导致其珠胎暗结。

多尔衮妻妾成群，唯有一女东莪，还从其胞弟多铎那里抱养第五子多尔博作为嗣子。元妃于顺治六年十二月刚世，多尔衮就在第二年正月纳侄媳妇为妃，急不可待。只有此女已怀孕待产，才解释得过去。

对于这个孩子，《清世祖实录》卷五十二有记载：顺治八年正月甲寅，群议英亲王阿济格篡权乱政罪行时，正白、正蓝二旗大臣声明，自己不受阿济格胁迫，而是“夫摄政王拥立之君，今固在也。我等当抱王幼子，依皇上为生”（《清世祖实录》卷五十二）。“抱王幼子”的所谓幼子，当不是生于崇德八年正月、已有九岁的嗣子多尔博，而是豪格侧福晋为多尔衮所诞下的新生儿。后因为多尔衮被追责清算，此子及其母不得所终。

多尔衮不但娶了侄媳妇，还与之生育一子。

值得注意的是，多尔衮元妃去世，被追封为敬孝忠恭正宫元妃。继而很快又大张旗鼓地迎娶了继福晋。可以证明，多尔衮并没有娶孝庄太后，更不会大摆筵席、昭告天下。否则，孝庄只能以圣母皇太后的至尊，给一个还是大臣身份的皇父摄政王做小妾。

更有甚者，多尔衮娶了侄媳妇，得了一儿子，还不甘心，很快命人至朝鲜选美。顺治七年，朝鲜孝宗以宗室女为国王义女，封为义顺公主，嫁给多尔衮。时多尔衮正在连山围猎，听说朝鲜美人送来，当即迎上去，见面后没有任何仪式，就在是夜同房。

不久，朝鲜方面护送人员回国后报告：大清国摄政王初见公主，颇有喜色，非常满意，待臣等亦厚。等到还至京师后，又以公主之不美、侍女之丑陋，大发雷霆，说我们无诚意。

是时，多尔衮刚娶了豪格寡妻不久，又纳了新美人，还是想着再次择新，又怎会像现代影视剧所渲染的多尔衮与孝庄青梅竹马、情有独钟呢？

顺治想对多尔衮网开一面竟未成功

1

顺治五年十月，皇叔父摄政王多尔衮进位为皇父摄政王。

“皇父”，顾名思义，即皇帝之父，但归根结底还是“摄政王”，只是在接受朝贺时，享受皇帝的尊荣，而不是真正的皇帝。

虽然这给人的感觉是“二帝”局面，但君臣帝王还是有不同的。

多尔衮称皇父摄政王，这是顺治帝允许并昭告天下的，然而他在仪仗、音乐、侍卫、府第上形同皇帝，后来并定罪为“僭拟至尊”（《清世祖实录》卷五十三）。他死后，被揭发私藏了专属皇帝的八补黄袍、大东珠、素珠、黑狐褂，也就说明他与皇帝的仪注、衣装，还是有严格的区别的。

天有二日，却非国有二帝。

皇父摄政王，是为了表彰多尔衮治安天下，统一中原，厥功至伟，而给的最高级别的爵位，他的正妻仍为王妃，他的继承者仍是世子。

此前，多尔衮为皇叔父摄政王，虽然因为“皇叔父”三字，比诸和硕亲王高了一个档次。但是顺治朝曾封过两位辅政叔王，即郑亲王济尔哈朗和豫亲王多铎。济尔哈朗与多铎的叔王，虽无前置“皇”字，但与多尔衮的皇叔父摄政王，都是一个性质，即皇帝和群臣的皇叔亲王。

为了崇隆多尔衮的功劳，体现他的独一无二，于是乎，想到了去“叔”，留下“皇父”二字。皇父，未必是皇帝的亲爹，也不是臣下的亲爸。雍正朝，废太子允礽之子弘皙，被封为理郡王、理亲王后，也曾称雍正为皇父。

皇父以示尊崇，以示亲切，但不绝对是皇帝。

直至顺治八年正月，顺治帝追尊英年早逝的多尔衮，为成宗义皇帝，升祔太庙，貌似做了一回皇帝。但这是追尊，是荣誉，也算不了真正的皇帝。

2

顺治七年十一月，摄政睿亲王多尔衮出猎古北口外，坠马跌伤，于第二月初九日病逝，年三十九岁。

顺治下诏，追尊多尔衮为懋德修道广业定功安民立政诚敬义皇帝，庙号成宗，追尊为成宗义皇帝，丧礼依帝礼。尊多尔衮正宫元妃博尔济吉特氏为义皇后，祔享太庙。

多尔衮无子（传闻中豪格的侧福晋嫁给多尔衮后，曾生一子，但不知所踪），以豫亲王子多尔博为嗣。顺治帝下诏，命多尔博袭睿亲王爵，俸禄是其他诸王的三倍。

顺治帝貌似要继续尊崇多尔衮世系，使其继承者子凭父贵，向多尔衮的支持者释放出恩宠不改的信息。但是，当多尔衮的死讯传至京师，顺治帝立马行动，命大学士刚林到睿王府将所有信符都收回内库，且命吏部侍郎索洪等将多尔衮生前掌管的赏功册收进大内。

待胜券在握时，顺治帝立即宣布多尔衮罪状，追夺其及其母、其妻一切封典，平毁墓葬。

多尔衮死后遭二月荣辱巨变，是有原因的。

一是多尔衮以摄政睿亲王之尊，领军入关，此后擅权自专，将玉玺搬回王府，把自家当作朝廷，长期压制日渐成熟也极具权力欲望的顺治帝。

二是多尔衮成为皇叔父摄政王后，又逼封皇父摄政王，按中原主体民族汉人的理解，他就是皇帝的父亲，故而南方反清势力纷传太后下嫁的诽谤诗和谣言。充分吸收儒家礼教观念的顺治帝，不甘受尽侮辱，而且给天下臣民传递了皇父摄政、皇帝无权的共识!

三是多尔衮谣传先帝皇太极的即位为夺立，言下之意，皇太极父子相继即皇帝位，缺乏合法性和合理性。顺治帝自然不甘心天下人嘲笑他们父子的皇位来路不正。

四是多尔衮不满足自己府上的妻妾成群，还经常跑到紫禁城淫秽后宫，完全没把顺治当皇帝。

五是顺治即位之初，以睿亲王多尔衮和郑亲王济尔哈朗同时辅政，结果多尔衮独专威权，借整治肃亲王豪格的机会打击济尔哈朗，将其排挤出朝廷权力核心，而任命胞弟多铎为辅政叔王，让一直隐忍而不无大局观的济尔哈朗怀恨在心，最后极力怂恿顺治帝反戈一击。

六是多尔衮借着摄政王之尊，封赏亲王，任用官员，却在政治待遇上大打折扣，招致不少皇族亲贵和朝中大臣的不满。顺治帝授意给多尔衮罗列罪名，济尔哈朗主导，巽亲王满达海、端重亲王博洛和敬谨亲王尼堪等积极参与。

至于多尔衮生前心腹苏克萨哈、詹岱等举报多尔衮私制八补黄袍，私藏御用物品，那都是治罪的幌子。从苏克萨哈再次受重视的情势来看，他已然投靠了顺治帝。

3

烜赫一时且为清军入关首功的多尔衮，死后落了个平毁墓葬的下场。

传教士卫匡国说，顺治帝命人将多尔衮的尸体从坟墓中拖出，用棍子打，用鞭子抽，最后砍了脑袋，暴尸示众。这不符合当时的清制。在康熙前，满洲统治者死后，采取火化，仅留下一个骨灰罐，哪还有什么尸体。这是满洲旧俗，皇太极葬昭陵，顺治帝葬孝陵，都是后继之君在宝宫前行礼，自然不会让死在中间的多尔衮搞破坏祖制的特殊。

卫匡国是根据民间传闻开棺鞭尸，来想象多尔衮死后所受到的最严厉惩罚。

因为他认为，顺治帝“发现自己的叔叔活着的时候怀着邪恶的企图，进行暧昧的罪恶活动，他十分恼怒，命令毁掉阿玛王华丽的陵墓，掘出尸体”（卫匡国《鞑靼战纪》)。

顺治帝不但将多尔衮的牌位从太庙迁出，褫夺荣耀，平毁墓葬，而且将其罢黜宗籍，命嗣子多尔博归宗多铎世系，交付多铎次子多尼看管。

也就是说，顺治帝秋后算账，不再承认多尔衮的皇族身份，而且使他绝嗣。这招挺狠毒的！

他这样做，得到了多尔衮曾压制的皇族成员与两黄旗大臣的支持，但并不能服众。顺治帝也意识到了这一点。

所以，顺治十年三月，上谕工部：“睿王坟园，因伊罪恶，竟行废坏，似属不忍。其房屋门墙，俱著修理，柱用黑色。仍命信郡王拨人看守。”（《清世祖实录》卷七十三）

信郡王即多尼，顺治六年袭豫亲王爵，八年改封信亲王，九年降为信郡王。顺治选择多尼作为多尔衮墓地负责人，自是有心责成他认真看管，不容他人再次毁坏。

两年后，顺治帝命内外大小官员直言时政利弊。

要为多尔衮正名平反，如此之人非彭长庚一人。一等子许尔安也上疏为多尔衮请功辩诬。

然而顺治帝并没有雷霆震怒，而是命议政王、贝勒、大臣，“会同斟酌密议具奏”（《清世祖实录》卷八十八）。

结果，济尔哈朗组织力量反驳，将彭长庚、许尔安议罪论死，流放宁古塔充军。

顺治不好再说什么。

若非济尔哈朗强势拦截，或许为多尔衮平反，不会拖到一百年后的乾隆四十三年，才以最高指示为多尔衮翻案：“睿亲王多尔衮当开国时，首先统众入关，扫荡贼氛，肃清宫禁，分遣诸王追歼流寇，抚定疆陲，一切创制规模，皆所经画。寻即奉迎世祖车驾入都，定国开基，以成一统之业，厥功最著。”（《清高宗实录》卷一千四十八）

乾隆说，大清定鼎中原，多尔衮功劳最大。

而其所谓罪行，是因为其“摄政有年，威福不无专擅，诸王大臣未免畏而忌之，遂致殁后为苏克萨哈等所构，授款于其属人首告，诬以谋逆”。乾隆不说济尔哈朗的忌恨与报复，但强调“诸王”中有反击死了的多尔衮，顺治亲政后的宠臣、康熙亲政前的辅臣苏克萨哈，则是诬告构陷开国元勋的最坏元凶。

这与康熙扳倒擅权的鳌拜后，又对其复爵平反，但对鳌拜灭门的苏克萨哈案几乎不正名，是有很大联系的。

强化满汉一体，顺治背叛祖制吗？

1

顺治十八年正月初七日夜子时，年仅二十四岁的顺治帝，在紫禁城养心殿驾崩。

这无疑是英年早逝。短命的顺治，毕竟未将多尔衮留下的大业进行到底。但是，顾命辅政的四大臣，为顺治帝拟定了一份所谓顺治遗诏，实为顺治罪已诏，历数其亲政十年的十四款罪状。

罪状的核心内容是：崇汉抑满，背叛祖制。

《清世祖实录》记载了这份遗诏，开宗明义："朕以凉德承嗣丕基，十八年于兹矣。自亲政以来，纪纲法度，用人行政，不能仰法太祖太宗谟烈，因循悠乎，苟安目前，且渐习汉俗，于淳朴旧制日有更张，以致国治未臻，民生未遂。"（《清世祖实录》卷一百四十四）

渐习汉俗、更张旧制，为这篇罪已诏定了政治基调。

极力推进国家统一、社会繁荣和融合满汉关系的顺治帝，却成了一个悖逆祖制、渐染汉俗的满洲"叛徒"。

全文严厉谴责顺治崇汉抑满的严重政治问题，几乎全盘否定了他一生所有的功绩和亮点。

2

此诏，在正史记载，为顺治帝在驾崩的前夜，召集礼部侍郎兼翰林院掌院学士王熙和原内阁学士麻勒吉入养心殿，口授而成。条理清晰，措辞严厉，却让人怀疑，四天前发病、病势迅猛且即将驾崩的顺治帝，怎么突然泉思涌动、严厉自损？

这为民间传闻他没病逝而是出家，提供了一条重要依据。

顺治是否出家，那是皇帝的传说。

然从遗诏内容所指情况来看，极有可能为四辅臣拟定，由孝庄皇太后裁定，而颁示天下。或者说，是孝庄的意思，以此获取四辅臣为首的满洲势力的继续支持。

孝庄之所以如此无情，不为早逝独子讳，也是因为顺治亲政十年，将她伤得太深：

一是孝庄极力维系满蒙贵族联姻制度，而顺治长期冷落来自科尔沁的后妃，两个正式的皇后，一个被废，一个险些被废。顺治帝丝毫不给母家情面，甚至对亲娘舅兼岳父吴克善很不友善，抓住机会就贬斥，使太祖开始、太宗巩固与孝庄孝端极力维护的满蒙联姻关系濒临破裂。

二是孝庄推崇满蒙旧俗，而顺治积极学习和引进汉文化，让以孝庄为首、包括辅政叔王济尔哈朗及两黄旗大臣在内的满洲老一辈贵族格格不入。在长期宫斗中成熟起来的孝庄，已然成为一位女政治家，不免有权力欲望和政治主张。

三是顺治重用汉臣，容许汉官掌印，位居满官之上，同时设立内廷十三衙门，严重侵害了满洲大臣的既得利益。孝庄与两黄旗大臣，早在顺治继立时暗定同盟关系，对于顺治的“背叛”怒不可言。

四是在顺治帝得以即位的过程中，孝庄及时笼络两黄旗大臣，暗结盟友关系。多尔衮死后，顺治帝亲政，两黄旗大臣被召还，重新得到重用：索尼以内大臣兼议政，又兼总管内务府大臣；鳌拜任议政大臣兼领侍卫内大臣，总管侍卫，奉命教习武进士；遏必隆以议政大臣总管銮仪卫事，兼领侍卫内大臣。孝庄与他们，既是盟友，又为主仆，关系自是亲近。即便孝庄退居幕后，也不时通过索尼等，联系和制衡已然亲政的顺治帝。顺治帝为了反制衡两黄旗保守派大臣，试图摆脱孝庄的控制，将多尔衮原率的正白旗提拔为上三旗，并将首告多尔衮“谋逆”获宠的苏克萨哈任命为议政大臣，十三年补授领侍卫内大臣，与索尼、鳌拜等两黄旗大臣同样受到倚重，受到的恩宠有过之而无不及，让后来鳌拜处死苏克萨哈时，还耿耿于怀：世祖驾崩时，“所奉各旨，皆我等共奉者，惟送御讳，止令伊送”（《清圣祖实录》卷二十三）。

顺治帝过分倚重正白旗大臣苏克萨哈，将出身正白旗的大龄女董鄂妃宠冠后宫，引起了鳌拜等两黄旗大臣的强烈不满。

顺治临终之际，与孝庄商定，改变过去由皇室和宗室成员辅政的形式，推出满洲大臣辅臣，索尼、苏克萨哈、遏必隆和鳌拜入列。孝庄提议索尼、遏必隆、鳌拜，也接受了顺治强力推荐的苏克萨哈。

他们安排四辅排名，以文武全才索尼为首辅，将镶黄旗两臣遏必隆和鳌拜排在后面，而以年富力强且也想有所作为的苏克萨哈排在第二，不免是顺治意图苏克萨哈继续制约两黄旗的政治设计。

孝庄作为最后的拍板人，接受了这一提议。毕竟这是独子最后的意见。

顺治十八年正月初七日，王熙在日落时分写完遗诏。虽然后来王熙在《自订年谱》中写道：“凡三次进览，三蒙钦定”（《四库全书存目丛书》集部第二百一十四册），但病入膏肓的顺治帝能在弥留之际如此清醒吗？孝庄虽在慈宁宫，但索尼等四辅臣都在顺治病榻前守护。他们才是决定遗诏内容的清醒者。

3

顺治帝真的背叛祖制了吗？

其父太宗皇太极即位伊始，就宣布“满汉之人，均属一体”（《清太宗实录》卷一），强调在国家法令面前、履行社会义务诸方面，满汉不许存在差异。

他要坚决纠正太祖努尔哈赤对汉人推行的民族压迫和歧视政策，提出了重在安抚汉人的安民政策：“治国之要，莫先安民。我国中汉官汉民从前有私欲潜逃及令奸细往来者，事属以往，虽举首概置不论。嗣后，惟已经在逃而被缉获者论死，其未行者，虽首告亦不论。”（《清太宗实录》卷一）为此，他在历史条件下，有限地放宽了“逃人法”，修订了“离主条例”。

正是因为皇太极倚信汉官，范文程、祖可法、张存仁、李国翰、孔有德、尚可喜等数百名汉官，进入了大清（后金）的行政管理体系，甚至参决国家军政大计。

天聪三年，皇太极设文馆，安排专人研究汉人的政治经验，总结自己的执政得失。

崇德元年，皇太极改汗称帝，改国号为大清。他不满足于割据一方的民族国主，而要成为君临天下的大国天子。他改文馆为内三院，更定内三院官制，在这一皇权决策参谋机构中设置大学士。第一批四名大学士中，就有汉人范文程、鲍承先，出任内秘书院大学士。

皇太极学习汉人中原政治，设内三院、六部和都察院、理藩院二院，合称三院八衙门，分派满、蒙、汉人充任要职，让他们参政理政，开始对太祖后期推行的八和硕贝勒共治国政制进行取代。

他的这种做法，引起了满洲保守势力的强烈不满："昔太祖诛戮汉人，抚养满洲，今汉人有为王者矣，有为昂邦章京矣。至于宗室，今有为官者，有为民者，时势颠倒一止于此。"（《清太宗实录》卷六十五）

皇太极对此毫不理会，仍然坚持下去。

他之所以这样做，除了有一个大国君王的胸怀，且要集中和强化最高权力外，也是迫于即位之初的重重危机。

太祖进入辽沈地区后，暴力推行歧视与奴役的民族政策，将俘获汉人变为后金贵族奴隶，肆意劫掠屠杀，连儒生也不放过。像太宗宠臣范文程、太祖孙婿李永芳，虽是抚顺一役中主动投效太祖的，却并没有得到努尔哈赤的重用，甚至招致猜忌打压与边缘化。

努尔哈赤妄图将女真社会的奴隶制，取代汉人地区成熟的封建社会制度，不惜使用血腥的武力。如天命四年六月，他在攻陷开原后，放任兵士屠杀城中男女老幼十余万众，撤离时毁城焚烧。此后，他率军相继攻占铁岭、沈阳、广宁等地，故技重演，疯狂杀戮，不分军民，尸横遍野，哄抢一空。

他的统治后期，国内汉人反抗不断，加之他不重视经济生产，导致皇太极即位之初爆发了一场大饥荒，出现了人吃人的乱象。

危机频仍，四周强敌环立。皇太极审时度势，及时改变努尔哈赤专重女真的既定政策，探索建立以满洲贵族为核心、与满汉贵族地主联盟的政治体制，将原来单一的满族政权转变为满蒙汉为主体的多民族国家。

为了强化统治，他优礼汉官，制定政策，形成了满洲八旗、蒙古八旗、汉军八旗三大八旗组织，为其死后继承者迅速统兵入关、定鼎中原奠定了坚实的基础。他的皇权继承者顺治帝年幼，代行皇权的多尔衮继承其制，在首崇满洲的前提下，进一步改善满汉关系，缓和满汉民族矛盾。

顺治帝的所谓背叛祖制，实质上还是对皇太极、多尔衮的方政大略的继承。

流亡的南明，打得清朝要划地而治

1

正朔，依循中国古代的天命理论和大一统思想，即王朝正统之意。

大清王朝入主中原，数十年后，君临天下的皇帝们，还在担忧自己以少数民族成为统治者，不被占绝大多数的汉族人的承认，还多次强调自己的王朝统治，代表着中国的合法性与唯一性。

康熙帝在康熙五十六年十一月颁示天下的《面谕》中强调："自古得天下之正莫如我朝。"（《清圣祖实录》卷二百七十五）

康熙在长篇累牍的《面谕》中，傲视前朝，叙说本朝，自白承继祖宗洪业，开疆拓土，朝惕夕励，但纲领全文的，还是高唱他为之骄傲的大清得天下最正。

继立的雍正，虽然在入承大统的问题上，饱受争议，但他在自辩书《大义觉迷录》卷一中郑重指出："本朝之得天下，较之成汤之放桀、周武之伐纣，更为名正而言顺。"乾隆为《世祖章皇帝实录》题序，也是说："自古得天下之正，未之有比也。”

他们之所以如此重视得天下正统，显得极不自信，害怕反清复明、仇清排满的民间，仍然视早已寿终正寝的朱明王朝为王朝正朔。

而早在1644年，崇祯帝在煤山找了一棵歪脖子树上吊了，就已改朝换代。进城的李自成，没有宏观思想，不能及时调整追赃助饷的财赋策略和防患清军的军事部署，很快从紫禁城中仓皇西顾，造成了大顺政权的天命短暂，自我放弃了远大前程。

在甲申巨变中，势力最弱的清王朝，却因为实际统治者、摄政睿亲王多尔衮及时调整策略，先是在入关前寻求联闯攻明，继而打出为明朝复君父仇，迫使偏安江南的前明官员士大夫接受他的联明攻闯计划，最终成就了霸业。

鼓瑟胶柱，只有死路。

借力打力，自成活法。

传国四十年的南明，却在清军的利用、追亡中，无缘于封建正统。

2

有人问，南明为何没被列入正式的朝代？

1644年李自成率军攻占北京，明朝崇祯帝朱由检在煤山自缢，宣示朱明王朝的终结。随后，清军入主中原，问鼎京师，明朝部分遗老大臣和江南藩镇势力拥立福王朱由崧监国于南京，随后即皇帝位，改元弘光。

南明小朝廷开始了。

弘光政权的班底，主要是崇祯帝安排在南京陪都的内阁成员，以及他生前正式任命的江南疆臣。如操纵弘光帝如傀儡的马士英，就是崇祯帝钦定的凤阳总督。马士英联合崇祯安排在江南的四镇刘泽清、刘良佐、高杰、黄得功军力，以及开国军师刘伯温的后代诚意伯刘孔昭，挫败了以南京兵部尚书史可法为首的拥立潞王朱常淓计划，迫使他们接受患有严重人格缺陷的朱由崧成为南明开国之主。

朱由崧在位仅八个月，就被南进的清军俘获。马士英逃走，朱由崧被处死。

南明先后经历了弘光政权（朱由崧）、鲁王监国（朱以海）、隆武政权（朱聿键）、绍武政权（朱聿鐭）、永历政权（朱由榔）和仍奉大明正朔但改为郑成功父子执政的明郑时期。

自1644年始，至1662年永历帝父子在昆明被吴三桂处死，明统结束，1683年清军占领台湾，明朔终止。

南明政权断断续续维持了近四十年，但是，它顶多算是一个割据的流亡政权，而不能算作中华帝制史上正式的朝代。

他们虽然秉持着反清的主题思想，但随着清军的快速南下，很快分崩离析，就连初定的都城不断变换（每个政权都有两个都城）。

这些政权的皇帝、监国等，虽然基本上是明朝宗室或与之有着千丝万缕的联系，但始终不是一脉相承。谁有势力，或得到了明朝遗老豪强的支持，就被拥立为王，甚至只是豪强操纵的傀儡，作为反清名义上的领袖人物。

弘光之后，经常是两个不同的政权为争正统，不能团结，甚至大动干戈，互相攻伐，如鲁王和隆武同在，绍武与永历纷争（鲁王监国延续到永历七年），郑氏政权自立也尊封宁靖王朱术桂作为永历正朔的象征。他们争权夺利，打着反清复明的旗帜玩着过家家的政治游戏。

这些短暂的政权，除了朱以海在永历七年取消监国后病逝，其他所谓的皇帝都是被清军俘虏遇害。

这些政权，基本上是分离的，只因是朱明宗室，而被拼凑为不断流亡的南明。

3

李自成的大顺军余部和张献忠的大西军余部，先后迫于清军的严厉打击，被迫改投到南明抗清的大旗下。

但是，他们打出的旗号是联明抗清，而不是投明抗清。

南明君臣瞧不起这些数量巨大的乌合之众。而这些农民义军的将领，虽然接受了隆武、永历朝廷的封爵和官职，却始终相对地保持着自己的独立性。

大顺军营中，将士们称李自成的遗孀高夫人为太后，具疏称的先帝，是李闯王，而非崇祯帝。

大西军余部，还在孙可望的组织下，修撰大西国史，追尊张献忠为太祖高皇帝，作高祖本纪，将南明尊崇的崇祯帝比作桀纣。

他们只是扶明，而不是投明。

他们只是反清，但不是复明。

南明皇帝，只是联明抗清的共主，而不是义军绝对臣服的皇帝。这也决定了南明内部正统性存在着鲜明的混乱。

永历二年，曾受尽农民军将领郝永忠手下军官侮辱的永历重臣瞿式耜，以文渊阁大学士兼吏、兵两部尚书，在一封家书中谈到大顺军余部时说："以天子之尊而不敢一触其凶威，胁之东则东，胁之西则西。彼时时以甲申燕京之事横在胸中，目中且无共主，又何有于大僚。"（瞿式耜《瞿忠宣公集》卷九）

南明君臣明知，却只能压制怒火，因为他们需要倚仗义军们作为抗清的主力。

永历六年（顺治九年），隶属大西军阵营的李定国，先在广西桂林迫使定南王孔有德自杀，继而在湖南衡州阵斩敬谨亲王尼堪，以两蹶名王的辉煌战绩，弄得清朝的顺治帝意欲划地而治。

但是，此时的永历帝，主动把军政大权悉数交与李定国。因为此前的孙可望无视自己的存在，就连孙可望的心腹范应旭做了安龙知府，造册登记皇室开支时，竟提笔直书："皇帝一员，后妃几口，月支银米若干。"（罗谦《残明纪事》）

偏安的皇帝毫无尊严，那逃亡的政权遑论正朔。

第三篇

盛世迷局

孝庄的幸与不幸：她成就了康熙帝

1

清朝最出名的女人，莫过于清初的孝庄文皇后与清末的慈禧西太后。

然而，慈禧对清朝的覆灭有着不可推卸的责任，而孝庄却对清朝兴盛的作用可谓居功厥伟。

孝庄文皇后，芳名布木布泰，蒙古科尔沁部贝勒博尔济吉特·寨桑的次女。博尔济吉特氏是元皇族孛儿只斤氏的另一种翻译，所以说她是名副其实的成吉思汗的后人。在明末东北各族各部的混战中，她再次作为满蒙政治联姻的纽带，嫁给崛起于白山黑水的后金“英明汗”努尔哈赤的第八子皇太极为侧福晋，不到十三岁。

她嫁给皇太极，时为后金天命十年二月。身份则是代孕女人。

她的姑姑哲哲十六岁时嫁给皇太极，已经十一年，在布木布泰来嫁前夕才怀孕（哲哲于天命十年八月，为皇太极生育皇次女固伦端庄公主），这对科尔沁联姻满洲的政策，是一个不稳定的因素。所以，寨桑之父莽古斯在无女可嫁的情势下，决定以年幼的孙女布木布泰肩负部族联姻使命。

十三岁嫁人，着实太早了。按顺治朝制定、康熙朝完善的清代选秀女制度对应选者的年龄规定“自十四至十六岁为合例”（吴振棫《养吉斋丛录》卷二十五），布木布泰来嫁是不合规矩的。

但是，这一迫于情势的不合规矩，却为大清王朝送去了一个最伟大的政治女性。

皇太极即汗位后，布木布泰被封为西侧妃，又称西宫福晋。其姑姑哲哲是中宫大妃，布木布泰因空缺东宫侧妃而居后宫第二。

2

后金天聪六年二月，皇太极纳蒙古扎鲁特部戴青贝勒之女博尔济吉特氏，为东宫福晋。

对于这一桩联姻与封号，《清太宗实录》卷十一有明确记载，天聪六年已卯，“上已册立中宫皇后及西宫妃，惟东宫未备，闻蒙古扎鲁特部落戴青贝勒女贤，遣使往聘之，迎至册为东宫妃”。

选贤以充后宫，并非皇太极的首创。其父努尔哈赤在位时就有此类做法，明万历四十年正月嫁给努尔哈赤的蒙古福晋，即布木布泰叔祖明安之女，也是因努尔哈赤闻其贤惠而命人求亲。

但是，努尔哈赤娶来的蒙古福晋，只是众侧福晋中的一人，而皇太极娶来的扎鲁特博尔济吉特氏，虽然也是侧妃之一，但仅次于“中宫皇后”，成了侧妃之首。

不仅如此，皇太极在扎鲁特博尔济吉特氏应诏在盛京城外暂候时，还专门派心腹重臣前往观察，可否留在宫中。可见很是谨慎和心动。

册立东宫福晋数日后，皇太极又责成管礼部事萨哈廉“更定仪仗之制”(《清太宗实录》卷十一)。

由于皇太极的高度重视，布木布泰在后宫地位被排到第三位。

这样的降序，还没有结束。

天聪八年闰八月，皇太极纳归降的察哈尔林丹汗遗孀窦土门福晋为妻，第二年七月又与林丹汗的另一遗孀囊囊太后成婚。

虽然皇太极有些不情愿，是在众贝勒的劝说下，将两个已生育的寡妇充斥后宫，但也是为了政治需要，顺利招降林丹汗余部，收获元朝传国玉玺，以稳定察哈尔部。

大汗的个人喜恶，被迫屈从于政治因素。

与此同时，布木布泰的姐姐海兰珠，也于天聪八年十月嫁给了皇太极。这既有稳固满蒙政治联姻的因素，但皇太极对这位二十六岁来归的蒙古科尔沁寡妇甚是喜爱，占据了主导地位。

布木布泰在皇太极的后宫，接连成了给政治任务、大汗情感让步的牺牲品。

虽然，天聪九年十月初七日，刚生育皇九女才十一天的东宫福晋扎鲁特博尔济吉特氏，因“不遂汗意，改适叶赫部德勒格尔台吉之子南褚”（《天聪九年档》），但布木布泰在后宫的地位还是一再下降。

崇德元年，皇太极在盛京改汗称帝，册封崇德五宫后妃，布木布泰受封为永福宫庄妃，排位最末。

在她的位号之前，除了姑姑哲哲稳定地入主中宫外，其姐姐海兰珠成了新任东宫大福晋，而囊囊太后与窦土门福晋也分别以麟趾宫贵妃、衍庆宫庶妃，排名在她的前面。

排名就是尊卑。

即便崇德三年（1638）正月三十日，庄妃生皇九子、即后来的顺治帝福临，也未能改变布木布泰在皇太极后宫屡受压制和贬抑的地位。

3

有人问，皇太极为什么没有把孝庄给送人？

虽然庄妃布木布泰的位号，在天聪—崇德之际被连续降黜四次，但不能说皇太极不喜欢她。

从她于天聪三年正月生皇四女固伦雍穆公主、天聪六年二月生皇五女固伦淑慧公主、天聪七年十一月生皇七女固伦淑哲公主的情形来看，四年三胎，可见在窦土门福晋、海兰珠、囊囊太后相继来归前，皇太极一度很是宠爱布木布泰。

她几乎与同样生育三女的哲哲皇后，一样深得圣宠。

即便后来，海兰珠被皇太极宠冠后宫，生出了皇太极以大宴群臣、大赦天下等形式欲定为储君的皇八子，庄妃还在同期孕育了皇九子福临，更可见皇太极对布木布泰颇有感情的。

皇太极确实有将庶妻（妾）送人的隐恶。

一个是东宫福晋博尔济吉特氏，被皇太极给了表侄南褚。

南褚为皇太极亲娘舅金台吉的孙儿，随父降金后成了皇太极的大将。

天聪九年二月，多尔衮、岳托、萨哈廉、豪格率兵一万，深入河套地区，欲以武力迫降林丹汗留下的察哈尔余部。囊囊太后先降，告知林丹汗三福晋苏泰太后之子额哲，已继立为察哈尔汗，藏于托里图。

后金大军兵临城下。多尔衮召集诸贝勒会商战略战术。岳托说此役，必须拿下额哲，不能再使之逃脱，成为蒙古之主。萨哈廉献亲情计，称苏泰太后为南褚亲姐，不妨派南褚走一趟，晓之以理，动之以情。

亲情计果然奏效。

苏泰太后带着儿子额哲降金，献上了刻有“制诰之宝”字样的元朝国玺，为一年后皇太极改汗称帝、建号大清做了准备。

皇太极再娶囊囊太后，但不好将表侄女收纳后宫，于是将苏泰太后赐予堂弟济尔哈朗做继福晋。同时，为了酬谢南褚的劝降之功，他将曾经的宠妃东宫福晋送给了南褚做老婆。

大臣娶大汗之妃、表叔之妾，自然不会有情感而言。

一个是侧福晋叶赫纳喇氏，被赐予内大臣占土谢图。

这个纳喇氏侧福晋，本为叶赫贝勒阿纳布之女，初嫁与布占泰同宗（《满文老档》载，为布占泰之弟）的正黄旗包衣喀尔喀马（乌喇纳喇氏），喀尔喀马后逃至叶赫部，为金台石贝勒所得，夫妻生二子。天命四年，太祖征叶赫部，皇太极处死喀尔喀马，俘获其妻叶赫纳喇氏。

天聪二年十二月，叶赫纳喇氏为太宗生皇五子硕塞（顺治朝封和硕承泽亲王）。不久，被太宗赐予曾任内大臣的占土谢图为妻。

占土谢图行围，被虎伤身亡。叶赫纳喇氏再嫁哈达部孟格布禄贝勒之族人、曾任镶黄旗轻车都尉达尔琥。

虽然庄妃随着东宫福晋和察哈尔的三名寡妇先后进入皇太极的后宫，她的地位从天聪初年的第二位降至第五位，但不见得她在皇太极心中的地位就不重要了。

一、她是科尔沁贝勒莽古斯长子寨桑之女，皇太极中宫国君福晋哲哲的侄女，优越的家族背景及同哲哲的姑侄关系，是皇太极不好轻易始乱终弃的。皇太极继承太祖创建的满蒙政治联姻制，不会轻易打破盟友关系。

二、庄妃是天聪初年册立的西宫福晋，由于皇太极爱上了海兰珠和笼络察哈尔人心的关系，庄妃为了支持丈夫而做出牺牲的可能性显然很大。但是，皇太极还是保证了她在崇德元年“五宫并建”的后妃之列。

三、庄妃十三岁以少女之身嫁给皇太极，并无过错，皇太极为了加强同科尔沁的关系，以及尊重中宫福晋及后来的关雎宫宸妃（庄妃的姐姐海兰珠），更不能将庄妃像处置那两位庶妃一样送人。至于同样来自蒙古的东宫福晋，被勒令改嫁他人，主要原因是“不遂汗意”（《天聪九年档》），应该是涉及当时发生的莽古济一案，而被牵扯受罚。

虽然皇太极时期，倚用汉官士大夫，吸纳汉文化，学习汉制，但是早期对于儒家伦理纲常还是意识薄弱。

虽然他也意识到了要建立规范后妃制度，甚至明令禁止收继婚俗，但还是保持了鲜明的女真特色。

《清史稿·后妃传序》开篇即云：“太祖初起，草创阔略，国闱未有位号，但循国俗称福晋。”这在皇太极完善后宫建制时，还有不少影响，即便崇德元年建后宫五妃时，还是循“国俗”称福晋。

崇德元年七月初十日，皇太极举行“册封国君福晋、东大福晋、西大福晋、东侧福晋、西侧福晋”，永福宫庄妃则为“西宫永福宫侧福晋庄妃”。（《满文老档》“太宗皇帝”下卷第二十册）

永福宫庄妃在太宗朝，貌似不显山露水，可谓是隐忍不发，但在皇太极死后，很快与坚持拥立皇子的两黄旗大臣结成稳固的联盟关系，使他们舍弃最初拥立皇长子豪格的举措，而改推出六龄童福临顺利入承大统。

庄妃成了大清王朝第一个圣母皇太后，但在摄政睿亲王多尔衮独专擅政时代挣扎，慢慢成了一个成熟的女政治家，对清初一统中原、日渐强盛起到了关键性的历史作用。

但是，不少电视剧为了情节需要，以民间盛传的太后下嫁说为底子，大肆渲染庄妃与多尔衮的情事，为之抹上了不少所谓的丑闻。

尽管如此相较于汉初的吕后、唐朝的武则天和清末的慈禧，还是有很多人对孝庄赞誉有加，而对另外三个人毁誉参半。

客观而论，她们都是了不起的女政治家。但是，吕后、武则天与慈禧，之所以毁誉参半，不是因为她们生活淫乐，而是因为吕后、武皇重封家族、擅杀宗亲，导致国家内乱不止。慈禧虽有心救国，也曾力阻咸丰逃离而险遭杀戮，但遭际内忧外患，在国力衰亡时屈膝签订一系列丧权辱国的不平等条约，使中国沦为了半殖民地半封建社会。

而孝庄之所以被后人赞誉有加，最大的成绩是她成就了康熙皇帝。

4

金庸在《碧血剑》中，曾设计一幕，皇太极突然暴毙，为多尔衮和孝庄合谋害死。

这简直就是宋版西门庆与潘金莲，在大清开国时重演了一次活剧。

只不过宋版是民间传说，而清朝则是宫廷丑闻。

武松为兄复仇，结果身陷囹圄，铤而走险，被迫走上了替天行道的造反之路。而清朝，不必考虑国家律法，皇太极的皇长子豪格及其留下的两黄旗势力，自然要对多尔衮与当时还是大行皇帝的永福宫庄妃的孝庄进行武力镇压。

更何况在皇权争夺之际，一旦皇太极死于谋杀，豪格足以据此调集举国力量，严惩嫌疑者，更不会给多尔衮进位摄政王、孝庄成为皇太后的一点机会。

同样是小说，蔡东藩在《清史通俗演义》第十一回中，专门写到“清太宗宾天传幼主”。蔡氏没有提及豪格与多尔衮的皇位之争，而是称皇太极因为爱永福宫庄妃，而将福临立为太子，且在临终前，“一切朝政，命郑亲王济尔哈朗、睿亲王多尔衮暂时代理；若有大事，令多尔衮到寝宫面奏”。

如此说来，多尔衮同皇太极有零距离接触的机会，而且不是唯一，而是多次：“多尔衮手足关怀，每天也入宫问候几次。”

而对于皇太极发病，蔡东藩说，皇太极因为“阿巴泰等率师攻明，毁长城，入蓟州，转至山东，攻破八十八座坚城，掠子女三十七万，牲畜金银珠宝各五十多万"，待其凯旋，论功行赏，大宴群臣。酒醉饭饱的"太宗回入永福宫，这位聪明伶俐的吉特氏，又陪了太宗。是夕，太宗竟发起寒热，头晕目眩。次日，宣召太医入宫诊视"。

蔡氏认为，太宗发病，"想亦爱色过度了"。但他还是多次提示，多尔衮和孝庄都是皇太极的倚信之人，多次出现在他最后的时光里。蔡东藩也暗示了，皇太极的死，与同孝庄一夜狂欢有关联，但并未说死于谋害。

倘若真的死于谋害，多尔衮与孝庄也是最有机会作案的。

痕迹太重，着实无趣。

只是金庸借题发挥，直接让皇太极死于多尔衮与孝庄的谋杀，传递了一次仇满的情绪罢了。

这一切，都是小说的艺术创造。

对于皇太极之死，清室皇家有自己的说法。

崇德八年八月，刚打赢松山之战、收降洪承畴和祖大寿的皇太极办完公事，休息时突然驾崩。

《清太宗实录》卷六十五记载，崇德八年八月庚午，"是夜，上无疾，端坐而崩"。

皇太极为了坐稳龙椅，先后将一同南面听政的三大贝勒解决，并以内三院限制了八和硕贝勒共治国政的权力。如此突然，使之连接班人都来不及指定，导致了皇长子豪格与睿亲王多尔衮争位，险酿一场宫廷政变。

他无疾而终，死在中年，如同暴卒，确实很蹊跷，故而留下了种种争议：一是无疾而终，二是忧劳暴卒，三是痰疾致死，四是明朝遗老制造的多尔衮害死说。

其实，他的暴卒，最有可能是为宸妃早逝过分忧伤引发的。

寡妇海兰珠进入皇太极后宫，封关雎宫宸妃，独宠后宫，生子有立储之兆，但不满周岁夭折。宸妃因丧子之痛而病亡。太宗正在松山前线指挥作战，闻宸妃病重，不惜丢下紧要军务，星夜兼程赶回盛京，但为时已晚，宸妃已逝。是时为崇德六年九月。

太宗困于情伤，不能自拔。

健壮的皇帝忽而昏迷，忽而减食，常常“圣躬违和”，他自己也有不祥之感觉。

《清太宗实录》卷五十八记载，崇德六年十月初二日，他对诸王说：“山峻则崩，木高则折，年富则衰，此乃天特贻朕以忧也。”

虽然皇太极曾强作振作，强调“天生朕为抚世安民，岂为一妇人哉？朕不能自持，天地祖宗特示谴也”（《清史稿·太宗本纪二》），但还是悲痛不已，就是王公大臣陪他去外打猎散心，他经过宸妃墓时，独自去大哭一场。

而在此前，即崇德五年始，太宗曾到鞍山温泉疗养，还曾因鼻衄推迟三天出征明朝。他的身体每况愈下，在崇德七八年间先后两次大赦人犯，并向各寺庙祷告，施白金，连新年贺礼也免了。这个说明，太宗早有痼疾在身，宸妃之死激化，日益严重，而致突然亡故。

至于将他的死，归罪为孝庄与多尔衮的合谋，那是后来小说家们根据明朝遗老制造的多尔衮杀兄弑君说，杜撰、渲染的二人不堪情史，以做足孝庄下嫁多尔衮的文章。虽然当时的多尔衮军功卓著，统率六部，但他也不敢贸然对皇太极下手。

如果真有此事，七年后顺治帝和济尔哈朗对多尔衮罗列罪名清算时，自然少不了对此事改头换面推为首罪。

5

福临继位，成为顺治帝。庄妃被尊为圣母皇太后，与母后皇太后孝端，两宫并尊。

孝庄太后的地位，不用再退了，但多尔衮摄政，擅权独专，欺压幼主不说，而且弄出了清初一大疑案“太后下嫁说”。此说是真是假，不是本文讨论的重点。而孝庄隐忍在后，在睿王有可能取而代之的情势下，使顺治帝最终成了一个有不少作为的皇帝。

多尔衮死后，少年老成的顺治亲政，继续推行多尔衮的政策，加强满汉关系，与孝庄以及满洲老一辈保守势力发生了激烈的冲突，但顺治仍然是皇权在握的最高领导人。

顺治命短，把江山留给了八岁的皇三子玄烨。

顺治崩逝后，满臣麻勒吉等二人将遗诏捧送孝庄皇太后后，孝庄并未迟疑，而是立即召集索尼、苏克萨哈、遏必隆、鳌拜与主持议政王大臣会议的和硕安亲王岳乐，宣布嗣君和辅臣名单，紧急商量治丧事宜。

初八日申时，即下午三点后，满汉文武奉诏入宫，大家都是身着孝服，但是召集通知上还写道：携带朝服入紫禁城内齐集。

二鼓过后，宣布顺治遗诏，昭告天下。

宣读完毕，不是急着筹办大行皇帝的丧事，而是当场宣布新的通知：大家不要退朝，而是准备等候新帝登基。

初九日早，玄烨登基，开启了康熙时代，也开启了孝庄并未垂帘但执掌乾纲的辅臣时期。

丧事和喜事，被孝庄一起办了。

6

天命有变，神器更易。

顺治之死，英年早逝，但是他入关御极十七年有余，基本上解决了内陆的大规模反清复明势力。

李自成的大顺军余部、张献忠的大西军余部，以及南明政权此起彼伏、内讧不断的反清军事集团，加起来上百万人，最终还是被清军剿灭。

顺治传位康熙，传承了一个偌大的疆域。这不是一个八龄稚童所能扛起的江山。

所以，顺治临终前夕，决意组建一个顾命辅臣团队，以三名两黄旗大臣和一名正白旗大臣辅政，改变了原由宗室亲王摄政的体制。

玄烨能成为皇帝，除了有大臣的支持和顺治的同意，孝庄的力主，起到了关键性的作用。但孝庄甘心做辅政的太皇太后，而四辅臣也有辅理之责。孝庄作为康熙的监护人和领路人，掌握着清朝大政方针的决定权，牵制着把持票拟与批红大权的四辅臣，却一直站在幕后，甚至拒绝了顺治十八年三月江南桐城生员周南奏请孝庄垂帘的建议。

孝庄没有垂帘之举，但有听政之实，但她对少年天子始终没有取而代之的想法。尤其在首辅索尼死后的辅政后期，出现了鳌拜独专权柄，孝庄政治思想随之发生了巨大转变，及时为曾经打压的顺治“视满汉如一体”（《清圣祖实录》卷二十五）的亲汉政策及时修正，对康熙恢复顺治政治路线、提前终止辅政体制，给予了有力且有效的支持。

康熙真正亲政，孝庄主动放权，作为最高顾问，为康熙平定三藩、收复台湾等出谋划策。

孝庄太皇太后教育康熙的方式，较之于对待顺治的保守，可谓一个大颠覆。

顺治帝亲政后，继续多尔衮的方政大略，在首重满洲的前提下，十分重视内三院，经常前往与大学士们讨论历代兴衰利弊和治国之道，使之发挥其内阁辅政的作用。顺治十五年，顺治帝正式改内院为内阁，并设立翰林院，提高汉族官员地位，实则笼络他们作为加强和集中皇权斗争的新力量。

同时，顺治帝拉拢上三旗之正白旗大臣，如苏克萨哈，命其担任领侍卫大臣，并立正白旗内大臣鄂硕之女董鄂氏为皇贵妃，且有意将董鄂妃生子立储，视作“朕第一子”与“帝生第一子之喜”（《清初内国史院满文档案译编》下卷），并下诏大赦天下。他之所以这样做，实质是与以孝庄为首的满洲贵族保守派的权力之争。

孝庄对汉文化格格不入，“甚厌汉语，或有儿孙习汉俗者，则以为汉俗盛而胡运衰，辄加禁抑”（吴晗《朝鲜李朝实录中的中国史料》下编卷二），后来在所谓顺治遗诏中，严厉地谴责大行皇帝的第一款大罪“渐习汉俗，于淳朴旧制，日有更张，以致国治未臻，民生未遂”（《清世祖实录》卷一百四十四），背叛了太祖太宗的法度规矩。

然至康熙朝，掌握着清朝大政方针决定权的孝庄，积极引导康熙爱读经史，做好天下之主。康熙帝对孝庄说：“臣无他欲，惟愿天下乂安，生民乐业，共享太平之福而已。”（《圣祖仁皇帝圣训》）

在四辅臣权力扩张，尤其是鳌拜力图独专权柄，将康熙视为傀儡皇帝时，原来在顺康之际同四辅臣站在同一战壕的孝庄，毅然支持康熙在尚未全面接掌皇权的亲政初期，改变辅臣重武轻文的做法，在“孝陵神功圣德碑”上大力褒扬顺治帝“视满汉如一体，遇文武无重轻”（《清圣祖实录》卷二十五）的改制努力，间接指责四辅臣独崇满洲、贬抑汉臣等做法，并与康熙周密策划，清除鳌拜集团。

孝庄抚养康熙，在民族思想和政治见解上有了质的变化，直接影响了康熙帝探索皇权高度集中和强化的过程中，坚持首崇满洲的同时崇儒重道，尽最大可能地团结了满洲亲贵和汉族士大夫，终于在孝庄生前实现了平定三藩和收复台湾。

康熙八岁丧父，九岁丧母，却深得祖母孝庄宠爱和扶持。

康熙帝生于顺治十一年三月，差不多此时乃父顺治帝正为情迷尚未正式入宫的董鄂妃折腾。不久，董鄂妃入宫，被册为贤妃，独宠宫闱，孕育龙种，顺治帝的心里只有董鄂妃，无暇顾及佟氏妃及其所生的皇三子玄烨。从董鄂妃生皇四子，顺治帝称“朕第一子生”（《清初内国史院满文档案译编》下卷），并告祭上天、地神、太庙、社稷等情形来看，他似乎没有把后来史书中写作孕生异象的玄烨当作儿子。

按清制，作为汉军庶妃的佟氏，是不能亲自抚育亲生子的。孝庄太后在来自蒙古科尔沁娘家的顺治废后以及后来入宫的孝康皇后、淑惠妃姐妹皆无生育的情势下，果断相中佟氏妃所生的玄烨，亲自抚养宫中，并命近身侍女苏麻喇姑做他的启蒙老师，教导满洲文化。

《圣祖御制文二集》卷四十《庭训》中专有记载，康熙帝后来回忆：“朕自幼龄学步能言时，即奉圣祖母慈训，凡饮食、动履、言语皆有矩度，虽居独处，亦教以罔敢越轶，少不然即加督过，赖是以克有成。”孝庄不但对玄烨疼爱有加，而且严厉管教，寄予了殷切厚望。

祖孙情深，由来有自，也源远流长。

康熙八年正月十四日，康熙给工部特发上谕，称孝庄太皇太后有懿旨："皇帝现居清宁宫，即保和殿。以殿为宫，于心不安。可将乾清宫、交泰殿修理，皇帝移居彼处。"（《清圣祖实录》卷二十八）他在几天后尊奉懿旨移居武英殿，责成工部修缮乾清宫，使之"朴质坚固，以仰副太皇太后慈爱朕躬至意！"

祖孙情深，已然成了日常政治。

而在大政方略上，孝庄全力支持着少年天子，使之成为千古一帝。在皇权与辅权、康熙与鳌拜矛盾白热化时，孝庄毅然支持康熙收回皇权，对自己曾经的政治盟友最后一击。

当康熙拿下鳌拜后，迅速议定罪状、手书票签后，对鳌拜一干人等宣布决定，康熙又否决和硕康亲王杰书等议政王大臣对鳌拜"革职、立斩，其亲子兄弟亦应斩"（《清圣祖实录》卷二十九）的奏请，重新宣布：鳌拜理应处死，但其效力年久，虽然结党行恶，也可以网开一面，改为拘禁。

此外，对于畏势阿附的遏必隆等，康熙宣布他并无结党之事，免其重罪。

但是，康熙在此案中，却批示将鳌拜之弟穆里玛、塞本得，从子讷莫，其党大学士班布尔善，尚书阿思哈、噶褚哈、济世，侍郎泰璧图，学士吴格塞皆诛死。《清圣祖实录》卷二十九称塞本得等七人（不含济世、吴格塞）被“即行处斩”，而“班布尔善，著革职，即行处绞”。班布尔善所受惩罚最为残忍，但他本为宗室成员、康熙堂伯，却死得最惨。这样的处置办法，同样如同执拿鳌拜一般，震惊朝野。

这是否是康熙帝与孝庄的共同议定？史料未载，不便乱猜。但有一点，康熙应该考虑了与孝庄曾经的盟友情感。

康熙宣布对鳌拜等人处理决定的一大早，专门去“太皇太后宫，问安”（《清圣祖实录》卷二十九）。

祖孙二人，除了寒暄，少不了交换意见。

对于孝庄的支持，康熙帝是有着强烈的感恩之情，“忆自弱龄，早失怙恃，趋承祖母膝下，三十余年，鞠养教诲，以至有成。设无祖母太皇太后，断不能致有今日。成立罔极之恩，毕生难报”（《康熙朝起居注册》）。

《朝鲜王朝实录》记载康熙二十七年正月，朝鲜才知孝庄逝世，认为秘不发丧，而《清史稿·圣祖本纪》对于康熙二十六年十二月，孝庄病重，记载圣祖“亲制祝文，步行祷于天坛”。

《康熙朝起居注册》记载得更感人，称圣祖“亲制祭文，词意恳篤，字字皆天性至情，极其真切”，祷告上苍，请求折损自己生命，增延祖母寿数：“若大数或穷，愿减臣龄，冀增太皇太后数年之寿。”（《康熙朝起居注册》）

7

至于孝庄太后为什么没有与皇太极合葬？

这与传闻中孝庄下嫁说，应该是没有关系的。

康熙二十六年十二月二十五日，七十五岁的孝庄太后崩逝，遗嘱康熙帝：“太宗文皇帝梓宫，奉安已久，不可为我轻动。况我心恋汝皇父及汝，不忍远去，务于孝陵择地，择吉安厝，我心无憾矣。”（《清圣祖实录》卷一百三十二）

这为康熙帝留下了一道难题：孝庄不愿意葬入老公皇太极的陵寝，而要葬在儿子顺治帝的孝陵附近，称不想惊扰太宗，舍不得儿孙。

康熙帝根据孝庄意愿，在风水墙外，大红门东侧，将孝庄生前居住的慈宁宫东殿五间拆建于昌瑞山下，称暂安奉殿，停灵其中。雍正三年，才在暂安奉殿原处就地起建陵园，才为曾祖母单独建陵，葬入地宫。

也就是说，康熙在位期间并没有安葬对自己恩重情深的皇祖母。

孝庄之陵在昭陵西，故称昭西陵，与太宗昭陵遥相呼应，实乃一而二。昭西陵碑文上刻有“念太宗之山陵已久，卑不动尊，惟世祖之兆域非遥，母宜从子”。

有说法称孝庄因下嫁过多尔衮，无颜去见前夫太宗。

这种观点，靠不住：

一是孝庄太后是否真的下嫁多尔衮？这俨然是清宫风云中的一桩迷案。南明兵部侍郎张煌言的一组《建夷宫词》，直指清宫淫乱的丑闻，却多为反战的谤词，不足为信。从多尔衮自称皇父摄政王之际的多件史实来看，并未有充足的证据证明孝庄以皇太后之尊下嫁给代行皇权的第一大臣多尔衮。确切地说，多尔衮生前冠冕堂皇地尊自己的嫡福晋为敬孝忠恭正宫元妃。正妃死后又到处找女人。多尔衮死后，被顺治帝尊谥为成宗义皇帝，其原配正妃追谥为义皇后，升祔太庙。满人私生活纵然再荒唐，也未必容许一个皇太后给一个亲王做小。而皇帝称叔父为皇父，也不过是满人有称尊长为父的习俗，就连满洲重臣与侍卫都敬称皇帝为主子父亲或阿玛王，如满文档案中记载索额图曾称比自己小十八岁的侄女婿皇帝康熙为“主子父亲”，故而侄儿皇帝称摄政王叔为皇父，不足为奇，不能因为顺治改称多尔衮为皇父摄政王而臆测皇太后下嫁的伪历史。

二是太宗驾崩已四十五年，且其墓中有元妃钮祜禄氏、敏惠恭和元妃博尔济吉特氏、孝端文皇后博尔济吉特氏等。即便孝庄已为皇太后，成了孝庄文皇后，但她始终得排在其姑姑、孝端文皇后之后。她作为一个成熟的女政治家，不会拘泥于儒家礼教观念小节，不情愿成为一个古墓中的陪葬品。

三是其子顺治帝英年早逝，虽然与她曾经矛盾激化，但最终抵不过母子情深。而其竭力扶持的康熙帝虽然平定三藩、收复台湾，但正为中俄边境武力冲突、漠西厄鲁特蒙古准噶尔东侵漠北蒙古烦心的多事之秋，为其真心牵挂。将死之人，未必还需要以冠冕堂皇的理由，为自己的真实情感遮羞。同时，她也希望看到自己殚精竭虑服务了四十多年的清王朝繁荣鼎盛。

康熙所以长时间将孝庄停尸不葬，主要还是囿于已接受的汉人儒家礼教观念。

一是不将祖父母合葬，作为皇孙的康熙，也是不孝。不将孝庄与皇太极进行夫妻合葬，不免让民间猜测。民间和反清分子积极传播孝庄曾下嫁多尔衮，无脸于地下见皇太极。暂时不葬，但有合葬的可能。

二是孝庄遗命，康熙必须遵从，不从当是不孝。可以说，是孝庄成就了康熙的即位与成为杰出皇帝，康熙曾祈求上苍缩短己命来为祖母续命，自会唯命是从。

三是皇太极死后被火化，地宫中只有一个骨灰罐（宝宫），而康熙即位后推行汉人的土葬，即强调全尸（死在孝庄之前的仁孝皇后赫舍里氏、孝昭皇后钮祜禄氏都是全尸入殓，葬入景陵地宫）。他似乎不忍再按满洲旧俗，破坏祖母的尸身。如果将孝庄以全尸入殓威武的棺椁，下葬太宗昭陵，与皇太极比例小得可怜的骨灰罐，后大帝小的梓宫规格也是大不敬。这点史料未载，但未必不是实情。

另外，康熙有喜欢陪伴挚爱之人梓宫的癖好。康熙十三年五月初三日，仁孝皇后（即孝诚仁皇后）赫舍里氏于坤宁宫难产而死，康熙命人将其奉安梓宫移入乾清宫停灵一日，再安放在紫禁城西方，此后几乎每日都前往梓宫前致哀。孝庄死后，康熙亦是天天前往梓宫前奠酒、行礼和致哀，还否了群臣的谏阻。

景陵尚未开始兴建，于是康熙亲送仁孝皇后梓宫至昌平巩华城，此后半年，有史明确记载康熙帝前往巩华城三十四次。接下来几年，康熙也是经常性前往巩华城凭吊元后，即便康熙十六年八月再立孝昭仁皇后钮祜禄氏不久，康熙也带着册后大喜前往巩华城，甚至当年除夕也是在巩华城陪着仁孝皇后的梓宫。

康熙是一个为个人情感而行事执拗之人，为了陪伴皇后梓宫，而不愿意接见外国使者。朝鲜使者曾回国报告："清皇不恤国事，淫嬉日甚，每往哭沙河宫殡后之所。"（吴晗《朝鲜李朝实录中的中国史料》下编卷三）

康熙的痴情，让外人奏闻"淫嬉"。

但是，他依然我行我素，康熙十七年二月孝昭仁皇后病逝，他也是每日至梓宫前举哀，后来在梓宫送至巩华城后，也是经常一大早前往，黄昏时回宫，在那里一待就是一天。

这样的鹣鲽情深，孝庄在世时也是知情和怜惜的。

孝庄去世后，康熙也是多次至暂安奉殿，致祭痛哭良久。康熙与父母情感不深，出生之初，其母佟氏为庶妃，按制不能亲自抚养，于是孝庄将其自幼小起抚育宫中，而乃父顺治最爱的则是董鄂妃所生的皇四子。

父母亲情凉薄，祖母别有用心的爱，也拉近二人的关系。

可以说，孝庄于康熙而言，是最为亲近的人，自是情感上超越了他的父母。倘其将孝庄梓宫送至千里之外的盛京，那么康熙要去哭灵，也是举步维艰，心情缠绵悱恻。

囿于儒家礼教的孝道与个人的不舍情感，康熙选择了停尸暂安，以遵从孝庄遗诏，而不违背自己推行的孝治天下，而将解决办法留给了后继之君。

直至雍正安葬皇考康熙后，于雍正三年，才在暂安奉殿原处就地起建陵园，将孝庄灵柩葬入地宫。

福全无缘帝位真因“损一目”吗？

1

康熙皇帝玄烨，是以皇三子的身份，继承皇位的。

对于他的继位，清室官方的说辞是“佟氏妃所生，年八岁，岐嶷聪颖，克承宗祧，立为皇太子……即皇帝位”（《清世祖实录》卷一百四十四）。

他从小就是一个聪明的娃，这是毋庸置疑的，他后来的伟业足以证明这一点。

当然，这份被写进了所谓顺治罪己诏的传位遗命，没有提及康熙的即位，还有一些隐情，如他患过天花，大难不死；如孝庄太后力挺，得到了满洲权贵的支持，当然也得到了顺治帝临终前的应允。

顺治帝最想立的继承者，并非玄烨，而是另有其人。

此人即顺治十四年十月董鄂妃生育的第四子。

此子出生的第二天，顺治帝即谕告礼部：“本月初七日丑时，朕第一子生，皇贵妃出，应行典礼，尔

部即察例速议具奏。”(《清初内国史院满文档案译编》下卷)

随后，声势浩大地告祭天地、太庙、社稷，接受满朝文武朝贺。

《清初内国史院满文档案译编》下卷记载:“帝生第一子之喜，诸王、贝勒、贝子、公及首辅大臣等，俱上马匹、缎帛以贺。”同时，大赦天下。

这是年轻的顺治帝即将立储的征兆。

这本齿序为顺治的“皇第四子”(《清世祖实录》卷一百一十二)，但是，顺治帝却说“帝生第一子”，甚至在哀痛此子早逝给的墓志铭中，再次强调:“和硕荣亲王，朕第一子也。”

顺治已有三子，而将“第四子”称为“第一子”。原因有三个方面:

一是顺治先后两任皇后，都不得圣宠，他早想再立宠冠后宫的董鄂妃为后，故将此子视为嫡子，为改立董鄂妃投石问路。

二是顺治两后都没有生育，那么顺治将董鄂妃所生子视为嫡长子。他想制造母凭子贵的局面，迫使孝庄太后等保守势力集团和满朝文武，接受董鄂妃为皇后的事实。

三是顺治帝无视其他已生子的存在，就是想立这个初生子为储君。他可以凭借首重储君之母董鄂妃，来打破孝庄太后抵制改立董鄂妃的僵局。毕竟此时的董鄂妃，已为皇贵妃，距皇后，仅一步之遥。生子为储，足以弥合后妃的距离。

可惜，此子命薄，无福消受，三月夭折，被追封和硕荣亲王，建地宫下葬。这个不幸的孩子，要比生于顺治十一年三月的玄烨小三岁。就是说，顺治帝对皇三子玄烨的爱，远不及对第四子的疼爱。

2

顺治的皇长子牛钮生于顺治八年正月，但没活过三月即夭折。连同幼殇的皇四子，顺治帝也是多次哀悼亲子早逝。

然而，在玄烨的前面，还有一个亲大哥，即皇二子福全。从康熙二十九年，他出任抚远大将军，统一路大军征讨准噶尔首领噶尔丹，在乌兰布通大胜噶尔丹的战绩来看，他也是很优秀的。

然而，这位出生于顺治十年、年长玄烨一岁的长子，却无缘被顺治帝在临终前立为继承者。

其中主要原因是他没有得到孝庄太后的鼎力支持。玄烨是孝庄自幼养育宫中、亲自教养的，寄予了厚望。

这个关键性的政治原因，是清宫权力争斗的隐私，官宣中不好公开。

清室的官宣，只是将福全塑造了一个“愿为贤王”的少年志向。

《清圣祖实录》卷一开篇记载：玄烨“六龄时，尝携世祖皇二子福全、皇五子常宁宫中问安。世祖各问其志。皇五子甫三龄，未对。皇二子以愿为贤王对”。

玄烨六岁时，即顺治十七年。此时的顺治，有皇后，而且他想方设法要改立的董鄂妃也应该在世上。福全“愿为贤王”的回答，符合他的身份，而玄烨却说“待长而效法父皇，黾勉尽力”，使“世祖皇帝于是遂属意焉”(《清圣祖实录》卷一)，虽是童言无忌，但在宗法制时代等级森严的宫廷，一个庶妃所生的庶子如此说，即为明显有觊觎嫡位甚至帝位之嫌。

当然，官宣此文时，不是顺治时代，而是玄烨称帝之后。宣传者为了最高政治需要，可以想尽一切方法，为他塑造天命的一生贵重、与众不同。

即使这个世祖问志的场景真实存在，然先答者该是皇二子福全。受汉文化深层影响的世祖，自然也接受了汉人立嫡立长的礼制观念。福全年长玄烨一岁，在世祖第一子早殇、尚无嫡子的前提下，他就顺序成了新的长子。而从福全的回答来看，七岁的他已经懂得如何拿捏汉人礼制和宫廷险恶。

福全只想做一个亲王，这对于身为皇子的他而言，并不难。但他在前面加了一个“贤”字，足见他的理想很崇高，年纪轻轻就明白了修身处世的大道，难能可贵！康熙六年正月，福全在毫无军功政绩的前提下，在世祖诸子中率先获破格封裕亲王，命与议政。此时还是四辅臣执政时期，十五岁的福全能直接进入议政王序列，自然要有足够的本事来赢得四辅臣、太皇太后等多方面的认可。

皇四子夭折，顺治帝追封为和硕荣亲王，为之御制圹志文，仍然称董鄂妃所生子为“朕第一子”的情形来看，董鄂妃虽为皇贵妃，但她在世祖那里已经享受了皇后的待遇，行礼赦天下，生子即为嫡子。董鄂妃在宫中比肩皇后、盖过皇后的尊荣，是公开的，更何况此时的她，不仅受到世祖万般宠爱，独冠后宫，而且以贤惠孝养得到了皇太后尊重。虽然她的第一子早夭，但世祖对其恩爱不减，她还是有希望再生皇子的。只要她生育了皇子，不免又被世祖视为嫡子立储。同时，她在后宫的地位，要高出只是庶妃的玄烨生母佟氏几个等级。

倘若在董鄂妃还在世时，玄烨童言无忌地希望成为后继之君，虽然是六岁少儿的远大理想，但难免犯了世祖及皇家礼制的夺嫡大忌，少不了招致世祖的厌恶、言官的非议，而不是“属意”。

这样的说法，只有在他成为皇帝之后，史官们以伟异而书之，以为他从小就有一个冠冕堂皇的皇帝梦。

康熙智擒鳌拜后，连串举措藏玄机

1

康熙八年（1669）五月十三日乙巳，康熙以下棋为名，召复为一等侍卫的索额图入宫，决定三日后召见鳌拜，突然发难，将其逮捕。

《清史稿·圣祖本纪一》记载：“戊申，诏逮辅臣鳌拜交廷鞫。上久悉鳌拜专横乱政，特虑其多力难制，乃选侍卫、拜唐阿年少有力者为扑击之戏。是日，鳌拜入见，即令侍卫等掊而絷之。于是有善扑营之制，以近臣领之。”

这个“近臣”，就是索额图——康熙皇后赫舍里氏的叔父。他是已故首辅索尼的第三子，最初在侍卫处任职，康熙七年升吏部左侍郎，于八年五月初自请解任，重返侍卫处，效命康熙左右，为之训练摔跤的贵族子弟。

与此同时，康熙帝利用名义上的亲政之权，下旨先将鳌拜的亲信派往各地，调离京城，又特诏自己的亲信掌握了京师的核心区和卫戍权。如命黄机任吏部尚书，郝惟讷为户部尚书，将兵部尚书龚鼎孳调礼部，起用曾被鳌拜罢黜的原户部尚书王弘祚接管兵部，配合康熙倚重的兵部左侍郎黄锡衮掌控兵权。

少年康熙成功擒鳌，又快速反应，命和硕康亲王杰书为首的议政王大臣等迅速拿问、清洗与鳌拜来往密切的官员。

对于这些人追随鳌拜，被裁定为鳌拜结党擅政。

康熙八年五月“庚申，王大臣议鳌拜狱上，列陈大罪三十，请族诛。诏曰：‘鳌拜愚悖无知，诚合夷族。特念效力年久，迭立战功，贷其死，籍没拘禁。’其弟穆里玛、塞本得，从子讷莫，其党大学士班布尔善，尚书阿思哈、噶褚哈、济世，侍郎泰壁图，学士吴格塞皆诛死。余坐谴黜。其弟巴哈宿卫淳谨，卓布泰有军功，免从坐。嗣敬谨亲王兰布降镇国公。褫遏必隆太师，一等公”(《清史稿·圣祖本纪一》)。

2

从康熙严惩鳌拜集团的这段文字看，可以发现五个重要信息。

一是从抓住鳌拜到判决鳌拜一党，前后只花了十二天时间。鳌拜擅权案发，可以说是大清王朝开国以来，顺治八年二月处理摄政睿亲王多尔衮案之后的天下第一案。此等大案，康熙迅速处理，足见其少年老成，成功掌权，排除阻力。

二是按律鳌拜该被诛灭九族，但只杀了两个弟弟和一个侄子。对于他，以战功免死。作为此案元凶，鳌拜无疑该杀，然康熙网开一面，像处置犯案的宗室成员一样将其幽禁，传递出康熙对鳌拜擅权危害性还是有所把握。

三是重点打击了鳌拜一党的核心成员。电视剧《康熙王朝》中取代魏承谟给少年康熙做师傅的济世，在历史上被砍了头。《清史列传·鳌拜传》中给鳌拜整理罪状时，就有一条是关于济世的："前工部尚书员缺，鳌拜以朕素不知之济世，妄称才能推补，通为结党，以欺朕躬。"

四是附和鳌拜的遏必隆，被革去太师官位和一等公爵。遏必隆不但在四辅臣之列，而且是清太祖第四女穆库什所生，与康熙之父顺治帝是表兄弟。同时，他又是康熙两个妃子（后来的孝昭仁皇后、温僖贵妃）的父亲。他与康熙是亲上加亲，但在辅政时代逢迎鳌拜，因而被议罪十二款。

五是大学士班布尔善被诛杀。论关系，班布尔善是康熙的堂伯父、顺治的亲堂兄，其父塔拜为清太祖庶出第六子，有从征之劳，然军功不显，只得了个三等辅国将军的低级爵位。顺治年间，班布尔善袭爵后，几次升等，于顺治八年晋辅国公，但在康熙五年因事革爵。索尼死后，他抱上了鳌拜的大腿，虽未复爵位，却以领侍卫内大臣兼秘书院大学士成了权臣。

班布尔善虽未被复爵，但在未被做出最终判决、罢黜宗籍时，他仍是宗室成员。

按太祖于天命六年正月十二日的约定：“吾子孙中纵有不善者，天可灭之，勿令刑伤，以开杀戮之端。如有残忍之人，不待天诛，遽兴操戈之念，天地岂不知之？若此者，亦当夺其算。昆弟中若有作乱者，明知之而不加害，俱怀理义之心，以化导其愚顽。似此者，天地祐之，俾之孙百世延长。所祷者此也。自此之后，伏愿神祇，不咎既往，惟鉴将来。”（《清太祖武皇帝实录》卷三）

班布尔善该被幽禁。但是，康熙帝决定将其处死。

无疑，班布尔善对皇权的危害性极大。

同样是宗室成员，敬谨亲王兰布——清太祖长子褚英之孙，为鳌拜孙女婿，被降为镇国公。

兰布坐降，是因为沾亲带故的裙带牵连。而班布尔善被斩，当是图谋不轨的咎由自取。

3

康亲王杰书受命整理完鳌拜揽权欺罔诸罪状，向康熙报告，请求革职、立斩、籍没，鳌拜和他的儿子那摩佛都要处死。

康熙在说了一番斥责鳌拜结党专擅、紊乱国政、有负皇恩、欺君罔上的话之后，话锋一转："但念鳌拜在累朝效力年久，且皇考曾经倚任，朕不忍加诛。姑从宽革职、籍没，仍行拘禁。那摩佛亦免死，革职拘禁。"(《清史列传·鳌拜传》)

鳌拜罪该万死，但康熙给了他大功赎罪。

康熙对鳌拜免死禁锢，一再强调他是三朝元老，屡立战功，还搬出了先帝来说鳌拜罪不至死。事实上，鳌拜虽然专擅滥杀，但主要是针对原属多尔衮、打压两黄旗的正白旗官员，而且史书上也未载明他有篡弑之迹。

也正因鳌拜案主要为执政权力之争，康熙要真正亲政，而鳌拜不情愿还政，故而康熙在案发后鳌拜老死幽所，而且让那摩佛回家丁忧、终老。四十四年过去，即康熙五十二年，康熙特地追封鳌拜为一等男，并以其侄孙和亲孙先后袭爵。

如果鳌拜真有篡弑行为，哪怕是捕风捉影，也必然会成为他罪证中最大的亮点。史料所记的鳌拜罪行，不免有康熙大量注水，但康熙断然不会忽视仅篡弑一条就可以把鳌拜一案弄成铁案！

雍正即位后，为之赐祭葬，复爵一等公，也算是对他平反。

即便乾隆四十五年，清高宗重提鳌拜案，下谕强调："鳌拜当日自恃政柄在握，辄敢擅权骫法，邀结党羽，残害大臣，罪迹多端，难以枚举……俟出缺时，即行停袭公爵，仍照皇祖所降谕旨，给予一等男爵，世袭罔替，已足以示国家法外施恩旧勋之意矣。"（梁章钜《归田琐记》卷五）乾隆终止雍正对鳌拜世系恢复的一等公，但还是承认鳌拜为"屡立战功"的"勋旧"，只是表达了对鳌拜在其"皇祖冲龄践阼，鳌拜受事以后，即专权自恣，擅作威福"的强烈不满。

作为太宗朝的巴图鲁、世祖留下的辅政大臣，鳌拜是忠于大清的。但是，他随着权势的扩大，利欲熏心，很快由皇权的捍卫者，逐步走向了反面，首先是以两黄旗与正白旗的宿怨而重点打击在辅政大臣中名列第二的苏克萨哈，继而利用索尼和遏必隆的支持，强行圈换土地，矫旨杀死反对圈换土地的大学士兼户部尚书苏纳海等，以及对苏克萨哈灭门，制造了一系列冤案。即便是康熙帝反对，鳌拜也是攘臂向前，强制下旨，将小皇帝视若傀儡。

索尼死后，鳌拜力图独专权柄，“一时威福，尽出其门”（昭梿《啸亭杂录》卷一）。但是，他并没有夺取皇位、更换皇帝的意图，只是在少年长成的康熙急欲掌权的时期，仍想继续独掌辅政大权，凌驾于皇帝之上，势必直接威胁着皇权。

康熙并没有将其处死，而是终身监禁，也算是念及其历史功绩。同时，康熙即时处死皇族长辈班布尔善，不免是因为其有篡立之迹，而遭到了最严厉的处分。

4

鳌拜是忠于大清的。

其祖上为部落首领，如果不是他的祖父、苏完部族长索尔果在努尔哈赤起兵前期主动投效的话，说不定他们瓜尔佳家族与努尔哈赤有一战。

索尔果率家族追随努尔哈赤征战辽东，一统女真。其子费英东成了开国五大臣之一，其孙鳌拜更是成了大清王朝权势煊赫的辅政大臣。

皇太极时期，鳌拜追随主子东征西讨，冲锋陷阵，参加过著名的皮岛之战和松锦之战，被封为巴图鲁，选作护军统领，故而有了后来的满洲第一巴图鲁的说法。

皇太极死后，鳌拜等两黄旗大臣鼎力支持皇长子、肃亲王豪格嗣统，后因皇十四弟、睿亲王多尔衮与豪格势均力敌，势同水火。鳌拜等坚持要立皇子继承，故而六岁童福临幸运地成了顺治帝。

鳌拜死忠幼主，不惜与擅权的多尔衮对抗，受尽了致命性打压，多次陷入有功不赏、议罪论死的境地。顺治帝驾崩前，指令索尼、苏克萨哈、遏必隆和鳌拜四位内大臣为顾命大臣。

鳌拜居四辅臣之末位，但资格老，军功高，为公爵，常常气势夺人。

也正是因为跋扈，不甘心屈居于只是伯爵的索尼、原为睿王心腹的苏克萨哈之后，鳌拜很快背弃在大行皇帝灵前的誓言，开始了结党营私、大肆揽权。

就连孝庄太后选定首辅索尼的孙女做皇后人选，鳌拜也是联合遏必隆强力阻挠，甚至蔑称索尼为下贱奴才，不配做皇亲国戚。

这是因为他也有一个女儿，他也想做皇帝的岳父。孰料，康熙却金口一开，将他的女儿赐婚于头号政敌苏克萨哈的儿子，但又将遏必隆的女儿娶进了宫。

当然，孝庄也与这位昔日的政治盟友离心离德，坚持让索尼十一岁的孙女入主中宫。

新的幼主康熙长大成熟，也如乃父顺治一般的少年老成，他于康熙六年开始亲政，而四辅臣只留有鳌拜和遏必隆。

法国传教士白晋曾写有《康熙皇帝》一书，说：“在康熙十五六岁时，四位摄政王中最有势力的宰相，把持了议政王大臣会议和六部的实权，任意行使康熙皇帝的权威，因此，任何人都没有勇气对他提出异议。”

这个“最有势力的宰相”就是鳌拜。

此时的鳌拜，在院部都安排了自己的心腹做要员，已经对康熙的皇权构成了严重威胁。

两个天生的权力控，组成了一个领导班子，自然要进行彻底的较量，最后以三十条大罪将鳌拜拿下。

虽然康熙将鳌拜视为大逆贼，但鳌拜只有专擅弄权，而没有篡位之举。

康熙仿朱元璋，不看教训贻害无穷

1

康熙帝虽然在康熙五十六年十一月公示的《面谕》中，为标榜爱新觉罗家族入主中原，乃“自古得天下之正莫如我朝”(《清圣祖实录》卷二百七十五)，不忘揶揄“明太祖一皇觉寺僧”，但是此前，他对朱元璋，还是顶礼膜拜的。

康熙曾五次南巡，每次过金陵，都要专程至孝陵致祭，行三跪九叩礼，并御书礼赞朱元璋“治隆唐宋”！

可以说，朱元璋是康熙帝的前朝偶像，康熙帝是朱元璋的异代粉丝。

2

朱元璋在择储上，推行合乎儒家宗法制的嫡长子皇位继承者，这受到了满朝文武的赞赏和支持。他在立国之初，就册立皇长子即嫡长子朱标为太子，为之组建了以李善长、徐达、常遇春为首，网罗了举朝大员在内的东宫顾问团队，并从翰林院遴选了一批优秀专家教育太子。他在为洪武帝业准备理想的继承者。

然康熙也学朱元璋，实行嫡长子皇位继承制，有形势所迫的使然：

一是他已打响撤藩大战，随时都会要御驾亲征，立储是防备不虞之需。

二是皇后难产血崩，他有追思皇后之情，又有仰仗已故皇后赫舍里家族及其主心骨、内阁首辅索额图之意。

三是他与吴三桂之间的满汉大战愈演愈烈，他要以学习汉人继承制以求得到更多的汉官士大夫的支持。

所以，康熙帝改变满人立贤立爱的旧俗，尝试推行汉人的宗法制继承制度。

不料，此尝试，遭到了满洲统治阶层的集体抵制，不但诸皇子心有不甘，就是入选储君的胤礽也有抵触情绪。

朱元璋高度重视对皇太子朱标的教育，为之准备了一大批重臣名士作为东宫辅佐团队，如太子首师宋濂为文官领袖，被朱元璋视为圣人。康熙虽然成立了詹事府，为太子属官，但真正成为太子得力辅佐的，只有沾亲带故的权臣索额图为其谋主，而且索额图并非康熙公开指定为太子辅臣。

朱元璋加重太子权限，命其理政监国，同时将其他皇子分封藩地，在储权争斗中不能构成为太子的威胁。朱标久受儒家道统和治统熏染，推行仁孝治术，关心大臣，爱护弟弟，朱元璋的儿子犯错，太子朱标主动为之求情，获得了诸弟的尊重和敬爱。他不仅赢得了满朝文武的拥护（稍有桀骜不驯者，皆被朱元璋罗织罪名清除），而且深得其他皇弟的普遍敬重。

康熙重视皇太子时，除了在仪注和享受上采取放纵的态度外，同时加强其他皇子教育，命他们参与朝政，分领旗务，导致诸成年皇子对储位甚是觊觎，不惜兄弟相残。

胤礽有才华，也能监国出成绩，但他恃宠骄纵，大失人心。康熙外巡，护驾的皇十八子胤祄病危，太子胤礽漠不关心，让康熙大失所望。康熙在四十七年九月丁丑第一次废储时，在诏书中强调：胤礽“不法祖德，不遵朕训，惟肆恶虐众，暴戾淫乱，难出诸口”。康熙承认自己“包容二十年矣”（《清圣祖实录》卷二百三十四），却不反省包容的遗祸。

3

清朝还有一个根本性的原因，皇子不经皇帝允许，是不能随意离京的，更无就藩之事，严重地造成了皇子们有充裕的时间和精力，交结大臣，自成集团，明争暗斗，倾轧掣肘，意图彻底改变最初的出身和身份。

不离京的皇子们强烈抵制康熙不循祖制册立的皇太子，百般侵害，甚至出现了皇长子胤禔联合其他皇子制造“帐殿夜警”事件，使康熙误以为太子胤礽意欲为叔姥爷索额图复仇，严重威胁到自己的生命安全。

由于康熙的宠爱与纵容，胤礽“专擅威权，鸠聚党与，窥伺朕躬，起居动作无不探听……更有异者，伊每夜逼近布城，裂缝向内窃视。从前索额图助伊潜谋大事，朕悉知其情，将索额图处死。今允礽欲为索额图复仇，结成党羽，令朕未卜今日被鸩，明日遇害，昼夜戒慎不宁。似此之人，岂可付以祖宗弘业！”（《清圣祖实录》卷二百三十四）

明初虽然也存在一定的皇储矛盾，但实际权力牢牢掌控在朱元璋手中。皇帝是皇帝，太子是太子，在一个强势皇帝之下，太子永远是皇帝的附属。如果朱标一时在礼制上冒犯了朱元璋，那么惩罚也是残忍的。

洪武七年，朱元璋宠爱的孙贵妃病逝，朱元璋命太子服齐衰杖期（作为儿子为母守孝一年）。孙贵妃为庶母，而生母马皇后还在，朱标认为这不合礼法，拒绝执行，气得朱元璋要拔剑击打。后来在众人的劝解下，事态才得以平息。

朱元璋疼爱朱标是真，但严厉要求也是真。朱元璋对勋旧众臣，大开杀戒，株连甚广。就连朱标的授业恩师、朱元璋视若圣人的大学问家宋濂，也被陷入亲人的株连案中，虽然因为马皇后与皇太子的及时援手，没有死于锦衣卫的诏狱，却死于流放的苍凉途中。

而康熙纵容太子仪注等同帝制，甚至在节省自己用度时，也保证东宫如同皇太后处不做缩减。康熙早早地发现了太子不成器，却一直隐忍。尤其是后来，康熙对失望已久、毫不争气的胤礽废之又立，立之又废，丝毫不审视和反思胤礽日益变态、毫无收敛的行为，而是一味地炫耀自己对胤礽至爱至极，亲自教育，以祖宗为典型，教他如何守成，如何用兵，教他学习经史，成败案例，却始终不分析胤礽“人心尽失”的根源。

当朱标病逝，一向威严的朱元璋曾考虑改立朱棣，但被以翰林学士刘三吾为首的儒臣谏阻后，还是依循嫡长子皇位继承制，册立朱标之子为皇太孙。

虽然最后导致了朱棣发动靖难一役，但是朱元璋立下的是关于皇位传承的政治规矩。

康熙学朱元璋立储，只看到立嫡立长，却没看到靖难一役的流血巨变，而其两度废黜胤礽，幽禁居所，又重视其他诸子，组成了新的权力中枢，凌驾于内阁之上，结果来不及实施秘密建储计划，导致皇四子意外入选。虽然雍正即位不久，推出秘密建储，那也是为了防患明枪暗箭的不虞之需。

“九子夺嫡”没有演变成八王之乱

1

西晋立国第二代爆发了“八王之乱”，最大的问题是这些“王”，是真正的诸侯王，他们有自己的封地、掌管一地的军政财政大权。像首先叛乱的汝南王司马亮，做过镇南大将军、都督豫州诸军事等要职，镇守一方，入朝任太尉、录尚书事，兼任太子太傅。

这些藩王，有司马懿的儿子，有司马炎的子侄。他们之所以能够相互攻击，就是因为觊觎皇权的同时，有足够的财力和兵力。此外，晋惠帝司马衷的皇后贾南风，因惠帝懦弱而一度专权，是八王之乱的始作俑者和挑事者之一。

这样的皇家内讧，在后世诸多王朝经常发生，迄至明武宗时，也曾发生了安化王之乱、宁王之乱。

到了清朝，皇帝的儿子不再是天生的王，要想被封王，必须看功劳大小、嫡庶关系和皇帝心情。而且，清朝最高的皇家和硕亲王，位列超品，却没有封地和军队，就是每年所得俸禄，都是不过万两万斛。

2

清太祖努尔哈赤在辽东统一女真、建国改元的进程中，对诸子的分封，基本上是按军功大小、嫡庶有别进行分封的。他有十六个儿子，但只设了四个贝勒，其中仅大贝勒代善、三贝勒莽古尔泰、四贝勒皇太极是他的儿子，二贝勒阿敏是他的侄儿。

天命七年三月，努尔哈赤实施八和硕贝勒共治国政制，即以八旗旗主贝勒共同执政。除了他自将两黄旗外，其他三旗旗主为儿子（正红旗旗主代善、正蓝旗旗主莽古尔泰、正白旗旗主皇太极），两旗旗主为孙子（镶白旗旗主杜度为长子褚英之子，镶红旗旗主岳托为次子代善之子），另有镶蓝旗旗主为侄儿阿敏。

皇太极继位后，除了亲率皇帝自将的两黄旗外，开始创立封爵制度。对于皇子，按宗室爵位分封。宗室爵位分为十二等，每等若干级：亲王、郡王、贝勒、贝子、公、将军。贝子是当朝皇子的最低封爵，但也有例外，有个别皇子只封得镇国将军，或者不封。

皇太极在位时，诸皇子仅皇长子豪格因军功受封和硕肃亲王，其他皆只是皇子，没有爵位。他可以封有功的皇兄弟、堂兄弟甚至亲侄堂侄为王、为贝勒，却对诸子是吝啬的。

皇太极的做法，直接影响了后继之君。顺治帝在位时，仅追封了幼殇的皇四子为荣亲王，其他七子皆不给封爵。爵位都没有，更莫说封地和护卫。

康熙皇帝继位前，身份是皇子，他是大清皇帝中生育儿女最多者，但他分封诸子，除了皇二子因嫡出而被直接封为太子，其他诸子封爵一律按功劳大小来，被封亲王者寥寥可数，而且没有被直接封为亲王的。雍正帝胤禛于康熙四十八年被封为和硕雍亲王前，是贝勒，为康熙三十一年所封。他被封为贝勒和亲王，完全是因政治表现和理政才干争取来的，而不是因为他是皇四子。

康熙朝，不少皇子爵位低，还得靠皇帝特批从内务府拨款养家。同时，没有皇帝的安排，他们不得擅自接触军队，甚至同官员来往也得私下。

清朝的皇子并不是天生的王。综观清代皇家王公贵族兴衰史，宗亲并没成为国家财政真正的负担。他们可以有自己的庄园，但他们不能像明朝皇子那样有自己成建制的护卫军。他们要想出京，还得向皇帝报批。

这是满洲皇家的传统和制度。

制度断掉了天潢贵胄能够拥兵自重的基础。像大家都知道的康熙帝十四子胤祯（允禵），于康熙五十七年十月被任命为抚远大将军统率大军进驻青海，称大将军王，并以天子亲征的规格出征，"用正黄旗之纛，照依王纛式样"（《清圣祖实录》卷二百八十一），征战西北。

大将军王用兵数十万众，但是，康熙去世当日，雍正迅速将允禵召回京师，随即软禁于景陵读书。很多人质疑允禵为何不拥兵自重，夺取皇位。原因很简单，作战打的是后勤与补给，雍正的亲信年羹尧总督川陕，此前负责筹集西征大军的后勤补给，随时可以断掉他们的生存物质和钱粮。

3

军队和财赋牢牢地掌控在皇帝的手中，皇子夺储主要靠在官员中的人气度和在皇帝心目中的重视度。

康熙执政期间，先是将议政王大臣会议大幅度削权，进而组织皇帝办公室——南书房向内阁夺权，最后命皇子分领旗务，参决大政，组建凌驾于议政处、内阁、南书房之上的特别权力中枢。

这为康熙晚年，诸皇子自成集团，暗结朋党，相互倾轧，提供了机会。皇子夺嫡，严重侵犯康熙不断集中和强化的皇权，但实权始终牢牢地控制在康熙的手中。

如何正确立储，是他从不懈怠的政治任务。康熙为了选中理想的接班人，不惜对其他诸子采取严厉的打击，不惜将立储达三十七年之久的皇太子胤礽废黜，宣布学习汉人实施的嫡长子皇位继承制失败后，秘密探索密建皇储计划。他把立储大权牢牢掌控在自己的手中。

而晋武帝立储，就因听了皇后的话，执意立了为人痴呆不任事的次子司马衷为后继之君，以貌丑性妒的贾南风为惠帝皇后，结果酿成“八王之乱”，历时十六年之久，导致无数百姓死于战乱，严重地破坏了社会经济，崩溃了社会秩序，激化了社会矛盾，使西晋的力量消耗殆尽，为之后“五胡乱华”、西晋灭亡埋下了祸根。

而康熙的继承者雍正帝，虽然即位在法理上存在形形色色的争议，但是他的杰出能力和铁腕手段，为历史上著名的康雍乾盛世夯实了坚固基础。

康熙帝为何最后不得不二次立废？

1

“九子夺嫡”，是清朝皇家内部著名的一场争斗。

持续时间长，涉及面积广，社会影响大，导致了康熙皇帝统治后期身心衰颓，吏治废弛。

康熙十四年六月初三日，康熙帝公开地将已故赫舍里氏皇后所生、不足两岁的皇二子胤礽立为皇太子。

胤礽尚在襁褓之中便被立为储君，原因有五：

一是康熙主导的平藩大战，已进入了白热化阶段。吴三桂为首的叛清势力，已席卷大半个中国，关内仅京城畿辅及附近地区，尚无出现大规模的军事行动。康熙骑虎难下，只能将撤藩行动进行到底，于是立储。这是迫于无奈的以备不虞之需。

二是康熙亲政后，在孝庄太皇太后的支持下，果断地推行满汉一体政策。平藩大战如火如荼，康熙在国本问题上采用汉制，推出中原王朝传承的嫡长子皇位继承制，无疑是向汉人士大夫官员表示他崇儒重道的方针确立，以最大限度争取汉人官员的支持，巩固满汉地主阶级政治联盟联合统治的大清王朝。

三是康熙即位时，虽是以顺治遗诏钦定储君，但还是以“立为皇太子，即遵典制，持服二十七日，释服即皇帝位”（《清世祖实录》卷一百四十四）的形式确立即位合法性。这，说明清朝已有确定皇太子即位的先例，已打破太祖创建以八和硕贝勒共议国政制为基础的汗位推选制。

四是赫舍里氏皇后难产而死，年仅二十岁，使正为前线战事焦虑的康熙帝深有愧疚之心，于是早早地册立胤礽为储，也算是对早逝的皇后一个情感告慰。于是乎，康熙十四年六月初三日，册封胤礽为皇太子，康熙下谕礼部择吉日举行册封大典时强调：“朕荷天眷，诞生嫡子，已及二龄。兹者钦承太皇太后、皇太后慈命，建储大典，宜即举行。今以嫡子允礽，为皇太子。”（《清圣祖实录》卷五十六。“允礽”，当为胤礽，康熙所取，但因实录为雍正所修，避胤禛讳。）是年十二月十三日，康熙帝于太和殿举行册封大典，授予胤礽皇太子册、宝，正位东宫，十四日正式颁诏天下：“嫡子允礽，日表英奇，天资粹美。兹恪遵太皇太后、皇太后慈命，载稽典礼，俯顺舆情，谨告天地、宗庙、社稷，于康熙十四年十二月十三日，授允礽以册、宝，立为皇太子，正位东宫，以重万年之统，以系四海之心。”（《清圣祖实录》卷五十八）且册封正使、副使，皆为两人，规格至高，典礼至隆。打着“太皇太后、皇太后慈命”的旗帜，归根结底还是康熙的决定。

五是康熙学汉人王朝立嫡长定国本，得到了以武英殿大学士熊赐履、王熙为首的汉官集团的首肯和支持。但在那个“满大学士凡有所言，汉大学士但唯唯诺诺”（《康熙朝起居注册》）的满洲统治时期，朝中最有权势者，还是保和殿大学士索额图与兵部尚书明珠。他们都是康熙平藩战争中最倚重的帮手，立储这样的大事，自然会先征得他们的意见。

索额图为赫舍里氏皇后的叔父，自是最支持康熙册立自己的侄外孙为储君。

而明珠，则为皇长子生母惠妃纳喇氏的堂叔，对康熙择储选嫡弃长的做法，甚为不满，但迫于康熙主导、孝庄支持的情势以及个人利益，又不得不做出让步。

康熙立储成功，索额图成了赢家，由最初反对撤藩者，成了平藩最坚决者，即便面对吴三桂派来的刺客，亦是大义凛然、正气威逼。

2

就这样，康熙帝亲自抚养太子，作为一件最爱的艺术品，精雕细琢。

胤礽成长很快，在康熙外巡和西征时，奉命监国理政，循章办事，也处置得妥帖，深得圣心。

康熙帝曾多次褒扬胤礽是一个“纯孝之人”（《亲征平定朔漠方略》卷四十），“居京师办理事务，如泰山之固”（《圣祖御制文二集》卷二十二），也考虑过提前将政事交付胤礽，自己选择一方水土佳处，欣赏胤礽的大有作为，“以获优游养性”（《清圣祖实录》卷二百三十五）。

就连西方来的传教士白晋，也在回忆录中说：他是一个十全十美的皇太子，以至在皇族中、在宫廷中没有一个人不称赞他，都相信有朝一日，他像他父亲一样，成为中华帝国前所未有的伟大皇帝之一。

但是，日子久了，胤礽恃宠而骄，经不起诱惑，喜好享乐的性子愈发恣肆彰显。

而且，随着太子集团的谋主索额图被康熙边缘化，革除大学士后，明珠成了新的首辅。索、明二相明争暗斗，“权势相侔，互相仇轧”（昭梿《啸亭杂录》卷十）。他们不但在权力场上缠斗不休，就是休闲生活也是“皆有绝技”：索额图“好古玩，凡汉、唐以来鼎镬盘盂，索相见之，无不立辨真假，无敢欺者”，而“明相好书画，凡其居处，无不锦卷牙签，充满庭宇”。

反太子势力日见强势，《清史稿·明珠传》说："索额图善事皇太子，而明珠反之，朝士有侍皇太子者，皆阴斥去。"

内阁当权者，如此较量，"一时之盛"，少不了下面的人趋之若鹜，竞相攀附。而作为了索、明二相竞争的焦点人物——太子胤礽，则在康熙日益失望但又优容呵护之下，骄奢淫逸，广纳亲信，暴戾淫乱，甚至连康熙身边的膳房人、哈哈珠子、茶房人等，也被发现"私在皇太子处行走，甚属悖乱"（《清圣祖实录》卷一百八十五）。

反太子势力纷纷出动，使胤礽受到了形形色色的弹劾举报，使康熙与他之间的皇储矛盾日见明显。

康熙发现胤礽性情陡变，变得冷漠寡情。康熙三十五年十一月，康熙第二次亲征噶尔丹途中，曾愤怒地在给胤礽的朱批中，谴责："皇太子与朕相隔遥远，朕担心尔思念皇父，故将征途见闻，无不详尽写下，送回阅看。皇太子为何不给朕一句回话？给皇父写信，又岂有致尔忧劳致理？"（《宫中档康熙朝奏折》第八辑）

康熙给胤礽寄回的包裹，是亲自看视，责成送护人小心保管。而胤礽给康熙寄去的物品，如鹿尾之类，包裹松散，并不验看，送达时均已残破。

这印证了民间俗语：瓜里有籽，籽里无瓜。

康熙在朱批中大骂，“包裹鹿尾之饭上人，无脸小人，甚属不敬”（《宫中档康熙朝奏折》第八辑），骂那些办事员是饭桶，不要脸，实际上是对胤礽心中无君父的严重不满。

胤礽做了三十多年的储君，在诸兄弟甚得父皇宠爱的情势下，加之康熙对他的过分溺爱而骄纵，导致越发浮躁。

胤礽的身边，不乏支持者，就连后来成为雍正帝的皇四子胤禛也唯其马首是瞻。其中最显眼的是胤礽的叔外公索额图，曾经为康熙铲除鳌拜、平定三藩建有大功，先为保和殿大学士，后做领侍卫内大臣（满洲正黄旗），平时结党营私擅权，暗地怂恿胤礽与康熙分庭抗礼，结果被康熙觉察，怒斥为“诚本朝第一罪人”（《清圣祖实录》卷二百五十三），最后被幽禁致死。

索额图的倒台，导致了胤礽越发焦虑，出现了偷窥宫闱、刺探圣意事件，导致康熙极为不满。康熙四十七年五月，第一次以不忠不孝之名废黜胤礽，但很快康熙又生悔意，力排众议，复立胤礽为储，因为个人情感而罔顾全局利益。

在诸兄弟暗结亲信、自成集团、斗争愈烈的情势下，胤礽并不收敛，变本加厉，甚至伙同步军统领托合齐、户部尚书沈天生等，谋划逼迫康熙提前退位，加剧了皇帝与储君之间的矛盾。

就连朝鲜，都知道胤礽“性甚悖戾”，公开狂言“古今天下，岂有四十年太子乎”（吴晗《朝鲜李朝实录中的中国史料》下编卷六）。

胤礽还对宫中亲信说，康熙在位太久，世间怎能有白头太子。

他没想到，康熙帝在康熙五十一年十月，决定再次将胤礽废黜，禁锢于紫禁城咸安宫，不再复立。

3

胤礽先后两次被废，主要是康熙帝感到了自己的人身安全受到了胤礽的威胁。

康熙实施汉人的嫡长子皇位继承制，加之对太子胤礽的放任，如默认索额图“怀私倡议”（《清圣祖实录》卷二百五十三）与皇帝并肩的太子仪注，使用皇帝专用的黄色舆服，导致太子成年前后，已发生激烈的皇储矛盾。胤礽自身能力出众，但由于康熙的迁就包容，越发“肆恶虐众，暴戾淫乱”（《清圣祖实录》卷二百三十四），作恶多端，大失人心，遭到了同样受到康熙重视的其他年长皇子的围攻。

胤礽第一次被废，为康熙四十七年九月。

皇长子胤禔向出巡返京的康熙密报（当时很受康熙倚信、负责保卫工作的皇十三子胤祥，应该参与密报），太子夜窥皇父动静，意图不轨，使康熙帝感到了无比的恐慌，认为他是对索额图之死“蓄忿于心，近复有逼近幔城，裂缝窥伺，中怀叵测之状”（《清圣祖实录》卷二百三十四）。

帐殿夜警，使康熙联系到途中皇十八子胤祄病危，作为哥哥的胤礽漠不关心，感到了胤礽对亲情冷漠。

康熙勃然大怒，决意废储：“似此不孝不仁，太祖、太宗、世祖所缔造，朕所治平之天下，断不可付此人。”（《清史稿·允礽传》）

当胤礽通过转奏，表明心迹“皇父若说我别样的不是，事事皆有，只是弑逆的事，我实无此心”（《文献丛编》第三辑）后，康熙又后悔了。胤礽辩诬，承认诸多不法行为，但说不曾有弑父之心，使心痛不已的康熙深感欣慰。

与此同时，康熙觉察到其他皇子暗结亲信，相互倾轧，夺嫡之争愈演愈烈。

他决意复立胤礽，于是连续做亲贵重臣的工作，以孝庄太皇太后、仁孝皇后赫舍里氏托梦诉冤的形式，为胤礽复储争取支持。

他迫于压力废储后，又力排众议复储，把关系国本的立储大事视同儿戏。

康熙的仓促复储，毫不理性，也导致了胤礽蠢蠢欲动。

康熙四十八年十一月，安郡王马尔浑病逝。马尔浑的弟弟、奉恩镇国公景熙（经希）举报：太子亲信、步军统领托合齐违反规定，召集刑部尚书齐世武、兵部尚书耿额，以及部分八旗都统、副都统在都统鄂善家饮酒。

他们多次聚集，参与者近二十人。

康熙帝曾以“访询未得其实”（《清圣祖实录》卷二百四十八）为由，将此事搁置。因为他最初认为“以酒食会友，有何妨碍，此不足言”。

景熙为皇八子胤禩妻舅，也是他的支持者。他告发的目的是：胤礽等意图不轨，扳倒他给胤禩上位争取机会。

康熙五十年十月，对胤礽越发失望的康熙帝，决意废储，于是开始处理托合齐会饮案，打击其支持者。于是，第二年组成了一个庞大的审理团队，如责成和硕简亲王雅尔江阿带着贝子苏努、镇国公景熙及文华殿大学士温达、萧永藻等，会同刑部详审此案参与人员，又命皇三子胤祉带队，领着胤禛、胤祺、胤祐诸皇子和领侍卫内大臣阿灵阿、复出的武英殿大学士马齐等会同宗人府察审。

所谓托合齐等结党会饮一案，迅速发酵，被康熙意识到“伊等所行者不在乎此”（《清圣祖实录》卷二百四十八），是“援结朋党”，助力胤礽逼宫。皇太子在策划逼父皇尽早让位之事，被反太子集团发酵。

刑部主审，宗人府监审，诸皇子、宗室成员、领侍卫内大臣和内阁大学士集体参与，很快得出“景熙首告各案俱实”（《清圣祖实录》卷二百五十二）的结论。

他们奏请将托合齐即行凌迟处死，将其子舒奇绞监候，秋后处决。康熙考虑到托合齐为自己的舅兄，命囚禁狱中，待其自生自灭。三个月后，托合齐病死，康熙下令将其挫骨扬灰，不许收葬。

此案另一个主要代表、刑部尚书齐世武，满洲正白旗人，曾被康熙赞许为好官嘉奖，但就因为他媚事胤礽、参与密谋，被康熙帝命以铁钉钉其五体于墙壁，使其哀号数日活活痛死。

因为他们“罪恶重大”（《清圣祖实录》卷二百五十三）。

因为康熙觉得，是他们的怂恿，导致了胤礽沉沦。

康熙于五十一年九月三十日，巡视塞外回京当天，即向诸皇子宣布：皇太子胤礽自从复立以来，以前的狂妄还未消除，以至于大失人心，祖宗的基业断不可托付给他。

此次，太子胤礽彻底被废。

支持胤礽的大小官员得到了不同程度的惩处，以托合齐、齐世武为最。甚至远比十年前被以“九条铁链”束缚、活活饿死于狱中的索额图，还要惨厉！

一向宽容的康熙帝，之所以对自己昔日倚重、赞誉的重臣，痛下狠手，无疑是让他们承受了对胤礽的怒火，或者是认为他们误了胤礽而不得不接受灭绝人性的惩罚。

与此同时，康熙对参与审案的诸多宗室官员，给予了六等不同的奖励。

首告者景熙，并没有作为首功受到最高等的奖赏，只拿了第三等两千两赏银。但是，康熙并没有重用他。想必，康熙并不喜欢这个打击爱子的干将。

4

电视剧《雍正王朝》中，胤礽与康熙的宠妃郑春华有私情，那都是杜撰。

康熙后妃成群，但无郑氏其人。

胤礽平日行为恣肆，淫乱放荡，身边不差女人，除了不受重视的太子妃瓜尔佳氏外，还有侧福晋、庶福晋和媵妾十余人。

瓜尔佳氏为正白旗汉军都统、福州将军石文炳之女。而石文炳的祖父石廷柱，先世居苏完部，姓瓜尔佳氏，至石廷柱的祖父阿尔松阿，移居辽东，遂以“石”为氏。石廷柱为太宗大将，很得重用，于崇德七年定汉军八旗时，因功受封镶红旗固山额真，顺治十四年二月乞休，被封为少保兼太子太保，进三等伯，世袭罔替。

石廷柱为两朝功臣，于顺治三年成了国戚。其子二等侍卫石华善被选为豫亲王多铎第三女之婿，封和硕额驸。

石文炳为石华善长子，也就是多铎的外孙，和皇太极之孙康熙帝是堂表兄弟。

吴三桂造反，康熙命安南将军石华善，参赞扬威大将军、简亲王喇布军务，驻江宁，后授平寇将军、定南将军，有战功，但也曾怯战被责。

但是，康熙帝对这位堂姑父家仍很看重，三度赐婚，将堂表兄弟石文炳的三个女儿，一个给皇太子胤礽为嫡福晋，一个给皇十五子胤禑做嫡福晋，一个给皇二兄、裕亲王福全之子保泰为继福晋。

所以说，胤礽与其嫡妻瓜尔佳氏还有一层远堂表兄妹的关系。

当然，瓜尔佳氏姐妹嫁给胤礽兄弟，也使得关系变得更加复杂了。

但是，胤礽最爱的，当是给他生了二子二女的侧福晋李佳氏。乾隆初年著名的“弘晳逆案”主角、和硕理亲王弘晳，就是李佳氏所生。其父为轻车都尉舒尔德库，不及瓜尔佳氏太子妃家世显贵，却给胤礽生两个儿子（大儿子十一岁夭折），深得胤礽重视。

反太子的力量，也在四处谋划。如胤禩虽然在康熙四十七年推选太子的活动中落败，但他还在积蓄力量，指使亲信大臣为胤礽的种种不法行为罗列证据。原来支持胤礽复储的胤禛等，也为了自己的夺嫡，站到了倒太子的一面。

胤礽的大失人心，众叛亲离，尤其是图谋不轨，导致了他的储位彻底被废。

5

康熙五十一年十月初一日，太子胤礽被康熙帝以“狂疾未愈，大失人心”（《清圣祖实录》卷二百五十一）为由，再次强调胤礽“断非可付托祖宗弘业之人”，将其废黜，并由御前侍卫从畅春园押送至咸安宫，开启了此后长达十二年的囚徒生涯。

此次，康熙对胤礽是彻底失望，组成了以宗人府府令、和硕简亲王雅尔江阿为首、诸多王公大臣参与的“二阿哥看守处”。平日里，咸安门紧闭，由专人持凭证，从专门通道送饭。这就是要彻底断掉胤礽与外界的联系。

康熙帝仍多次派遣内监探视胤礽，赐物赐食。即便康熙至塞外避暑，也不忘给胤礽送去时令鲜果和防暑冰块。这让胤礽感受到了父子亲情，同时也奢望能再获重生。

康熙五十四年夏，准噶尔首领策妄阿拉布坦派兵突袭哈密，叛乱边界。清廷决意予以反击，被身陷囹圄的胤礽闻悉，胤礽决意利用这个机会图谋复出。

是年十一月，嫡福晋瓜尔佳氏患病，医生贺孟頫奉旨进入咸安宫诊治，被胤礽请求为之带出以矾水书写的求援信，交与镇国公、正红旗满洲都统普奇，希望他保举自己为大将军，统军西征。

胤礽寄望以军功，得以第二次复立为太子。却不意康熙心中已有暗定储君计划，当然也害怕胤礽拥兵自重，再行谋逆之举，所以问讯胤礽求助普奇，当即下令宗人府予以审理，惩处了除胤礽之外的涉案人员。

此后，还有不少满汉大臣，如满洲正红旗人、革职兵部左侍郎朱都纳、翰林院检讨朱天保父子，汉人文渊阁大学士王掞等，上疏请求建储，甚至指名复立胤礽，都遭到了康熙帝的痛斥严惩。

康熙五十六年十一月，文渊阁大学士兼礼部尚书、经筵讲官王掞密奏请建储。其意很明确，与四年前左都御史赵申乔请立皇太子不同，王掞就是希望康熙复立胤礽。因为他与胤礽有过师生之谊。

康熙将王掞奏疏留中。

不久，御史陈嘉猷等八人上疏，请求康熙帝建储，让康熙怀疑他们结党，秉承王掞之意。康熙公开不允。

又两月后，即康熙五十七年正月二十日，检讨朱天保再次上奏请求复立胤礽。康熙六十年三月十八日，康熙万寿节，王掞再次提出复立胤礽。这次彻底激怒康熙帝，召诸王大臣，降旨严责王掞植党希荣，议罪令其与诸御史俱赴西陲军前效力。

康熙帝一次次驳回请立胤礽奏疏，不惜严惩忠于国事的大臣，与康熙四十七年执意复立胤礽的态度，截然相反。

康熙对胤礽仍有父子之爱，但却彻底没了三立之念。至于康熙将胤礽之子弘皙养在身边，亲自教育，貌似有立孙之现象，那也是世人揣测。然而，康熙的这一爱孙之举，最终害了弘皙迷失了自己，这为后话。

6

康熙二次废储后，并没停止继续立储定国本的想法。他开始探索秘密建储计划。废太子胤礽与皇长子胤禔的不争气，对兄弟无情无义，使康熙大失所望，于是他摒弃原来考虑的嫡庶之分、长幼之序的想法，重新对年长诸皇子综合才能、德行品格及年龄优势进行新的考衡。

早在康熙四十七年九月，当康熙怒斥胤禩"柔奸性成，妄蓄大志，朕素所深知，其党羽早相要结，谋害允礽。今其事皆以败露，著将允禩锁拿，交与议政处审理"(《清圣祖实录》卷二百三十五)。

天威震怒，诸皇子噤若寒蝉，唯有皇十四子胤祯挺身而出，跪奏曰："八阿哥无此心，臣等愿保之！"

虽然胤祯是受了老九胤禟的唆使，你我此时不言，更待何时？但见已成年的胤祯颇具胆量，毫不畏惧。

胤祯此言一出，力阻康熙的决断，康熙愤怒地拔出所佩刀要诛杀胤祯。皇五子胤祺跪抱康熙大腿劝止（电视剧《雍正王朝》将胤祺的抱腿，换作了老四胤禛的快速行动)，诸皇子叩首恳求，康熙帝才稍微平息怒火，命诸皇子打了胤祯二十大板。

事后，康熙感觉到他对兄弟的有情有义，并对胤祯心直口快、表里如一的品质，有了进一步认识，因此之后更加宠爱他。

康熙五十七年，准噶尔部首领策妄阿喇布坦出兵进攻西藏，康熙帝任命胤祯为抚远大将军统率大军进驻青海，讨伐策妄阿喇布坦，并以天子亲征的规格出征，“用正黄旗之纛，照依王纛式样”（《清圣祖实录》卷二百八十一）。

贝子胤祯成了著名的大将军王。这不是后人的称法，时人已将他称为大将军王。

诸皇子争储到了紧要关头，康熙帝将征战的军权交与胤祯，而且给予天子出征的规格，给人的感觉，康熙有意立胤祯为储君。

胤禛继位，成为雍正帝，合法性和合理性遭人质疑，甚至传出了他是篡改了先帝遗诏，先帝要立的是皇十四子胤祯。

而胤祯也对自已胞兄继位，并不高兴，让雍正帝更加忌恨，故而在给胤祯改名时搞得更彻底，将其父康熙帝给的名字弄得面目全非：允禵。

康熙命十四阿哥胤祯为大将军王，貌似已定老四胤禛为继承人，故意将支持老八胤禩的老十四调离京城。这是胤禛即位成功后的说法。

《大义觉迷录》卷三中记载，雍正对康熙五十七年十月命胤祯为抚远大将军一事，给了一个解释："只因西陲用兵，圣祖皇考之意，欲以皇子虚名坐镇，知允禵在京毫无用处，况秉性愚悍，素不安静，实借此驱远之意也。"

雍正继续说，老十四任抚远大将军后，"以允禵之庸劣狂愚，无才无识，威不足以服众，德不足以感人。而陕西地方复有总督年羹尧在彼弹压，允禵所统者不过兵丁数千人耳"（《大义觉迷录》卷三）。

按照雍正的说法，允禵无能，显然不可能成为皇位继承人。

但是，从抚远大将军的任命意义来看，它不仅攸关西线战局，而且关系清朝安危。准噶尔部控制西藏，就有可能借黄教煽动蒙古各部脱离清朝统治，康熙三征准噶尔而再次用兵西北，就是要绝对控制西藏而进一步争夺蒙古统治权。

对于这样的政治使命，康熙帝必然会因选择他所最信任、认为最有能力的人出任大将军，代替天子亲征。大任落在年轻的胤祯肩上，而非成熟的胤禛等人，足见康熙别有用意。

康熙五十八年，玄烨曾亲自对青海蒙古各部盟长罗卜藏丹津及其他人说："大将军王是我皇子，确系良将，带领大军，深知有带兵才能，故令掌生杀重任。尔等或军务，或巨细事务，均应谨遵大将军王指示。如能诚意奋勉，即与我当面训示无异。”（《抚远大将军奏议》）

康熙破例给予胤祯生杀予夺大权，不能说没有考虑择立他的政治意图，只是最后选择了理政能力成熟的胤禛，而同时留给后世一桩公案。

不仅如此，康熙帝甚至在康熙五十九年满文朱谕中，将自己的身体情况告知千里之外的胤祯：“朕的白头发、白胡子有些变青了！你不要将此告诉别人。朕只是牙不好。”康熙貌似给胤祯传递一个信息，我的身体还好，可以撑到你大胜奏凯时。

康熙不但经常从内库给胤祯府上调拨万两银子，还亲自为他的一女二子分别操办了隆重的婚礼，还将他的两个嫡子弘明、弘暟带着到热河行宫避暑。

康熙最后的心思，都在胤祯身上，断然不会再给大失人心的胤礽一点机会。

八贤王出众，却被亲爹要绝父子情

1

八阿哥胤禩能干，深得康熙喜爱。这是实话。

他十七岁被封贝勒，为诸皇子中获得此爵最年轻者。康熙曾有一段时期，外巡或行围，要么带上胤禩护驾，或者留在京师处理政务。康熙带走皇长子胤禔和皇太子胤礽时，责成胤禩等留守京师。康熙朱批，将排序第八的胤禩排在老三胤祉之后，而在老四胤禛（后来的雍正帝）之前，足见康熙非常肯定八阿哥的能力，倚重的程度远胜于胤禛。

康熙的二哥、裕亲王福全，曾带胤禩料理广善库事宜，病逝前曾在康熙面前极力赞赏胤禩不务矜夸，聪明能干，有德有才。他有意推举胤禩。

康熙四十七年九月，太子被拘禁后，胤禩被安排出任内务府总管。这是一个很重要的位置。

但是，用归用，重归重，康熙在力保胤礽时不可能新立胤禩。

胤禩的能干，康熙是充分肯定的。

雍正即位后，严防着已改名的允禩，但在尚未正式继位时，便封其为首席总理王大臣、和硕廉亲王和理藩院尚书、管工部事务，且多次说："允禩优封亲王，任以总理事务……较诸弟颇有办事之材，朕甚爱惜之，非允禟、允䄉等可比"（《清世宗实录》卷十八），"廉亲王允禩若肯实心办事，部务皆所优为。论其才具操守，诸大臣无出其右者"（《清世宗实录》卷三十一）。

当然，雍正既认为允禩是才力最佳的帮手，也视其为最大的威胁："其心术之险诈，诸大臣无与之比者。"（《清世宗实录》卷三十一）

他有着天使与魔鬼的双面。

2

胤禩深孚众望，却遭到了康熙强烈的顾忌。

尤其是康熙四十七年十一月十四日的那一场推荐新储的朝会上，领侍卫内大臣阿灵阿、内大臣鄂伦岱，以及康熙信任有加的工部侍郎揆叙、左都御史王鸿绪，动员与会的文武大臣力荐胤禩，得到了在场官员的响应。

国丈佟国维提议推举新太子，原来就是为了推胤禩。马齐冒着被杀头的危险，假传消息推动大学士张玉书、温达一同支持胤禩，丝毫不惧康熙的严厉追责。皇子胤禟、胤䄉和胤祯都支持胤禩。

几乎满朝文武都在力挺胤禩。

胤禩深得人心，与“大失人心”（《清圣祖实录》卷二百五十一）的废太子胤礽，形成了鲜明的对比。

胤礽因帐殿夜警事件行将被废，当康熙闻讯其并无弑逆之心时，很懊悔了，不想废储，但迫于朝中舆论压力，不得不废除胤礽。继而，康熙想方设法做了不少工作，甚至抬出已死几十年的孝庄太皇太后、赫舍里氏皇后托梦鸣冤，希望群臣响应他复立胤礽为储的计划。

为了实现这个计划，他曾警告诸皇子，如果谁钻营为皇太子者，即国之贼，为法不容。

哪知他忙碌了两个月，甚至严令禁止内阁权臣马齐不得参与，但结果激怒他变得疯狂。

皇长子胤禔告诉康熙，“相面人张明德曾相允禩后必大贵”（《清圣祖实录》卷二百三十四）。此言下之意，就是胤禩是天生的继承者，必然要取代康熙力挺的胤礽。

这与康熙推行嫡长子皇位继承制是背道而驰的。康熙联系到张明德为了复仇，欲行刺胤礽之事，认为胤禩知情不报，居心叵测。

胤禩以绝对票数胜出，使康熙复立胤礽的计划即将流产。康熙不想自己精心培育了三十多年的胤礽，就这样因为臣心所向，被胤禩替代。同时，他最担心自己被胤禩提前架空，或直接逼退。当然，他也顾忌胤禩的选票，并非靠影响力所得，而是有人操控，会导致帝权旁落。

质言之，康熙态度陡转，开始厌恶胤禩，咒骂他"柔奸性成，妄蓄大志，党羽相结"(《清史稿·允禩传》)，谋害胤礽，就是害怕他弑父篡位，或被他人利用成为一把危害家族皇权的工具。

为了平抚众臣支持胤禩的热潮，康熙不惜拿自己的老婆、胤禩的生母良妃说事。他大骂胤禩"系辛者库贱妇所生，自幼心高阴险"，"允禩未更事，且罹罪，其母亦微贱，宜别举"(《清史稿·允禩传》)。

对于胤禩，康熙将其做了短暂拘禁。

3

六年后的毙鹰事件等，仍是这事件的继续发酵而已。

康熙五十三年十一月二十六日，康熙前往热河巡视途中，经由密云、花峪沟等地，胤禩原该随侍在旁，但因恰逢其母良妃三周年祭日，故前去祭奠亡母，未赴行在请安，派了太监去康熙处说明缘由，表示将在汤泉处等候父皇一同回京。为了致歉，他特地托太监给康熙送去一头老鹰。康熙打开一看，老鹰已奄奄一息，极为愤怒，认为胤禩诅咒自己，当即召诸皇子至，称：“自此朕与允禩，父子之恩绝矣。”(《清圣祖实录》卷二百六十一)

胤禩在曾被康熙严重打压，并在重病期间遭到过亲爹的不闻不问，搞好关系还来不及，又怎会送去一只将死的老鹰激怒康熙呢？

康熙一碗水端不平，虽爱子如命，却嫡庶有别，当然最害怕的还是最优秀的儿子提前取代自己。

康熙帝的亲情牌，如同一道护身符

1

康熙皇帝是一个极重亲情也任人唯亲的主。

像皇次子胤礽，越发“肆恶虐众，暴戾淫乱”，甚至有可能联合权臣索额图阴谋抢班夺权，但康熙还是认为他的“贪暴纵恣”，“为鬼物所凭，狂意成疾”（《清圣祖实录》卷二百三十四）。

皇储矛盾，早在康熙四十七年九月第一次废储的十多年前，就已发生，愈演愈烈。康熙废储时，反复强调，胤礽在服色、用度、仪注等方面，与自己相当。他把责任尽数推到“本朝第一罪人”（《清圣祖实录》卷二百五十三）索额图的身上，却丝毫没有检讨自身的纵容与放任。

这样的追责，并非清朝的首例。早在先帝顺治朝，摄政睿亲王被清算时，就有一条，直指多尔衮所用仪仗、音乐、侍卫等“僭拟至尊”（《清世祖实录》卷五十三），府第与宫殿相似，任意挥霍府库财物。

多尔衮的“僭拟至尊”，是他越过了皇帝的恣意妄为，顺治帝是没办法制约大权在握的皇父摄政王的。

相较于多尔衮，胤礽所为，有过之而无不及，服色、仪注等同于天子，这是最大的僭制。而康熙大权在握，然而他却对胤礽只有父子之情，而非君臣之别。

在他心里，皇位和江山迟早是要给胤礽的。他甚至想到了提前禅位，悠游山林。

在他情感上，胤礽是他的嫡子。他为了保证胤礽作为唯一嫡子的位置，在胤礽生母赫舍里氏皇后病逝后，两立皇后，都是选择没有子嗣的女人。他不需要母凭子贵，而是防止子凭母贵。

康熙有爱子如命的一面，爱嫡子也爱庶子，但是对嫡子的情感又是特别的：胤礽"乃皇后所生，朕煦妪爱惜，亲加训谕。告以祖宗典型，守成当如何，用兵当如何，又教之以经史，凡往古成败，人心向背，事事精详指示"(《清圣祖实录》卷二百三十四)。

康熙亲自教导胤礽，精心教以帝王术，却严重忽视了胤礽在复杂的政治、文化背景下嬗变的心理变态和人性扭曲。

康熙不仅对唯一的嫡子如此，就连唯一系贵妃所生的儿子胤䄉，也是给予特别的爱。胤䄉资质平庸，为老十四看不起，但是康熙早早地将胤䄉封为多罗敦郡王，命办理正黄旗满洲、蒙古、汉军三旗事务，有别于其他诸子分入下五旗的奖励。

2

康熙不但对儿子有严格的嫡庶之分，而且对满洲亲贵大臣亦是如此。

康熙四十六年复授领侍卫内大臣的鄂伦岱，本是议立胤禩的代表人物，理应受罚，却被康熙只是骂了几回“乱臣贼子”后，轻易放过了。他是康熙的亲表弟，倚恃宠护，敢直言顶撞康熙，不怕激怒康熙当面叱骂他“实为可杀之人”，鄂伦岱依然“毫无畏惧，倨傲如故”。(《清世宗实录》卷四十四)。

鄂伦岱的父亲，是康熙的大舅佟国纲。

对于二舅佟国维家的表弟，康熙更是倚重。他们不但是表弟，而且是双重内弟。

正是因为这样重叠的戚属关系，佟国维第三子隆科多，成了康熙后期及康雍过渡的关键人物。

康熙五十年十月，步军统领托合齐被迫称病请辞，康熙帝命一等侍卫行走隆科多署理步军统领。

托合齐也是皇亲国戚，其妹为康熙定嫔，因而深得康熙信任，于康熙四十一年出任步军统领。其家本是内务府包衣，出身不好，但攀龙附凤。亲外甥胤祹无心夺嫡，托合齐投入皇太子胤礽旗下，成为太子集团的主要成员，日益骄纵，甚至闹出了著名的托合齐会饮案，即在故主安郡王马尔浑丧事期间，召集一些满洲武官聚会，议论储位问题，为尚在储位但与康熙出现了严重的皇储矛盾的太子胤礽说话，表忠诚。结果被老八胤禩的人告发，让康熙帝感到了人身安全的严重威胁。

于是，康熙迫使舅哥之一的托合齐辞职，起用表弟兼内弟之一的隆科多。

3

隆科多曾以一等侍卫被提拔为銮仪使兼正蓝旗蒙古副都统，但因属下违法被康熙斥责办事不力。

但是，康熙仍然很倚信他，虽然革去其銮仪使和副都统，仍命在一等侍卫行走，也就是继续在身边当差。

康熙之所以高度重视隆科多，原因很简单：

一是隆科多是康熙亲舅舅佟国维之子，也就是自己的亲表弟。这是血缘亲情。

二是隆科多的两个姐姐，一个是康熙的孝懿皇后，一个是悫惠皇贵妃，隆科多也就成了康熙的双重小舅子。此中亲上加亲。

三是隆科多的两个姐姐，都没有给康熙生育子嗣，使隆科多没有亲外甥可保。这是最为关键。

康熙帝起用隆科多为九门提督，即步军统领，也是为了用亲信掌握京师警卫力量，保护自身安全。

电视剧《雍正王朝》中，所谓康熙称九门提督非隆科多莫属，意在表彰隆科多连自己的亲人长辈佟国维（剧中的“六叔”）都敢出卖，忠诚于皇帝。此等大公无私、有君无父，正是处在皇子夺嫡纷争中的康熙，顾虑自身安全的一份保障。

李光地滑头，雍正却称他一代完人

1

李光地是一个政治大滑头。

他的平步青云，源于从造反的靖南王耿精忠的围困中成功逃脱，带着同样被困的好友陈梦雷写好的反攻计划，制造成蜡丸，千里走单骑，向京城告密。

李光地只是翰林院编修的身份，无缘见天子，于是找到内阁学士福鸿基，呈送御前。康熙龙心大悦，命李光地为领兵大臣，由此转机。

康亲王杰书大兵压境，耿精忠背叛请降。李光地被简任侍读学士，而陈梦雷却因附逆大罪要被砍头。

陈梦雷自辩不成，李光地掠功不言。若非内阁首辅明珠等援手，陈梦雷必然身首异处。

康熙偏袒李光地，饶陈不死，却给李光地再立军功的机会，使之由翰林学士，擢内阁学士，扶摇直上。

康熙四十七年底，康熙帝被迫废储，同时积极谋划复储，多次做满洲亲贵的工作，殊不知领侍卫内大臣阿灵阿、内大臣鄂伦岱和致仕领侍卫内大臣佟国维、首席满洲大学士马齐议立八阿哥，打乱了康熙的复储计划。

康熙帝急需强有力的支持，于是想到了三年前以吏部尚书晋升文渊阁大学士的李光地。

康熙帝没料到，李光地提及帐殿夜警事件，这是康熙第一次废储的关键所在。虽然废太子胤礽声辩绝无弑逆之心，李光地重提旧事，明显不支持复储。继而，李光地又称八阿哥胤禩才德兼备，深得人心。

康熙帝不愿意放弃李光地这位言官的崇拜者，反复说废太子是因鬼魅致病。于是，李光地说，把病治好了再说。

这个表态很吊诡，却让康熙看到了复储的希望。

2

李光地是康熙时代的理学名臣，历任翰林院掌院学士、吏部尚书，康熙四十四年晋升文渊阁大学士。当时，康熙帝在任命书写道：李光地居官甚好，才品俱优，着升为文渊阁大学士。

他久在康熙身边工作，圣宠正隆，深得皇帝欢心。康熙帝曾说："李光地谨慎清勤，始终一节，学问渊博。朕知之最真，知朕亦无过光地者。"（《清史稿·李光地传》）

康熙将他引为知己，确实不易。

但这一切，不能说明康熙帝非常信任李光地。

有两事可以作为证明：

一是李光地与陈梦雷的官司。虽然康熙帝崇李抑陈，但在李光地平步青云时，康熙突然将贬黜盛京的陈梦雷召回京城，作为皇三子胤祉的侍读，经常陪同康熙帝外巡，并主编《古今图书集成》。康熙如此安排，其实是对李光地的一种监督，暗示李光地要夹着尾巴做人做事。

二是马齐因力挺皇八子胤禩，被康熙罢免后，李光地成了大臣们的核心人物，就连大学士嵩祝也趋奉之。康熙帝不愿意看到李光地威势坐大，根深蒂固，成为科道言官及汉族官员的核心。当“满洲大臣内，竟无有御汉大臣者”，他赶紧将因罪论斩的前满人大学士马齐复出，制衡李光地，以绝“今汉大臣欺压满大臣，八旗皆受辱矣”(《康熙朝起居注册》)的政治格局。康熙将马齐复出，就是要以其来制衡李光地。

当然，李光地也在私家笔记中，留下了康熙帝亲自指导心腹大臣高士奇、徐乾学扳倒明珠的权斗秘密，也记载了康熙帝打造绝对权力的决心：“若等势重于四辅臣乎？我欲去则竟去之。”（李光地《榕村续语录》卷十四）

3

康熙五十五年五月，李光地因疝疾速发，卒于任所。他享年七十七岁，但属于以身殉职。

康熙帝命恒亲王胤祺前往吊唁，赏赐千两金，谥曰文贞。

值得注意是，康熙帝派出的是皇五子，而不是地位更高的皇三子诚亲王胤祉和皇四子雍亲王胤禛。像八年前，明珠病逝，康熙派出的就是胤祉。

皇长子胤禔和皇太子胤礽被拘禁幽所后，胤祉就是众皇子中的老大。他长期领衔留守京师，综理政务。即便胤禔和胤礽活跃期间，胤祉也是深得康熙倚信。然而，康熙命陈梦雷随侍胤祉，无形中将胤祉打造成警示李光地的权柄。

应该说，康熙帝对李光地还是有看法的。

然而，六年后，雍亲王变成了雍正帝。他称李光地为“卓然一代之完人”(《谕祭文》)，赠太子太傅。贤良祠建成，雍正将他入祀其中。

这应该是一种感恩。

雍正在潜邸的策士戴铎曾在康熙五十二年间被外放福建，特地找到了病休在老家的大学士李光地，请他为还是雍亲王的胤禛说好话。不久，李光地进京参加千叟宴，得了康熙不少赏赐。他们之间有过私聊，联系到后来康熙不断锻炼胤禛的理政能力，并以皇十四子胤祯为抚远大将军，转移大家的视线，让胤禛在康熙驾崩前才成为大家猜来猜去的谜底。

李光地是否有力荐之功，让雍正感激不已？

那只有天知道。

雍正为何成就不了秋月与邬先生？

1

秋月有原型，邬先生也有其人。

只不过，他们是生活在两条平行线上的人，并无交集。

电视剧《雍正王朝》，为了表现雍亲王对神机妙算的邬先生的依靠和笼络，又要体现胤禛对其的防患和禁锢，特地安排了秋月与邬先生这一对有心无缘的苦命鸳鸯：名为照顾，实为监视，不意他们在瓜田李下持续虐恋。

先说秋月的原型。

她是历史上著名的敦肃皇贵妃，年羹尧的妹妹，其父为湖广巡抚署理总督印务的年遐龄。

年家祖上为辽东奴隶，于顺治元年从龙入关。顺治十二年，年遐龄的父亲年仲隆考中乙未科进士，获准脱离奴籍，编入汉军正白旗。年仲隆做过合州知州，年遐龄也因旗人身份、官员子弟，于康熙初年做笔帖式，擢升兵部主事、刑部郎中，于康熙二十二年升为侍讲学士，七年后擢内阁学士，长期在康熙帝身边工作，三十一年由工部左侍郎外放湖广巡抚，成为封疆大吏。

年遐龄与康熙帝结下了深厚情谊，其长子年希尧由笔帖式累至安徽布政使，次子年羹尧由内阁学士出任四川巡抚。

他们在旗佐领被划归皇四子胤禛，但非雍王府家奴。康熙四十三年，年遐龄请旨离休还被康熙安排回京养老，其间，经常被康熙召见，故而有了康熙五十年康熙皇帝将其幼女指配给雍亲王为侧福晋。

这位侧福晋，就是电视剧中的秋月。

总督的女儿，不会入王府做使唤丫头。

康熙的儿媳，怎能伺候一个刑余之人。

2

再说邬先生。

《清圣祖实录》《清世宗实录》以及《清史稿》《清史列传》等史料，却没有这个“大人物”的生平记载，甚至一个名字都不曾出现。《康熙王朝》中赫赫有名的周培公比他幸运，虽然被艺术创作者们来了一个乾坤大挪移，将他描述为康熙手下的第一汉将、图海辅佐的平藩主将，但在历史上，他的名字和事迹，还是被附记在中和殿大学士兼抚远大将军图海传中。

好在清末民初史学家李岳瑞在《春冰室野乘》中，专写了一篇“田文镜之幕客”邬思道。

李岳瑞称，邬思道是绍兴人，好读书，腿有残疾，家贫，多次参加科考都落榜，此后靠给官员做幕客谋生。他是绍兴师爷的一个代表。

河南巡抚田文镜曾慕名花重金聘请邬先生入幕。李岳瑞《春冰室野乘·田文镜之幕客》记载，邬思道为田文镜写密折，参隆科多而“宠遇日隆”。邬先生没有当过一天的官，却能猜中政治家雍正帝的心思。后来，田、邬二人发生矛盾，邬氏愤而辞职。自此，少了邬先生写报告，田文镜奏事，总是不称雍正的心意，经常挨批。田大人只好重金聘回邬思道。雍正帝也曾在给田文镜奏折写“朕安好，邬先生安否?”

历史上的邬思道，似乎为雍正帝所知，但是否见过雍正帝，尚未证明。

雍正知道邬思道这个人，但未必见过面。对于田文镜高薪聘请邬思道之事，电视剧《雍正王朝》有过表现，是李卫搭的线，邬思道要年薪八千两银子。从剧情来看，邬思道似乎在做暗中给雍正监控、扶持田文镜的“半隐”之士。只是田文镜不知道而已。

电视剧是艺术创造，不免对他粉墨重彩地虚构一番，貌似诸葛亮再世、刘伯温重生。然而，结合历史来看，邬思道并未做过雍正登基的夺位谋士。但在他的身上，可以看到几个人的影子。

一是戴铎，雍正藩邸的一个策士，曾为雍正夺嫡献了不少点子和方略，还利用外放福建的机会找到了荣休归里的康熙知己、文渊阁大学士兼吏部尚书李光地，请求他出来为雍亲王说好话。此人知道夺嫡有方法，但知道的秘密太多，不知功成身退，还和年羹尧、隆科多暗结一起，打得火热，结果被雍正即位后立即调往年羹尧军前效力，然后命年羹尧以贪污罪将他杀了。

二是福敏，雍正藩邸的家庭教师，主要给雍亲王的王子弘时、弘历等上课。他平时教导读书，是雍王府的西席，关键时期也自然给胤禛出了好阴谋。他为人刚正，城府不显，没有戴铎张扬，也没有隆科多跋扈，应该也没有张廷玉的聪明，但应该很听话，还算深得雍正喜欢。雍正继位后，直接将他破格提拔为内阁学士，兼礼部侍郎，充经筵讲官，不久还以吏部侍郎外放浙江署理巡抚。虽然在浙江任上徇护布政使佟吉图动库银而被夺职，但很快被擢升为左都御史、工部尚书、协办大学士兼刑部尚书。乾隆即位后，他被晋升武英殿大学士，兼工部尚书，翰林院掌院学士，致仕后被加太傅。

可以说，邬思道是戴铎与福敏的结合体，由于擅长猜透雍正心思，而被后世好好地夸饰了一番，声名远播。而事实上，邬思道没有给雍正继位做丁点贡献，倒是雍王府不乏邬思道这样的阴谋家。

否则，这个“天下第一闲人”，又怎会在胤礽、胤禩两大集团之间左右逢源，又怎会沉迷谈禅论佛之余画了不少漂亮的美人像？

3

邬思道没有给雍正继位做贡献，但雍王府不乏邬思道这样的阴谋家。他们自然不敢让康熙帝的儿媳妇、雍亲王的侧福晋近身伺候。

若有其事，则是皇家丑闻。

一旦政敌发现，报告康熙，莫说他们的性命不保，就是胤禛的亲王冠服也会被扒掉。

剧中用意很独特。

邬思道与秋月的情感纠葛，是电视剧《雍正王朝》中的大胆虚构。电视剧以秋月奉命服侍邬思道，而最后成了雍正的女人，把两个关键性的人物，都绑上了雍亲王夺嫡的战船。

一是秋月是雍亲王的女人。雍王让她伺候刑余之人兼夺嫡军师邬先生，用意在于对邬先生放心，坦诚相待，期待邬思道的绝对忠诚、睿智倾囊。

二是秋月是年羹尧的妹妹。雍王立其为侧福晋，即位后封为贵妃，就是向川陕总督年羹尧传递出特别亲近的信息：他们兄妹尽管是雍王在旗属人出身，但只要忠心，便可成为主子的亲人，成为皇亲国戚。

正因此巧妙的勾连，邬思道爱慕秋月，但明白秋月是雍王拉拢年羹尧以待大用的筹码。政治利益之下，邬先生忍痛割爱，雍亲王娶奴为妾，终于换得了年羹尧为即位的雍正顺利接管原属大将军王胤祯的西北军权。

这样的安排，是电视剧的艺术创造，不能违背“大事不虚，小节不拘”的原则。

当然，雍正知道邬思道这个人，曾向田文镜打听他的消息，但他们是否有缘见面或共事，那是子虚之事。当初在雍王潜邸，为雍正献策夺嫡者，为戴铎之流，而非貌似神机妙算的邬先生。

历史上的秋月，也是不幸的，在短短的八年时间，给雍正生育了一女三子，但存活率严重走低。但是，她深得雍正宠幸，仅在皇后之下，最高的生育频率更是雍正拉拢年羹尧的生育大数据。

倘若电视剧安排雍正成全邬思道和秋月，那么，秋月也成不了雍正拉拢和牵住一代名将年羹尧的一根裙带。

4

史上雍正即位，原因有几个版本，如康熙认为像自己而付托江山之重，如康熙因为弘历而选择老四过渡。雍正即位，作为康熙重臣兼近臣的隆科多，既是大行皇帝表弟兼内弟的皇亲国戚，又是掌握京师卫戍力量的步军统领，立了首功。雍正即位后，不但命隆科多为总理事务大臣，兼掌吏部、理藩院和步军统领衙门，爵封一等公，加太保，还赐四团龙补服、黄带、紫辔等非常之物，公开要求内阁在公文中涉及隆科多的地方，前面需加"舅舅"字样。皇帝的舅舅，成了满朝文武的舅舅，成了天下臣民的舅舅。这项殊荣，为有清一代独一份，足见雍正对他力挺即位的感恩。

可以说，雍正即位，隆科多居功厥伟。

当然，也可以说，雍正即位，内靠隆科多，外靠年羹尧。与隆科多一起进位太保，受赏四团龙补服等非常之物的年羹尧，不但在出任抚远大将军后平定了青海之乱，而且在雍正即位之初，以川陕总督兼定西将军顺利接管康熙的暗定储君、抚远大将军胤禵的西北大军。

雍正即位，邬思道并未出场，甚至不在京城，只是电视剧《雍正王朝》把这绍兴师爷，弄得神机妙算、神乎其神。但雍正的即位，不论是正常继承，还是阴谋篡位，都没有邬思道的尺寸之功。电视剧中，纯属虚构，不足为据。不仅如此，编剧为了凸显这位乌有先生的夺位之功，不惜安排胤禛舍得侧福晋、年羹尧的妹妹伺候这个刑余之人，还差点给胤禛戴了一顶绿帽子。

好在剧中邬思道很识趣，在雍正正式即位的前夜，主动辞行，并害怕雍正猜忌，而以半隐为理由迅速离去。与此同时，他力劝老十三辞去新封的铁帽子王，辞任归隐。此中有深意，伴君如伴虎，一待大位稳定，难免兔死狗烹的宿命。

这是电视剧《雍正王朝》的艺术创造，突出邬先生神机妙算懂得功成身退，也间接体现雍正对允祥倚信而不无帝王的大度。

回到问题，邬思道若不识趣，少不了被雍正猜忌，死于非命。

邬思道在历史上的原型、雍正真正的夺位谋士戴铎，就因功成不退而找死，就是邬思道识趣半隐的历史反照。

戴铎之死，死在知道内情太多。比他功劳更大、出力更多的总理王大臣隆科多、抚远大将军年羹尧，被雍正倚为左膀右臂、柱国良臣，加太保，封一等公，赐非常之物，给予人事大权，一旦雍正大权在握，终对他们进行无情的严惩。

他们是雍正得位的主要帮手，深谙皇帝党同伐异的真实原因，为雍正时刻警惕与防患。雍正处死他们的理由很堂皇，他们恃功骄横，无人臣礼，死有余辜。

舅舅隆科多、舅兄年羹尧死于此，潜邸高参戴铎死于此，更遑论与雍正特别看重的年妃情投意合的绍兴师爷邬思道，怎逃得过帝王最为忌讳的潜规则?!

与帝王相处，共患难易，同享乐难。

邬思道道明了君臣之道，却在胤祥受封一事上，没有按历史真实安排场景细节。

一是康熙皇帝于康熙六十一年十一月十三日驾崩，尚未正式登基的雍正帝，于次日便将只有普通皇子身份的胤祥晋升为和硕怡亲王，而不是待到新年元旦再行加封。雍正即位，虽然得到了掌管京师警卫武装的隆科多效忠，但他的主要对手，仍是势力最为庞大的胤禩集团。胤禩不但有多位领侍卫内大臣、内阁大学士的支持，而且有不少宗室成员、勋戚后代、八旗都统的拥戴，故而雍正高调笼络胤禩一人，封其为和硕廉亲王兼总理事务王大臣，分解胤禩集团势力，与此同时，将原无爵位的皇子胤祥一步崇隆至和硕怡亲王兼总理事务王大臣的高度，对能力出众、威望极高的胤禩制衡。

二是雍正封胤祥为和硕亲王，并不证明是铁帽子王。清朝的和硕亲王多，但铁帽子王少。铁帽子王除了世袭罔替外，还要比亲王享受到更多的待遇和特权。胤祥世系，能成为铁帽子王，也是他死后，被雍正谕令配享太庙，其子袭爵不降封所决定的。配享太庙是一个决定性因素，初封亲王是无法知晓的。就像与胤祥同时晋封为和硕廉亲王的胤禩，也称自己得了一顶铁帽子，其实不然，没有保住他的性命和家人。

三是胤祥是雍正执政的台柱子，生前一直是雍正最得力也是最主要的帮手，长期担任总理事务大臣，总管会考府、造办处、户部三库、户部和全国水利，负责军机处和八旗禁军，可以说是锋芒毕露，是雍正朝的二号人物。可以说，雍正的丰功伟业中，有一半来自胤祥的尽心尽力。

胤祥死在雍正朝，换得了顶级殊荣。但是，他的儿子们却对他的“愚忠”未必认可。发生在乾隆四年的所谓弘皙逆案，除了主犯弘皙有觊觎之念外，主要涉案者中有两人为胤祥之子：即庶长子弘昌与嫡次子弘晈。胤祥九子，至此时只有年长的弘昌和弘晈，以及十八岁的第七子弘晓。胤祥在世时，弘晓少不更事，但是弘昌却因反感胤祥作为雍正铁杆拥趸而遭到拘禁。

历史安排了胤祥自甘作为雍正的影子。电视剧设计一个绍兴师爷邬思道集中表现雍正潜邸诸谋士形象，只突出了阴谋家运筹帷幄的趣味，而忽视了雍正对实干家亲力亲为的特别倚重。

胤祥的大富大贵，是自己的忠诚勤奋实现的。这，绝非邬思道之辈所能揣摩透的。

年羹尧怎么成为雍正的亲密战友?

1

年羹尧以虎将威名影响后世，而最初只是康熙帝看重的翰林儒臣。

电视剧《雍正王朝》将其弄作雍正还是阿哥时期的护卫，并制造了他夜袭江夏制造血腥惨案，完全罔顾了他在康熙后期深得圣宠的事实。

他出身官宦世家，其父年遐龄初为宗人府府丞，却因与康熙交好，深得倚任，由内阁学士兼礼部侍郎，转任工部、兵部、都察院，康熙三十一年以兵部左侍郎兼都察院右副都御史巡抚湖广，成为封疆大员，与湖广总督郭琇合作很顺利，后在郭琇病休时一度署理总督。

年羹尧是官员子弟，又是汉军旗人，本可援例荫生扶摇直上，但他爱读书，颇有见识，二十一岁那年考中康熙三十九年进士，参加庶吉士选拔进修，散馆授检讨。

虽然他没给康熙帝做过日讲起居注官和经筵讲官，但以成功主考康熙四十四年四川乡试和四十七年广东乡试，被康熙帝任命为侍讲学士，康熙四十八年二月成为内阁学士，成了御前专家。这一年，年羹尧正式而立之年。

让他始料未及的，康熙任命其为内阁学士，并不是想留在身边做顾问，而是即将其外放四川做封疆大吏。

康熙四十九年二月二十三日，任四川巡抚仅两月有余的年羹尧在谢恩表中说:“窃臣以一介庸愚，三世受恩，少有犬马知识，自当竭力图报，庶几上不负皇上高厚之恩，下可尽臣父未尽之志……川省受累已深，积弊多端……臣自去年十二月十五日到任后，不十余日便知川中大概情形，胸膈焦闷，为之伤心。”(《年羹尧满汉奏折译编・奏川省情形及应行事宜五条折》)

年羹尧在奏折中，力陈治川五策:拣选道府，量调州县，停川省效力之例，严禁包占差粮，撤销打箭炉部差。

他直言“欲为地方兴利，必先为地方去害”。康熙甚是欣慰，朱批道:“向日风闻川省如此，未知其详，览奏折方知是真。尔封疆大吏，只得始终固守做一好官，此朕之深望也。”

他的才干和能力，深得康熙的特别赏识和破格提拔。如果不是康熙看重年羹尧，他要想在短期内被擢升四川巡抚，进入封疆大吏序列，是很难的。

2

此后几年，颇有主见而行事果断的年羹尧在四川的问题不断，遭到了弹劾。

他像其父一般，是一个改革家和实干家，但不能像其父那样能与顶头上司合作愉快。川陕总督音泰曾举报年羹尧违旨先还、延误军情，应该撤职。

但康熙帝几次出手，下旨留任，命其与音泰和衷共济。为了平息音泰对年羹尧的排挤，康熙西巡西安，特地召见音泰，进行嘉奖一番，称他“宽严并用，军民无不感戴”（《清史稿·音泰传》）。

这其中有原因，一是康熙看重年羹尧是难得的人才，二是已晋升和硕雍亲王的胤禛的力保。

胤禛韬光养晦，也蠢蠢欲动，在与康熙高度信任的理藩院尚书兼步军统领隆科多走动时，自然少不了要拉拢康熙重臣年羹尧，倚为外援。

康熙五十年，康熙帝将年羹尧的妹妹年氏指婚给雍亲王做侧福晋。

此后十二年，年氏相继给胤禛生育了一女三子：康熙五十四年三月生第四女，康熙五十九年五月生第七子福宜，康熙六十年十月生第八子福惠，雍正元年五月初十生福沛。雍正元年封为贵妃，地位仅次于皇后乌拉那拉氏，地位要高于生育第三子弘时的齐妃李氏、生育第四子弘历的熹妃钮祜禄氏（后来的孝圣宪皇后）。

从年氏这份生育成绩和受宠程度来看，年羹尧是在康熙五十七年十月受封四川总督兼管巡抚事时前后，得到了胤禛急剧升温的高度重视。

作为政治联姻工具的年氏，名分虽贵，但是很不幸。其所生的皇四女二岁而殇，福宜只活了一岁，福沛生下来是一个死胎。然而，胤禛超常宠幸年氏，就是向扼守西南、威慑西北的年羹尧示好：即便子女纷纷夭折，他也不改对年氏初心。

而在康熙五十六年，准噶尔部首领策妄阿拉布坦入侵西藏，康熙帝命皇十四子胤祯出任抚远大将军王，四川巡抚年羹尧为保障清军的后勤供给，再次显示出卓越才干。

康熙五十九年二月，年羹尧任定西将军；康熙六十年五月，年羹尧获授川陕总督，参与抚远大将军胤祯的西征；康熙六十一年十一月，康熙帝驾崩，胤禛成了雍正帝，第一时间下令胤祯还京奔丧，命年羹尧与管理大将军印信的定逆将军延信共同管理军务。

雍正帝命延信以皇家亲贵管理大将军印，而非自己的心腹大臣年羹尧直接独掌，就是麻痹胤祯和延信莫生异心，顺势地方便了年羹尧完成接掌大军的重任。

年羹尧成功地完成使命，雍正帝议叙平定西藏时运粮及夺隘之功，将年羹尧晋升为三等公，世袭罔替。

雍正将大舅哥弄到与助力他登基成功的隆科多同等位置，足见对他的信任和重用实属罕见。

3

雍正即位之初，年羹尧顺利接管大将军王胤祯留下的西北大军，调度各军平定西藏、郭罗克叛乱，以及率军解决青海罗卜藏丹津的战事，可谓战功赫赫。

对于他的赏赐，雍正也是最为慷慨的，不但赋予了他远在抚远大将军延信和诸位督抚之上的权力，而且给了他抚远大将军的实职。

不仅如此，雍正将其由三等公、二等公，很快晋升为一等公，另加一等子爵由其子承袭。此外，雍正帝将他与总理事务大臣隆科多一起晋升为太保，赏赐双眼花翎、四团龙补服、黄带、紫辔之类非常之物，让这个旗人享受了亲王般的待遇。

虽然雍正只给了年羹尧双眼花翎，这已是当时大臣中的顶级荣耀。

三眼花翎最初为清朝皇家贝子和固伦额驸才有资格享戴，第一次赏赐给大臣则是乾隆三十四年七月，傅恒祭纛誓师，兵发腾越，对缅发动突袭，初战告捷。乾隆龙心大悦，赐御诗二章，被加赏三眼花翎。

傅恒是乾隆皇后之弟，以保和殿大学士，平定金川，平定准噶尔，赠太保衔，加军功三级，一人顶着两份一等忠勇公的殊荣。当乾隆要赏其三眼花翎时，傅恒立即上疏请辞。

傅恒不敢作为大臣中的破天荒者，然乾隆对其宠爱，丝毫不逊色于雍正之于年羹尧。乾隆给军功赫赫的小舅子赏戴三眼花翎，打破了清朝的规矩。

雍正不然，他上位伊始，大批量地改良康熙政制法令，使其不失为一个严格按制度办事的严苛帝王。他能够给年羹尧赏戴双眼花翎，也是莫大的恩典。

雍正只给了年羹尧双眼花翎，却给了年羹尧更多权限，雍正经常跟他商议朝廷人事任免和大事裁决，寄语要与他成为君臣的千古榜样。这是一种额外的赏赐，傅恒也未必拥有过这般的殊荣。

甚至可以说，年羹尧拥兵自威，骄纵跋扈，与雍正过分的倚重和放任是分不开的！这样的恶性回报，绝不是一顶三眼花翎所能企及的。

破格封赏太多，君臣知遇很快演变了君臣失和。

年羹尧恃宠骄纵，被雍正认为无人臣礼。

年羹尧的作威作福，让雍正感到了对皇权的威胁。

雍正三年九月，雍正决定严惩年羹尧，将其从杭州押解进京收审。很快，议政王大臣会议提交审判结果，有九十二款大罪：大逆罪五条、欺罔罪九条、僭越罪十六条、狂悖罪十三条、专擅罪六条、忌刻罪六条、残忍罪四条、贪婪罪十八条、侵蚀罪十五条。

雍正指示要严惩年羹尧，大臣们顺势而为，请求立正典刑。

大臣们说，可将年羹尧处以极刑及立斩的罪名，有三十多条。

大家决议，将其父年遐龄及兄弟、子孙、伯叔、伯叔父兄弟之子，年十六以上皆斩，十五以下及母女妻妾姊妹并子侄妻妾，给功臣为奴。一句话，十六岁以上的男人都砍头，十五岁以下的男儿及老少女人充官奴。

这就是要使之家破人亡的惨况！

最后，雍正网开一面，念及年羹尧军功巨大，“恩予自裁，子富立斩，余十五岁以上之子发极边充军，其父遐龄、兄广东巡抚希尧革职免罪。”（《清史列传·年羹尧传》）

年羹尧最后是身败名裂，身首异处。

世上已无年羹尧，雍正战局更纷扰。

值得注意的是，暗定储君皇四子弘历，曾向雍正求情，希望拘禁年羹尧，而不是处死年羹尧。

这是为了给大清王朝保住一位能征惯战的大将军。

雍正没有应允，但弘历预见，却是现实。年羹尧死后，雍正筹建军机处，对西北用兵，虽有名将傅尔丹、岳锺琪挂帅，却失利而返。大清王朝在军事战略上陷入了长期被动、无将可派的境地。

4

对于年羹尧的大逆，传说中的老虎夜闯年府之事，让雍正很是顾忌。

所谓老虎夜闯府宅伤人事件，发生在雍正三年十二月初三日深夜。

一头野虎从东便门跑进京城，四处乱窜，最后进入年羹尧府上，跳上屋顶。这是大事，卫戍京师的九门提督巡捕衙门，赶紧布置兵力，前往年府捕虎。野虎在年府上蹿下跳，第二天才被击毙。

据说，年羹尧初生时，有白虎之兆。

在前一年，抚远大将军兼川陕总督年羹尧奉旨进京，不但命直隶总督李维钧、陕西巡抚范时捷跪道迎送，且在雍正面前，恃宠妄为，“至御前，箕坐无人臣礼”（昭梿《啸亭杂录》卷九），还曾改换朱批旨意，引起雍正帝强烈不满。

这一对曾约定要做千古君臣榜样的君臣，矛盾日益尖锐。雍正命人调查年羹尧，发现其擅作威福，结党营私，贪恋财富，靡费军费，恣肆僭制，掌控地方人事大权，甚至在行辕令得到他奖赏的部下“向北叩头谢恩”（萧奭《永宪录》卷三），将自己发给其他总督将军的文书擅称“令谕”，这与雍正整肃吏治、打击贪腐的治国政策是背道而驰的。

年羹尧恃功而骄，恃宠狂悖，在雍正面前表现不臣之态，俨然一只大老虎，直接威胁到雍正高度强化的皇权。于是，雍正决意彻底解决年羹尧问题，为之议罪九十二款之多。

雍正下定决心处死年羹尧，而且在处死年羹尧之后，仍不解恨，认为他“公然与君上抗拒，大逆不道”（《上谕内阁》卷五十一），有篡逆之兆，“实自古未闻也”。

但是，作为旗人，年羹尧是忠诚于大清王朝的。

年羹尧出任抚远大将军平定了青海之功，独揽西部的一切军政大权，且被雍正邀请直接参与朝政。年羹尧借雍正经常与其商量有关重要官员的任免和人事安排，于是恃宠而骄，越发独专，在管辖区域内，操控了大小官员的选择与任免。

他之所以如此妄为，前提是雍正充分给予了他许多破格逾制的权力与利益，使他认为自己就是雍正的军事特使与政治盟友。

雍正元年四月，范时捷代理陕西巡抚，想改为实授。很快，雍正把原任巡抚调为兵部侍郎，而以范时捷为正式巡抚。其实，范时捷在康熙末年署理陕甘提督时，就已为陕甘总督年氏的心腹，并由其推荐给雍正帝，并在雍正三年擢升为汉军镶白旗都统。

年羹尧的权力越来越大，甚至雍正安排武职官员时，还需先征询年羹尧的意见，问他是否舍得将陕西官员调往他省升用，要他“据实情奏来，朕依尔所请敕行”。另外，年羹尧还把手伸出了川陕以外的地区。

雍正对年羹尧，宠信到了一个前所未有的极致。

物极必反。

年羹尧之死，也是罪有应得。

年羹尧被处死后，其副手岳锺琪于雍正三年获授川陕总督，加兵部尚书衔，封爵三等公，掌握川陕甘三省兵权，且在四年后擢升为宁远大将军，足以割据一方。但是，此时的岳锺琪最怕的是，民众传闻其要造反。

他是汉人，是岳飞后裔，但是岳锺琪死忠清朝，即便雍正对其作战失利议罪论死，也是忠臣模样。

一是他认识到满洲统治的大清政权，已经定局，成了统治天下的正朔王朝。雍正帝虽然打击政敌，在统治集团内部制造了尖锐的矛盾，但是满汉关系已经进一步改善。满汉矛盾依然存在，但已不是社会主要矛盾。

二是雍正打击朋党，同时对汉臣设防。即便岳锺琪握有兵权，但主要是绿营力量。满洲八旗兵力，始终在皇帝手中。而且造反作战，打的不仅是兵力，决定因素在于粮饷后勤。岳锺琪是忠于雍正的，即便湖南士子曾静致信，劝其以先人岳飞为榜样反清复明，他的第一反应是赶紧向雍正报告，自证清白。

三是岳锺琪先人曾为明朝卫所世袭军户，其高祖岳仲武，曾任职庄浪卫永泰堡，死后获赠荣禄大夫，为明朝从一品官阶。迄至其祖父岳镇邦开始效力清朝，后辞职回家侍母。三藩之乱爆发，岳镇邦响应朝廷征召出山，以功获授，官至山西大同镇总兵官加左都督。其父岳升龙以杀向吴三桂投诚的总兵起家，追随康熙征讨准噶尔噶尔丹，官至四川提督。其叔岳超龙以戡乱立功，官至湖广提督。

其家族于清朝，骨子里也是忠诚的。即便岳锺琪失利下狱、议罪论死，也表现着职业军人尽忠报国不惜命的高尚气节，故乾隆帝将其赞誉为“三朝武臣巨擘”。

八王议政存在过，不容雍正被逼宫

1

在电视剧《雍正王朝》中，最为惊心动魄的戏，莫过于老八允禩联合老九允禟、老十允䄉，以及来自关外的四个铁帽子王，暗通皇三子弘时、理藩院尚书兼步军统领隆科多，向雍正逼宫。

允禩冲在前面，而弘时躲在了后面。

允禩一伙，提出八王议政，让雍正做名义上的共主。

雍正的第一助手、和硕怡亲王允祥，没有及时出场，唯有一个鬓须斑白的张廷玉，为主子挺身直言，效忠报主。

按导演的现场设计，陛下摆了八把大椅，允禩、允禟、允䄉，以及关外四个铁帽子王，各占一席。空缺一位，从雍正问弘时的话语同表情来看，那是属于允祥的。

敢情这八席，就成了八王联席。

好威武，貌似八王一旦同气连枝，那么八王议政的联席会议，就可以直接架空天子雍正。

这样的情景，真的能在雍正朝出现吗？

2

先说八王议政。

张廷玉不顾允禩的呵斥，直言本朝就没有过八王议政。

真的没有吗？

太祖天命五年，既定嗣君代善，因为继母私通案以及虐待嫡子案，激怒努尔哈赤。

努尔哈赤废黜大贝勒代善的储位，开始探索八和硕贝勒共治国政制。

天命五年，努尔哈赤与诸子约定：“此后，立阿敏台吉、莽古尔泰台吉、皇太极、德格类、岳托、济尔哈朗、阿济格阿哥、多铎多尔衮八贝勒为和硕额真。为汗者接受所给予的八旗人众，食其贡献。政务上，汗不得恣意横行，汗承天命执政，若何一位和硕额真若违犯扰乱政治的恶行，其余七位和硕额真集会议处，该辱则辱之，可杀则杀之。生活道德谨严，勤勉政事者，纵使治国之汗出于一己私怨，欲罢黜降等，其他七旗对汗可以不让步。”（《旧满洲档·昃字档》）

这就是八和硕贝勒共治国政制即将出台的历史背景。

他们都是或即将成为满洲八旗旗主或管主的贝勒。阿敏为正蓝旗旗主，济尔哈朗为管主；莽古尔泰为镶白旗旗主，德格类为管主；皇太极为正白旗旗主；岳托为镶红旗旗主。努尔哈赤已考虑将自将的两黄旗留给阿济格、多尔衮、多铎兄弟。

八旗旗主，正红旗旗主代善不在其列，但岳托是他的嫡长子，也是他的代言人。

天命七年三月，努尔哈赤正式提出，在他身后，实行八和硕贝勒共治国政制。

《清太祖高皇帝实录》卷八记载，天命七年三月己亥，努尔哈赤说："今命尔八子为八和硕贝勒，同心谋国，庶几无失。尔八和硕贝勒内，择其能受谏而有德者，嗣朕登大位。若不能受谏，所行非善，更择善者立焉。"

八和硕贝勒共治国政制，就是八王议政制。

康熙亲政后，实施嫡长子皇位继承制，并不断集中和强化皇权，将内阁和议政处排除在皇权之外，除继续自将上三旗外，同时将诸皇子分入下五旗，成为原旗主、管主王爷的旗属新主子。

皇帝成了权力金字塔上的最高领导人，完全不受在旗诸王约束和监督。

3

再说铁帽子王。

铁帽子王是清朝宗室爵位中的一大亮点，世袭罔替，待遇优厚，无须降等，高于一般亲王。

清朝共有十二个铁帽子王世系，其中八个首任王爷为开国立下大功的皇亲宗室，即和硕礼亲王代善、和硕郑亲王济尔哈朗、和硕睿亲王多尔衮、和硕豫亲王多铎、和硕肃亲王豪格、和硕承泽亲王硕塞（长子博果铎袭爵，改封和硕庄亲王）、多罗克勤郡王岳托、和硕颖亲王萨哈廉（英年早逝被追封和颖亲王，次子勒克德浑袭爵，为第一代多罗顺承郡王）。

第九个则是怡亲王允祥。他能荣膺铁帽子，需待其死后，雍正下旨赐予的。

雍正八年五月，允祥病逝，雍正下旨："吾弟之子弘晓，著袭封怡亲王，世世相承，永远弗替。凡朕加于吾弟之恩典，后代子孙不得任意稍减。"（《清世宗实录》卷九十七）

允祥第七子弘晓，受命袭封怡亲王，世袭罔替；雍正又封其第四子弘晈为郡王，世袭罔替。殊宠亘古未见。允祥死后，被大清第一位恩封的铁帽子王盖棺定论了。

也就是说，允祥生前，是没有铁帽子的。像电视剧《雍正王朝》中，雍正即位前夜，邬思道临行劝允祥辞去铁帽子王，那也是编剧不谙史实的虚构。

此时的诸铁帽子王世系在任王爷（睿亲王世系，因多尔衮还未平反，故空缺），虽然也有人对雍正即位不满，如郑亲王世系的简亲王雅尔江阿，就是允禩的支持者。但也有不少人是忠诚于雍正的。如礼亲王崇安，初任都统，继雅尔江阿后掌宗人府，于雍正九年出镇归化，掌抚远大将军印，可见他是雍正倚信之人。

这些铁帽子王，是不敢威胁皇帝的。

更何况，按清朝的制度，宗室成员，无论什么王什么爵，是要住在京城的。这有严格的规定，妄动就是找罪受。关外，是皇帝安排的盛京将军、吉林将军等领着一帮官员镇守，绝不容许亲王贝勒染指军务，更不会给他们留下庞大的国家武力。

对于允禩集团最主要的四大金刚，雍正在即位之初就下了一招分离术。他极力笼络允禩，封和硕廉亲王，为首席总理王大臣，主管理藩院、工部，但受雍正直接监视。雍正改元不久，允禟被勒令至西宁军前效力，受都统楚宗约束，因大不敬之罪被重罚。允䄉则在雍正元年四月因慢待雍正帝的命令，被举报私行禳祷书“雍正新君”，夺爵，抓回京拘禁。而老十四允禵则被长期软禁在景陵附近的马兰峪读书，或囚于供奉康熙遗像的景山寿皇殿内受到重兵严密监视，虽然做过两年半的无封号、无俸银的挂名郡王与一个月的固山贝子，但待乾隆即位后才重获自由。

雍正重用允禩时，老九成了出头鸟

1

康熙驾崩后，雍正还未正式登基，就在加封允禩为首席总理王大臣、和硕廉亲王的同时，开始了针对八爷一党进行打击。

一是以内阁通知的形式，从西北前线召回支持允禩的老十四、抚远大将军允禵（胤祯），命他回京奔丧。实则调虎离山，方便自己的心腹、川陕总督年羹尧迅速接掌西北数十万大军。

二是以王大臣会议的决议，将经常馈赠允禵财物的老九允禟，遣送至西宁军前效力，并派都统楚宗进行监控。

三是以老十允䄉办事不力、私行禳祷、诅咒新皇，于雍正元年四月对其议罪夺爵，逮捕下狱。

雍正上台三板斧，一一砍掉允禩的羽翼。

朝野纷传他在凌辱诸弟。他之所以这样做，是因“允䄉与允禟、允禵皆党附允禩”（《清史稿·允䄉传》）。

雍正最初确实想过利用允禩的才干，实现平安过渡，先命其为理藩院尚书，继而管理工部，再为民王。

雍正帝说允禩："为人聪明强干，廉洁自矢，才具优裕，朕深知其能办大事"(《清世宗实录》卷三十),"允禩若肯实心任事，部务皆所优为。论其才具、操守，诸大臣无出其右者"(《清世宗实录》卷三十一)。

但是，雍正帝一直认为允禩心术之险诈，在一些事务办理上打折扣，就是对抗他的新政。

雍正强调自己最初想对第一心腹允祥一样，"倚任"允禩，"原无异视也"，然而，"廉亲王因不遂志，又以朕疏远允禟、允䄉、允禵，致生怨恨。每事烦扰朕之心思，阻扰朕之朕事，惑乱众心，朕为备极焦劳。"(《清世宗实录》卷三十)

雍正认为，自己与允禩，分属君臣，谊若兄弟；然而允禩对他，势同水火，俨然敌国。

雍正对允禩不无大度，然允禩以怨报德，自总理事务以来，挟私怀诈，监制圣祖神牌草率，在兵丁装备上做文章，故而认为允禩有异心，于是决定对他及其交好的兄弟进行议罪严惩：胪列允禩四十款罪，允禟二十八款罪，允禵十四款罪，大臣们请将他们以正国法。最后，允禩与允禟死于非命，允䄉和允禵被长期监禁。

2

雍正帝之所以要严惩允禩等诸弟，就是排除异己，避免出现新的政治威胁。

毕竟他即位，震惊朝野，虽然有康熙遗诏为证，但是，宗室成员、八旗勋贵、朝廷重臣对此是强烈抵制的、不满的。就连其生母乌雅氏对此也是不相信的，甚至拒绝接受雍正加封的仁寿皇太后尊荣，而一直居住在康熙所赐的德妃寝宫。

在集体抵制的情势下，雍正选择了允禩集团核心成员老九允禟，第一个进行惩罚。

允禟并非影视剧《雍正王朝》中所设计的颟顸莽撞之徒，而是自幼好学嗜读，性聪敏，喜发明，曾亲手设计战车式样，并首开满族人用拉丁语转写满文其端。他十分热爱外国文化和西学，曾自学外语，并甚亲信当时来华传教士。他善于结交朋友，为人慷慨大方，重情重义。

他的生母为康熙最宠爱的宜妃郭络罗氏，少不了子凭母贵，深得康熙重视。

康熙五十八年四月，康熙帝命以允禟第三女，下嫁前首辅明珠次子、前左都御史揆叙之子、侍卫永福，于第二年二月成婚。

此时，揆叙已死。但是，他生前同允禟一样，都是支持允禩的主要成员。康熙四十七年十一月，议立新储，时为工部侍郎的揆叙，就同领侍卫内大臣阿灵阿、鄂伦岱及左都御史王鸿绪，公开在朝臣中为允禩拉选票。

揆叙的家底厚实，是明珠经营下来的，可谓朝臣首富。这为允禟留下了一个取之不尽、用之不竭的钱篓子。

曾给允禟出谋划策的家庭教师秦道然，后来供称：允禟从前家私不满二十万，自与明珠结亲之后，现银约四十余万两，田产、房屋、生意等项约还有三十余万。

雍正帝则称：允禟从前诈取明珠家银百万余两。

无疑，允禟从女婿家拿了不少钱，而且散尽金银，为允禩拉拢支持者。如允禵西征后，允禟动不动就送去价值万两的珠宝，或者直接送金银。

毋庸置疑，允禟是允禩集团的财神爷。

3

不仅如此，允禟还是允禩集团的黏合剂。

老十允䄉才智平庸，就连康熙也说“十阿哥是一忠厚老实之人，并无能力”（《清世宗实录》卷十八）。颇具才干的允禵，对这个哥哥经常表现出轻蔑嘲讽。

然而，允禟却非常疼爱允䄉这个弟弟，并让允祺、允禵尊重他。

这是为了什么？

康熙帝虽然不器重难堪大用的允䄉，但是，其生母等级和外家身份，却使他迅速在诸皇子中成为爵位较高者。康熙四十八年，他二十七岁就直接晋爵敦郡王，九年后受命办理正黄旗满洲、蒙古、汉军三旗事务。

他能力一般，却能较早封王，并在康熙后期被责成管理皇帝亲率的上旗旗务，进入皇子特殊权力中枢，无疑是康熙对待诸子嫡庶有别的思想使然。

康熙生前册立三任皇后，唯有赫舍里氏皇后生育子嗣，且有皇太子允礽存活。赫舍里皇后的祖父为四辅臣之首索尼，父亲噶布喇和叔父心裕为领侍卫内大臣，叔父索额图曾为内阁首辅大学士。家世显赫，康熙生育的后妃中，唯有允䄉生母温僖贵妃钮祜禄氏，与之相当。

温僖贵妃于康熙二十年进位贵妃。其父为四辅臣之一、果毅公遏必隆，祖父为清朝开国五大臣之一额亦都，祖母为太祖公主穆库什。此外，其姐为康熙第二任皇后孝昭仁皇后，兄弟为首席领侍卫内大臣阿灵阿，家族多人为领侍卫内大臣。

三后相继去世后，温僖贵妃在后宫地位最高。或许康熙还把允禩视作了孝昭仁皇后的嫡子，故而以爱嫡不爱贤而封以高爵、委以重任。

无疑，允禟重兄弟感情是一方面（允禟只大允禩两月），同时也看中了允禩背后强大的势力。

雍正一旦即位，第一个就要拿下能量最大的允禟。

他在康熙晏驾的当天，就当着允禟的面，给了其母宜妃一个下马威，称她不该冲到太后乌雅氏的前面，没有重视刚被遗诏指定的新君。当时的宜妃，身染重疾，被人搀扶着。她与康熙情义甚笃，哀伤无比，哪还装模作样地顾忌烦琐的礼法。

当然，她因真情自然而受罚，如果循规蹈矩地讲客套，也难免被雍正视为对大行皇帝不哀戚，照样要受罚。毕竟，雍正早已定下决心要对其子允禩拉清单。

这不，雍正二年，就对允禩已死七年的亲家揆叙秋后算账，为其改镌墓碑，称他“不忠不孝阴险柔佞”（《清史稿·揆叙传》）。

曹雪芹家被抄，竟与打击八王有关

1

《红楼梦》的作者究竟是谁？虽然有争议，但曹雪芹无疑是一个伟大的名字。在《红楼梦》的作者没有定论的情势下，曹雪芹无疑是这部皇皇巨制的第一作者。

曹雪芹生于富贵之家，隶内务府正白旗，他的曾祖母孙氏做过康熙帝的奶妈，其祖父曹寅做过康熙帝的伴读和御前侍卫。康熙二十九年，曹寅出任江宁织造，兼任两淮巡盐监察御史，开启了南京第一豪门的繁荣史。康熙六次南巡，四次住在曹寅家，而康熙前两次南巡发生在曹寅赴任江宁前，故曹寅无缘接驾，但有可能护驾南巡。

然而，曹雪芹却是很不幸的，先是没有见过亲爹的遗腹子，过继给曹頫为嗣子，继而在十三岁那年遭遇抄家。

雍正帝抄曹雪芹的家一事，发生在雍正六年正月。署两江总督范时绎受命，查封已被下狱的江宁织造曹頫之家。

五年十二月二十四日，雍正发出一份极其严厉的谕旨："江宁织造曹頫，行为不端，织造款项亏空甚多。朕屡次施恩宽限，令其赔补。伊倘感激朕成全之恩，理应尽心效力，然伊不但不感恩图报，反而将家中财物暗移他处，企图隐蔽，有违朕恩，甚属可恶！著行文江南总督范时绎，将曹頫家中财物，固封看守，并将重要家人，立即严拿；家人之财产，亦著固封看守，俟新任织造官员隋赫德到彼之后办理！"（故宫博物院明清档案部《关于江宁织造曹家档案史料》）

雍正之所以要对曹府抄家，是有多方面原因的：

表面上是因为雍正四年，曹頫负责督造的缎匹质量粗糙轻薄，就连进贡给雍正穿的石青缎褂也落色，引起了雍正帝的强烈不满。

再加之两年前，江南蝗灾严重之际，曹頫却在奏折中说"蝗蝻僵灭大半"，"人心慰悦，太平无事"（故宫博物院明清档案部《关于江宁织造曹家档案史料》），让雍正帝发现曹頫欺上压下、粉饰太平，而自己主管江宁织造府敷衍了事，以劣充好。

不仅如此，曹頫在督运布匹时，途经山东长清县等地勒索费用，骚扰驿站，被山东巡抚塞楞额一纸诉状告到御前，激怒雍正责成内务府会同吏部严审曹頫。

雍正在赞赏塞楞额是“深知朕心，实为可嘉”的大臣榜样外，直指曹𫖯等不知“儆惕”“背公营私”，顶风作案，“朕屡降谕旨，不许钦差官员、人役骚扰驿处。今三处织造差人进京，俱于勘合之外，多加夫马，苛索繁费，苦累驿站，甚属可恶！”（故宫博物院明清档案部《关于江宁织造曹家档案史料》）

更有甚者，两淮巡盐御史噶尔泰于雍正五年正月十八日，向雍正密报扬州、江宁两地官员的情况，说：“访得曹𫖯年少无才，遇事畏缩，织造交与管家丁汉臣料理，臣在京也见过数次，人亦平常。”（鄂尔泰等《雍正硃批谕旨》第三十九册）

这位噶尔泰，于雍正二年以内阁侍读学士巡盐两淮，说到底就是受命监控江宁、扬州、苏州等江南织造和地方官员的。

雍正看后，异常气愤，写下了“岂止平常而已”的批语（有人认为雍正还批准了“原来不是个东西”，即朱批中的“原不成器”的译文，其实不然），最后责令曾经帮他在马兰峪监管前抚远大将军王、皇十四弟允禵的范时绎，时任镶白旗汉军都统、署理两江总督，率兵查抄曹家。

雍正五六年之际，曹雪芹虚龄十三岁。据胡适考证，曹𫖯为其父，但学界有研究称为其叔父。

不论是父子还是叔侄，作为曹家最后一任江宁织造的曹𫖯被议罪逮捕，带回京师，标志着曾盛极一时、深得康熙关爱的曹家中落。

其实，曹𫖯是曹寅二子早逝后，由康熙帝为曹寅选择的侄儿当嗣子，接任江宁织造。

曹𫖯有文学之才，却无经营之能，亏空越来越大。康熙宽容待之，而即位的雍正却严查各省亏空案。曹𫖯一度与姻亲、苏州织造李煦相互包庇，曹𫖯也在雍正二年承诺三年内填补亏空，但曾是康熙亲信的李煦被查出与雍正政敌阿其那（允禩）有牵连，被查处亏空案，于是，雍正责成怡亲王允祥严查曹𫖯亏空问题。

曹寅表面配合，却暗中抵抗，四处活动，甚至转移财产。这犯了雍正大忌，彻底激怒雍正进行严惩。

曹氏亏空，很大程度上是为了迎接康熙多次南巡所致，但自身的奢华贪腐以及抵抗严查，却是罪有应得。其家被抄，既是雍正打击朋党的扩大化，也是曹氏恃宠骄纵的罪有应得，但是催生了伟大著作《红楼梦》的主要作者曹雪芹。

2

阿其那（允禩），即胤禩，康熙皇帝的第八子。其才能出众，深得人心，主要有三个方面：

一是自身的优秀。他的能力杰出，为康熙诸子中最优秀的，就连阴谋夺位的雍正帝，也不得不承认胤禩能力在诸兄弟之上，与自己旗鼓相当。雍正即位后，第一时间封胤禩为和硕廉亲王，命首席总理事务王大臣，也是寄望和笼络、分化八王一党。

二是康熙的重视。胤禩十八岁获封贝勒，获此高爵年纪最轻。康熙帝在康熙四十七年九月首次废黜胤礽储位后，命胤禩代理总管内务府，替换原总管大臣、胤礽乳公凌普，而且在自己出巡行围时，命其参与留守京师，综理政务，在皇太子胤礽和护驾皇长子胤禔的情势下，胤禩在留守皇子中的排名，仅次于皇三子胤祉，而被康熙排在老四胤禛（雍正）之前。

三是满人的立贤观念。虽然康熙实施汉人的嫡长子皇位继承制，但是包括皇太子胤礽在内的满洲亲贵是集体抵制的。满人有立贤的继承观念，胤禩的能力出众，赢得了包括已故和硕裕亲王福全在内的皇族宗室、八旗王公、勋戚后裔和满洲大臣的集体支持，其中以国丈兼国舅佟国维，首席领侍卫内大臣阿灵阿、鄂伦岱，满洲首席大学生马齐为代表。

这些胤禩的支持者，主要是康熙自将的两黄旗大臣，其中有康熙的母家亲戚、后妃亲属、朝中重臣，以及开国勋贵后代、汉人士大夫。

尤其是四十七年十一月十三日康熙帝主持的公推新皇太子的朝会上，佟国维、阿灵阿、马齐等满汉重臣，在康熙帝已反复做工作要复立胤礽的情势下，不惜拿身家性命和荣华富贵去同至高无上的皇权抗衡：他们要舍弃暴戾恣睢的胤礽，推举最优秀的胤禩。

舍嫡推贤。这是大清开国大汗努尔哈赤生前推出八和硕贝勒共治国政制的核心内容。

但是，众口一词，众望所归，让精神颓废的康熙帝感到了失望，感到了恐慌。

即便是康熙派至江南的腹心重臣、江宁织造曹寅，也对胤礽被废表现着无所谓的态度。康熙四十七年十月初五日，他给康熙帝递交了密折，称："近来江南百姓，俱已闻知，闾巷安然，无异言说。阖城文武官吏兵民人等，惟恐过劳圣躬，拟于诏至之日，尚欲具公本上进。"(《康熙朝汉文朱批奏折汇编》第二册）曹寅只关心康熙圣躬康健，而对废储一事并不关心。这也证明，康熙待他如兄弟，他却对大哥家的废太子胤礽并无好感。

康熙在废储时，应该考虑过德才兼备的胤禩，只是因为胤禩支持率太高，危及了康熙自倾覆鳌拜以来极力塑造的帝王权威。于是，他自食其言，将自己几天前要求群臣"于诸阿哥中保奏一人，大阿哥所行甚谬，暴戾不堪，此外于诸阿哥中，众议谁属，朕即从之”（《清圣祖实录》卷二百三十五）的圣谕推翻，旋即以“八阿哥未尝更事，近又罹罪，且其母家亦甚微贱”为由，断然将人气最盛、威望最高的胤禩，加上了最初只是限制胤禔参选的禁选名单。

至于康熙所言胤禩生母出身微贱，这是否出自康熙之口，还是雍正后来伪造，是不好说的。

胤禩生母良妃卫氏，出身“甚微贱”，乃雍正帝修撰《清圣祖实录》所言。康熙帝究竟说没说这样的话，那只有天知道。

良妃出身辛者库，其父乃五品内管领，但从她资历浅、生子晚却是康熙前中期所封五妃之一，足见康熙对她很是宠幸。

八阿哥胤禩参与储位之争，与母家身份尊卑无关，而是因为他作为皇子，有资格争夺。他在康熙诸子中，能力最强，平易近人，深孚众望，为其脱颖而出创造了条件。他不仅深得佟国维、马齐、阿灵阿、鄂伦岱为首的皇亲国戚、王公勋戚和满汉大臣的支持，就连康熙的皇兄、和硕裕亲王福全生前，也对他赞赏有加。同时，他得到了弟弟胤禟、胤䄉、胤禵的力挺。

就连同样觊觎储位的老四胤禛，也是对他佩服之至。

值得注意的是，在这一场公选新储的闹剧中，胤禛的态度是耍了一招乾坤大挪移。

他最初也是反太子成员，与胤禩等打得火热，甚至在完婚分府，从皇宫搬出，也选择与胤禩“藩邸相连”（萧奭《永宪录》卷三）。无论是在北新桥至柏林寺一线修府第，还是在畅春园附近建别墅，都是比邻而居。

但是，他及时察觉了康熙复储的心态后，转变立场，由最初的反太子改为突然的保太子，而且是多次保奏。当康熙将其树为典型，大肆宣扬时，他又矢口否认，生怕胤禩为首的反太子派厌恶他的两面派，使之处于孤立的境地。

当然，康熙也知道他与胤禩的关系密切。他也因此获得了康熙的好感：骨肉情深！

康熙先后两次废储，胤禩却因张明德事件、毙鹰事件，激怒康熙将其边缘化，幽禁革爵贬为闲散宗室，甚至要断绝父子关系，但是支持胤禩的势力仍在。

如果康熙驾崩前夕，不属意伪装者老四胤禛，他未必是胤禩的对手。

康熙在最后的几年，积极探索密建皇储计划，给满朝文武勋贵的感觉是，他要传位于传说中的暗定储君胤祯，并有意扶持胤禩作为顾命辅政。

倘若如此，那么作为老四的胤禛只能认命。即便他得到了掌管京师卫戍力量的理藩院尚书兼步军统领隆科多的支持，亦于事无补。

隆科多是不敢贸然发动兵变，支持胤禛造反的。当时，诸皇子互植私党，各成集团，势力最大的还是老八胤禩。

胤禛在旗势力，不过与几位王公共管的镶白旗。而胤禩集团得到了两黄旗、正蓝旗等的支持。胤禩不但有老九胤禟和老十胤䄉的财力支持，领兵西征的抚远大将军胤祯也与他往来密切。而在内阁三位满洲大学士中，马齐和萧永藻曾是胤禩的支持者；侍卫处六名领侍卫内大臣，鄂伦岱、阿尔松阿、满都护也是胤禩的拥趸；八旗中有多位满洲都统和宗室成员支持胤禩。就连管理皇家事务的宗人府，宗令简亲王雅尔江阿、左宗正贝子鲁宾、右宗人辅国公阿布兰，与胤禩往来密切。

据后来胤禛惩罚隆科多的诸多问题来看，隆科多曾在康熙朝支持胤禩为太子。他虽然最后支持胤禛上位，但对于胤禩还是敬畏有加的。

胤禛在旗势力，不过镶白旗。而胤禩集团，其本身有与亲家岳乐子孙共管的正蓝旗，胤䄉办理正黄旗三旗事务，缘于胤禩势力最强，故而雍正即位后，第一时间命其为首席总理事务大臣，进位和硕廉亲王，排名在雍正心腹、和硕怡亲王胤祥之前。这是雍正对胤禩的极力拉拢。

如果康熙临终前当着诸皇子和大臣，并非指定胤禛为继承者，那么胤禩不会投鼠忌器，而胤禛也不敢妄动。

而胤禛的妻兄年羹尧，虽然在康熙六十年升为川陕总督，掌握了西北大军的后勤补给，但在康熙旨意不明确时，也不会铤而走险。

3

胤禩（允禩）的杰出，不但使康熙感到了恐慌，就是雍正即位后也是芒刺在背。

不但像总理事务王大臣、保和殿大学士马齐——康熙四十七年十一月公选新储活动中的允禩的力挺者，如今还是和另一个也支持允禩的文华殿大学士嵩祝，“票签全然不合”圣意，将雍正“要紧旨意俱行遗漏”，“不肯尽心办事”，“漫不经心”。(《雍正朝起居注册》)

这些“圣祖仁皇帝委任老臣”办差，“诸事错误”，貌似让天下人生疑他们与雍正不协，貌似要迫使雍正重任刚被封为首席总理事务王大臣、和硕廉亲王的允禩。就连雍正曾寄予厚望的皇三子弘时，也对雍正笼络允禩却又打击的方式，表现出了不合时宜的态度和言行。

这使本来就遭到包括仁寿皇太后乌雅氏在内的满汉权贵集体抵制的雍正感到了空前的恐慌。他在对马齐示好的情势下，对自己的儿子弘时进行了无情的打击。

他要大义灭亲，敲山震虎。

康熙六十一年十一月，雍正继位时，虽有八子有名可查，但长子弘晖、二子弘昐、三子弘昀、七子福宜早夭，只留下四子弘时、五子弘历、六子弘昼、八子福惠四人。弘昐没有记入齿序，故弘时成了《清史稿》中的“世宗第三子”。

作为一个中年即位的皇帝，雍正帝子嗣不多，无疑是一个头痛的问题。但作为皇帝，子嗣少，对于经历过九子夺嫡大战的雍正而言，又可以避免诸皇子纷争的苦恼和麻烦。

然而，雍正诸子中，年贵妃所生的爱子福惠不到两岁，弘历和弘昼都是十二岁，弘时则有十八岁，但让他不安心。

弘昼“好言丧礼，言：‘人无百年不死者，奚讳为？’”（《清史稿·弘昼传》）他喜欢在府中办丧仪，自导自演，让府里的家人祭奠哀泣，自己在一旁岸然笑饮祭品以为乐趣。他制作明器、象鼎、彝盘盂等物品，放在自己的榻前。

儿子荒唐，雍正不免郁闷，但是此子与弘时相比，还是知道收敛。

弘时直接成了允禩的支持者和同情者。

雍正四年二月十八日下谕:“弘时为人，断不可留于宫廷，是以令为允禩之子。今允禩缘罪撤去黄带，玉牒内已除其名，弘时岂可不撤黄带?著即撤其黄带，交与允祹，令其约束养赡。钦此。”(《宫中档雍正朝奏折》)

这是一道令人不可思议的谕旨!

雍正将自己的儿子，逐出皇宫，勒令为政敌允禩的之子，足见雍正对弘时绝望至极，要绝父子之情义。

雍正四年正月，允禩被列罪四十条，除宗室籍，令改名“阿其那”，休其福晋回娘家，二月又将其幽禁。此时，雍正却要将名义上的皇长子弘时送给被撤去黄带、已革爵除宗的允禩为子。将皇子弄成拘禁的平民为子，那他的皇子身份自然很尴尬了。

作为过继子的弘时，也就被撤出黄带，玉牒除名。

弘时由皇子贬为庶民。

这无疑是雍正怒对弘时在平日里亲近允禩到了一个极限。

这使晚清史官唐治邦大胆地怀疑:雍正残忍地对自己的亲儿子下了毒手。

4

弘时之死，只是一个疑案。

弘时被削除宗籍是事实。《宫中档雍正朝奏折》说：乾隆即位之初，允禄等总理事务王大臣查雍正四年二月十八日奉旨，“弘时为人，断不可留于宫廷，是以令为允禩之子”。

雍正将自己的儿子，逐出皇宫，勒令为政敌允禩的之子，足见雍正对弘时绝望至极，要绝父子之情。

允禩被拘禁，但是弘时，则被“交与允祹，令其约束养赡”。也就说弘时并没有被拘禁，只是被皇叔允祹监管，苟全性命。

雍正杀子，并无十足的证据。

唐治邦也只是在1923年出版的《清皇室四谱》中指出：弘时于“雍正五年丁未八月初六日申刻，以年少放纵，行事不谨，削宗籍死”。但是，并没有说是雍正赐死的。

雍正六年发生的靖州士子曾静派人持信游说继年羹尧之后掌控西北大军的川陕总督岳锺琪造反一案，列举了所谓雍正的十大罪状，直指雍正“谋父、逼母、弑兄、屠弟”的毫无亲情和冷血，“天震地怒，鬼哭狼嚎”（《大义觉迷录》卷一）。但是，却没有杀子一状。

况在此前，雍正对弘时，也曾很关爱。弘时大婚时，年羹尧忘了向主子祝贺，雍正还特在自己急需年羹尧支持时，对年羹尧提出了严厉的批评。

皇子成庶民，满怀忧愤的弘时，于雍正五年八月初六日抑郁而逝。此时，距其被亲爹雍正赶出皇家，已经一年五个多月。直至雍正十三年十月，乾隆即位的第二月，才恢复其宗籍。

当时，乾隆的说辞，似乎很有亲情感："总理事务王大臣奉上谕：从前三阿哥年少无知，性情放纵、行事不谨，皇考雍正特加严惩以教导朕兄弟等使知儆戒。今三阿哥已故多年，朕念兄弟之谊，似应仍取入谱牒之内，著总理事务王大臣酌议具奏，钦此。"（《乾隆汉文谕旨汇编》）

所谓"总理事务王大臣"，即指雍正临终前指定的和硕庄亲王允禄、和硕果亲王允礼与保和殿大学士兼军机大臣鄂尔泰、张廷玉为顾命大臣。乾隆成年登基，允禄等不敢以顾命自居，改成总理事务王大臣。

面对新皇要推翻先帝所定铁案，允禄等审慎但也不含糊，毕竟弘时被严惩过分，又是皇家骨肉，自是极力配合。他们称："臣等查三阿哥……今已故多年，蒙皇上笃念兄弟之谊，欲仍收入谱牒，于情理允宜。应钦遵谕旨，将三阿哥仍载入玉牒。俟命下之日，交与宗人府办

理可也。谨奏请旨。依议。”（《宫中档雍正朝奏折》）

弘时被恢复宗籍，为四十三年后乾隆为允禩平反，做了一个注脚。

但是，弘时唯一的儿子永珅，早在他被赶出紫禁城前的雍正二年正月夭折，此后无所育。喜欢安排幼弟、儿子继嗣其他宗室成员的乾隆，却没有安排一个晚辈为亲哥哥延续香火。

皇子如此，荣辱巨变。

牵连皇子，厄运难说。

曹雪芹家族的姻亲李煦被查出与允禩有来往，少不了连带曹家被作为不能与雍正皇帝“同好恶，公是非”（《雍正朝起居注册》），遭到雍正对他们卷进允禩集团的严厉打击。

5

乾隆四十三年，乾隆皇帝以允禩无悖逆之实，下旨复原名，恢复宗室，并录入玉牒。

这是对雍正四年，雍正帝将允禩削其王爵、撤去黄带、废黜宗籍，并责成自请改名“阿其那”的正式翻案。

雍正苛待兄弟是实。当年，乾隆已十六岁，身历目睹其父无情打击其叔的全过程。民间传闻雍正谋父、逼母、弑兄、屠弟等十大罪行，雍正并撰著《大义觉迷录》自证清白，并不严惩造谣者曾静，乾隆也是清楚的。乾隆即位后，迅速销毁《大义觉迷录》，并处死曾静。

乾隆作为皇子，不能对皇父雍正打击以允禩为首的政敌兄弟提出异议，但也是心有不满。《清史稿·允禩传》记载："圣祖第八子允禩、第九子允禟结党妄行，罪皆自取。皇考仅令削籍更名，以示愧辱。就两人心术而论，觊觎窥窃，诚所不免，及皇考绍登大宝，怨尤诽谤，亦情事所有，特未有显然悖逆之迹。皇考晚年屡向朕谕及，愀然不乐，意颇悔之，若将有待。朕今临御四十三年矣，此事重大，朕若不言，后世子孙无敢言者。允禩、允禟仍复原名，收入玉牒，子孙一并叙入。此实仰体皇考仁心，申未竟之绪，想在天之灵亦当愉慰也。"

乾隆打着雍正后悔之名为允禩平反。

雍正是否真的后悔？史料不载。

但是，乾隆即位之初，将被囚禁的允䄉、允禵放出，恢复爵位，并终止对年羹尧、隆科多案的扩大化，也是情势所迫。这也是因为雍正大面积打击朋党，造成了统治集团内部的矛盾激化。乾隆所为，对雍正造成的紧张政治环境进行了有效的缓和，改善了满洲统治阶层内部的关系。

当然，乾隆此时为胤禩平反，只是对前面历代冤案，如顺治朝的多尔衮案，进行平反的其中一件，彰显了他的大度和宽仁。

至于曹頫，雍正将其抄家，押解进京，责成内务府置于枷号之中，严加看管。雍正给他的罪名是经济犯，即其主持下的江宁织造自作孽，即一个贪字、奢侈风俗、亏空甚多、年少无才、管理不善，行为不端、骚扰驿站、转移财产等，而不是政治犯。乾隆即位后，于雍正十三年十二月对其赦罪，并宽免了他因骚扰驿站所未还清的三百零二两银子。之后，曹頫不知所踪，曹雪芹也先后在内务府、宗学谋得了一份小差事，“朋友圈”里也有不少王孙公子，但最终只能靠鬻卖字画、朋友接济为生。至于《红楼梦》是不是他写的，则为另说。

隆科多的宿命：龙头拐，抑或鱼刺

1

康熙六十一年十一月十三日，清圣祖玄烨崩于畅春园，终年六十九岁。

据雍正所修的《清圣祖实录》和乾隆所修的《清世宗实录》交代，康熙临终前，宣读遗诏，有诚亲王胤祉、淳郡王胤祐、多罗贝勒胤禩、固山贝子胤禟、敦郡王胤䄉、固山贝子胤祹、皇十三子胤祥七位皇子和步军统领兼理藩院尚书隆科多在场听旨，作为见证人。

胤禩集团的核心成员，除了十四阿哥胤祯远在西北前线外，其余都在场。

而作为康熙遗诏指定的接班人，雍亲王胤禛并不是第一时间在宣旨现场，但后来赶到后，一直同隆科多守在龙榻旁，直至康熙咽气。

一般认为，康熙遗诏传位于十四阿哥胤祯（雍正朝改名允禵）。那是康熙生前重重举措已充分表明，受命以天子规格西征的抚远大将军胤祯，就是康熙后期探索密建皇储计划的暗定储君。

不仅满朝都如此认为，就连雍正帝也不得不承认康熙帝一时定大计，使他都始料不及。

于是乎，康熙的遗诏有没有被篡改，就成了雍亲王联手隆科多做成的清朝一个著名疑案！

对雍正入承大统极口颂扬的萧奭，在《永宪录》卷一中称：康熙临死前，“相传隆科多先护皇四子雍亲王回朝哭迎，身守阙下，诸王非传令旨不得入”。第二天中午才宣读大行皇帝遗诏，称“皇四子雍亲王为人贵重，事朕以孝，政事皆好，堪膺大任”。又三天后，才将康熙遗诏颁示天下。

这期间，给了雍正帝与隆科多重拟遗诏的充分时间。

2

康熙五十年十月，步军统领托合齐被迫称病请辞，康熙帝命一等侍卫行走隆科多署理步军统领。

托合齐本是内务府包衣，但因妹妹为康熙定嫔，因而深得康熙信任，于康熙四十年六月出任步军统领。

在康熙外出时，统率京师警卫力量的托合齐及时向康熙详报京中王公大臣情况，当然也包括诸皇子的一举一动，事无巨细，被妹夫康熙皇帝倚为心腹。

托合齐恃宠骄纵，恃权不法，被大臣弹劾，也为康熙留中不发，极为宽容。

托合齐在故主安郡王马尔浑丧事的非常期间，召集一些满洲武官聚会，议论储位问题，为储位不稳的太子胤礽纠集力量，图谋篡立，让康熙帝感到了来自身边的武力威胁。

于是，康熙迫使舅哥之一的托合齐辞职，起用表弟兼内弟之一的隆科多。

隆科多是康熙亲舅舅佟国维之子，也就是自己的亲表弟。康熙是一个任人唯亲的主，儿子有嫡庶之分，大臣有满汉之别，而亲戚也有远近之用。隆科多二十多岁就做到銮仪卫使兼正蓝旗蒙古副都统，因办事不尽心而遭革职，但康熙帝仍命其在一等侍卫上行走。也就是说，康熙非常信任他，还在找机会对其起复重用。

隆科多的两个姐姐，一个是康熙的孝懿皇后，一个是悫惠贵妃，隆科多也就成了康熙的双重小舅子。孝懿皇后只做了一天皇后就病逝，但三任皇后及温僖贵妃去世后，悫惠贵妃从康熙三十三年起就成了后宫之首。隆科多少不了弟凭姐贵，是当朝实至名归的国舅爷。

隆科多的两个姐姐，都没有给康熙生育子嗣，使隆科多没有亲外甥可保。至于雍正以是孝懿皇后的养子，拉近了与“舅舅”隆科多的关系。

同时，多重关系，也将隆科多推到了康熙后期第一宠臣兼重臣的位置。

3

电视剧《雍正王朝》中，张廷玉貌似是康熙最信任的重臣，而隆科多却显得是一个猥琐之徒。

剧中设计，大限将至的康熙，安排上书房大臣张廷玉找到隆科多，宣读两道诏书，一份指责隆科多出卖长辈、首鼠两端、不忠不义，授权张廷玉可以随时斩之；一份期待隆科多戴罪立功，利用掌管的京师卫戍力量，卫护雍亲王顺利成为雍正帝。

前者是威慑，后者是利诱。这是帝王心术的刚柔兼济、软硬兼施，对可用之人威逼利诱。

这是一把双刃剑，强迫隆科多提前站到雍正的一边，将胤禛拉拢隆科多弄出的清版烛影斧声，弄出了康熙临终前的良苦用心。这表现了康熙第二次废储后，探索秘密建储制度，暗定储君为皇四子胤禛，而非赋予抚远大将军皇十四子胤祯。

这样的场景，是现代影视剧工作者根据《清世宗实录》记载的艺术创造，但严重忽视了三个历史问题：

一是隆科多有首鼠两端的可能，但他能够取代康熙大舅哥之一托合齐，出任步军统领十多年，且被授职理藩院尚书，明显是康熙信得过的心腹重臣。在历史上，康熙对小舅子兼表弟隆科多的宠爱，远在张廷玉之上。

二是康熙安排张廷玉制衡隆科多，而在历史上，康熙驾崩前后，张廷玉不过吏部左侍郎，不在内阁为辅臣，而隆科多已然是理藩院尚书兼步军统领，位高权重。即便有遗诏为证，张廷玉还不具备制约朝廷重臣兼皇亲国戚的资历。

三是倘若康熙信不过隆科多，担心他临阵反水，混乱朝纲，为何不当机立断，换一个忠诚之人，力保帝位顺利交接？帝位交接，为国家头等大事，老辣的康熙岂会抱着侥幸心理？剧作的安排，除了力证雍正即位的合法性外，就是不敢彻底破坏已经背离的历史事实。

倘若张廷玉有机会守在康熙弥留之际，作为《清圣祖实录》的监修总裁与《清世宗实录》的总裁首席的他，为何不给自己一个露脸的机会？唯一说得过去的是，他还没资格进入康熙寝宫。

不仅实录如此记载，就是《永宪录》也证明，康熙后期最倚信的大臣，除了隆科多外，再就是领侍卫内大臣、总理銮仪卫事、三等公马尔赛与武英殿大学士兼户部尚书马齐。故而有康熙遗诏指定此三人顾命辅政之说。

只是雍正要笼络、分解和制衡胤禩集团势力，将胤禩晋升和硕廉亲王、列入总理事务王大臣时，将自己的亲信胤祥也同时封王赋予总理重任，同时舍弃了康熙曾信任的马尔赛。从雍正十年十二月，以抚远大将军出征准噶尔的马尔赛，因为作战不利，贻误军机，被按律夺爵处斩一事来看，他不是雍正特别倚信的重要人物。

4

不论是康熙临终一夜定大计，还是雍正阴谋得位，作为康熙帝晚年倚信的宠臣兼重臣、众皇子的亲表叔兼继母舅，隆科多都成就了并不显山露水的皇四子胤禛顺利即位。

毋庸置疑，没有隆科多这一根拐杖，雍正帝是很难爬上太和殿的那把雕龙髹金大椅的。

隆科多厥功至伟。

雍正帝投桃报李。

就在康熙驾崩的第二天，还未正式登基的雍正帝，即任命隆科多与和硕廉亲王允禩、和硕怡亲王允祥和内阁首席大学士马齐同列为总理事务王大臣，共同办理除了雍正潜邸之外的一切事务。不久，雍正又连续下旨，准其袭一等公，加太保，且加其先人为太师、太傅。

“三公”顶级殊荣，尽属隆科多的佟氏家族。

雍正皇帝还专门给内阁下发特谕：“隆科多应称呼舅舅，嗣后启奏处，书写舅舅隆科多。”（《清世宗实录》卷一）

雍正称隆科多为舅舅，无可厚非，毕竟隆科多是他养母孝懿仁皇后的亲兄弟。这远比现在夤缘攀称形形色色的干爹，还是要真切得多！

而此在清朝，属于独一份殊荣，隆科多被最严苛的皇帝公开称呼为舅舅。雍正开了清帝之史无前例、更无来者的破天荒，所以就成为一种稀奇。

而作为雍正帝的亲舅舅、仁寿皇太后的亲弟弟博启，除了承恩袭爵一等公外，就只是一个散秩大臣。

散秩大臣，警卫皇帝及皇宫的侍卫处大臣，从二品，位在领侍卫内大臣与内大臣之下，无定员。康熙帝封以抬旗入满的娘舅佟国维为领侍卫内大臣兼议政大臣，而雍正帝出身正宗满洲正黄旗的亲娘舅只得了个闲散官员。不仅如此，雍正还命隆科多为吏部尚书，管步军统领衙门和理藩院等要害部门，赐予双眼花翎、四团龙补服、黄带、紫辔等非常之物。

这样的顶级殊荣，雍正是有深意的：

一是感恩。

雍正能在康熙后期“九子夺嫡”中脱颖而出，顺利即位，得仰仗深得康熙信任且手握京城卫戍的隆科多，提供了强悍的武力支持，保证了康雍之际的平稳过渡。即便民间传闻有烛影斧声之举，隆科多那也是雍正最亲密的政治盟友。

二是倚重。

隆科多原任康熙朝的步军统领兼理藩院尚书，兼管京师军政和朝廷外交，有一定的理政经验。初登大宝的雍正皇帝，将他与两位和硕亲王、一位内阁首辅并列，同为总理事务大臣，一起处理过渡时期的朝政事务，既是一种制衡异己力量的利器，又是一位迅速接管朝政的帮手。

三是寄望。

雍正期待这一位即位的第一功臣，能成为自己的第一辅臣，重振吏治，荐贤举能，所以，雍正在将他同抚远大将军年羹尧一同进封太保、赏赐御物时，还命其为吏部尚书，可以不经奏请，随意任免朝廷官员，创造了雍正初年著名的人事制度——佟选。

更重要的是，雍正即立，遭到了允禩为首的宗室成员、满汉大臣、八旗都统及勋戚后代的集体围攻。即便其生母乌雅氏被尊为仁寿皇太后，但很是不屑，仍以先帝德妃自居，而对儿子称帝和封赏自己采取了至死不渝的抵制。

此时的雍正，虽有年羹尧在西北成功接管了抚远大将军王的军事指挥权，但在朝堂之上，他需要隆科多这根先帝留下的龙头拐，对抗来自方方面面的明枪暗箭。

随着雍正基本掌握权力，也分解和整肃了允禩集团实力，隆科多也就被视为恃宠而骄，弄权见忌。《清史稿》卷二百九十五一语中的："当其贵盛侈汰，隆科多恃元舅之亲，受顾命之重……方且凭藉权势，无复顾忌，即于覆灭而不自怵。"

雍正五年七月，雍正皇帝突然下令，将正在与沙俄使节谈判边界问题的隆科多，以结党营私、私藏玉牒的罪名，抓捕下狱。是年十月，隆科多被定罪四十一款，被圈禁于畅春园。

毕竟隆科多知道的事情最多，固然是威胁最大。随着雍正即位之初疯狂打击允禩集团，追责已死多年的阿灵阿、揆叙，查出当时还是一等侍卫的隆科多，追随领侍卫内大臣阿灵阿等支持允禩。这是雍正极为痛恨的。

早在雍正三年，雍正帝在对阵反对势力基本处于上风时，就开始指责隆科多"擅作威福"（《清世宗实录》卷三十二）。两年过去，雍正帝公开称其"负恩狂悖"，"任吏部尚书时，所办铨选官员，皆自称为佟选"（《清世宗实录》卷六十二）。

雍正帝与隆科多的关系破裂，但还在勉强维持僵局，直至雍正五年清俄边境问题谈判时，雍正帝突然发难，导致谈判中场换人，而继任首席代表、郡王额驸策零不能继续隆科多的强硬。

隆科多的强硬，还是忠于雍正帝的。他有恃功而骄的一面，但在满汉众臣集体抵制雍正帝的初期，隆科多在雍正帝离京谒陵期间留守京城，保证了京城的稳定，曾奏报“诸王心变”，“举国之人，俱不可信”（《清世宗实录》卷六十二）。无疑，隆科多是把自己绑架上了雍正尖刻凌厉打击皇家内外反对势力的战车，然而这在最后，被雍正反其意而用之，狂批他“紊乱朝政”。

隆科多还被查出与抚远大将军年羹尧有交结。年羹尧恃功骄纵，敢对雍正帝无人臣礼，勒令王公大臣跪拜迎送，却还送隆科多金银珠宝，仰其鼻息。

其实，隆科多还是雍正帝推荐给年羹尧的。雍正元年正月初二日，雍正帝在大舅哥、川陕总督年羹尧的《会陈军务事情请先具稿密呈折》上的朱批：“舅舅隆科多，此人朕与尔先前不但不深知他，真正大错了，此人真圣祖皇考忠臣，朕之功臣，国家良臣，真正当代第一超群拔类之希有大臣也。”雍正向年羹尧推重隆科多，就是要表达年羹尧与他雍正是老友，而隆科多只算是新朋，以免年羹尧误会君恩被分离。

权臣势重，就是一根如鲠在喉的鱼刺，威胁到皇帝生存的绝对权威，雍正更要彻底拔掉他。一旦失宠失势，皇帝强加给满朝文武的“舅舅”，就成了罗列罪名而不乏强加之词的“奸党”。

隆科多与雍正帝的“蜜月”，远远不及他与康熙帝的时长。此中缘由，利益当为核心。

雍正十三年只有一个新春举国同庆

1

清史大家孟森说："自古勤政之君，未有及世宗者。"（孟森《清史讲义》第一编第三章）孟氏极口颂扬的勤政帝世宗，就是清代大名鼎鼎的雍正皇帝。

康熙六十一年（1722）十一月十三日，圣祖皇帝在北郊畅春园病逝，临终前指定皇四子胤禛继承皇位，次年改元雍正。虽然七天后即二十日，雍正帝才正式登基。但是，他在圣祖驾崩的第二日就发出命令，命贝勒胤禩、十三阿哥胤祥、大学士马齐和理藩院尚书隆科多总理事务，负责处理"除朕藩邸事件外，余俱交送四大臣；凡有谕旨，必经由四大臣传出，并令记档，则诸事庶乎秩然不紊，其奏事官员处亦令记档"（《清世宗实录》卷一）。

历经艰险在九子夺嫡大战中成了最后的胜利者，雍正自称哀痛不已，内心纷烦，但新始总统朝政还是临危不乱，表现出了一个成熟的政治家气象：一是藩邸之事，不许外人插手，其中的隐情只有他清楚。二是四大臣总理事务，但必须接报人、奏事官几处记档，相互制衡，以便他日后查阅。

接班伊始，雍正帝便励精图治，早起晚睡，每日批阅奏折百余件，仅汉字朱批就是洋洋洒洒数千字。写起来容易，然事关国计民生，他的每一字词，都须经过深思熟虑，代表着国家的最高指示。

他几乎对各项朝廷制度进行更革，同时推行一系列改革：密建储君、修订大清律例、摊丁入亩、耗羡归公、养廉银、士民一体当差、改土归流、兴办直隶营田、试办八旗井田、改革旗务……他从康熙手中接过一个吏治混乱、国库空虚的政权，交给乾隆一个制度严明、国力强盛的国家，如果不是“以勤先天下”“朝乾夕惕”，是不可能实现的。

像这样一位勤政的皇帝，他的第一个春节又是怎么过的呢？

第一年即雍正元年。改元之年，理应大贺新春。然而清朝的皇帝，除了太祖开国在新春之后，那么只有嘉庆帝在元年春节张灯结彩、举朝欢庆了。因为嘉庆元年的正月初一日，为乾隆皇帝禅位之时。是日，皇太子颙琰先陪乾隆帝至奉先殿祭祖、堂子祭神行礼，然后返回太和殿行传位大典。乾隆亲授宝玺，储君跪受大宝，群臣三跪九拜。奏乐宣表，喜气洋洋。虽然乾隆有些失落，但他改尊太上皇帝，仍为最高领导人。此后，乾隆不时临殿受朝，嘉庆只能侍立或设小座位于旁。

乾隆登基之初，也只在太和殿接受群臣朝贺，但因在雍正丧期内，不奏乐，不宣表。而先帝雍正登基后的第一个春节，更为简单。

雍正先去寿皇殿康熙灵前行礼，回宫后不升殿受贺，去给皇太后问安后（这是他当时每天的必修课，起居注每日都有同样的记载），就御殿升座上班了。

关于取消元年新春朝会之事，雍正帝早在即位的第二月，就针对内阁礼部撰拟元旦、万寿和冬至表式提请颁发时，专门作出了批示："皇考大事未过百日，正哀慕之时，朕岂忍升殿受贺？元旦、冬至贺表，俟雍正二年举行。至万寿表文，过二十七月后举行。"（《清世宗实录》卷二）

取消了新春朝会，但雍正和大臣们必须碰面。君臣心照不宣，打着奉太后懿旨的旗号免行庆贺礼，但接受了朝鲜国王李昀遣使送来的冬至、元旦和万寿节贺表和礼物。

雍正对来使按惯例赏赐，但不赐宴。康熙国丧期间，大规模的推杯把盏就免了。

忙完这些礼节上的事务，雍正皇帝就紧张有序地安排一年的工作了。

他在颁发雍正元年时宪历后，一口气颁发了训谕各省文武官员的上谕十一道。

给哪些人呢？从总督、巡抚诸封疆大吏，到督学、提督、总兵官、布政使、按察使省级职能主官，再到道员、副将、参将、游击、知府、知州、知县基层官员。

面面俱到，指导性强。无疑，这十一道上谕，是雍正即将全面改革、整肃吏治的指导性行动纲领，各有要求，各有针对，各有奖惩。他强调："此封疆大臣，以总督为最重也。总督地控两省，权兼文武，必使将吏协和，军民绥辑，乃为称职。"（《清世宗实录》卷三）

自上而下，雍正都是反复讲从严治吏、惩治贪腐、讲求实干。"国家首重吏治……固邦本者在吏治！"

他对基层干部，也是要求严厉，认为"立志之本在州县"，"如或罔念民瘼、恣意贪婪，或朘削肥家，或滥刑逞虐，或借刻以为清，或恃才而多事，或谄媚上司以贪位，或任纵胥吏以扰民，或徇私逞欲，以上亏国帑，王章具在，岂尔贷欤？"

雍正在自己的第一个皇帝春节，想的不是怎么歌舞升平、全民大庆，而是告诫天下官员"正己率属""洁己惠民"。

八十多年后，乾隆后期出生的清朝宗室、礼亲王昭梿在《啸亭杂录》卷一中写道："世宗万几之暇，罕御声色”(《杖杀优伶》),“宪皇在位十三载，日夜忧勤，毫无土木、声色之娱”(《世宗不兴土木》),对民间传闻的雍正沉迷酒色纵欲论大声说不！

值得注意的是，胤禛还在潜邸做皇子亲王时，书房屏风上的图案，竟是十二幅美人图。在他即位后，搬进了紫禁城里的养心殿（康熙生前住乾清宫，但雍正声称表孝心，选择位于乾清宫西侧的养心殿，作为自己的寝宫。当然，他还是经常到乾清门听政，召集部院各衙门官员面奏军政要务），很快将十二幅美人图卷起存入库房。

这位远离声色的皇帝，为何登基前后两样呢？难道是个人喜好的双重性？这只有一种可能，十二幅美人图不过为其争位前标榜“天下第一闲人”的一种障眼法，可以说是理想的寄托，或者在提示自己：爱美人，更爱江山！

2

雍正元年九月初一日，已移入景陵半年的圣祖仁皇帝梓宫，奉安于地宫。

四个月后，也就到雍正二年正月初一日，勤勉了一年多的雍正皇帝，已经大权在握，基本稳定了政权。

所以，雍正帝要开心地过他即位之后的第二个春节。

当日一大早，雍正帝就去堂子行礼。这是满人奉行萨满教的一种祭祀社稷的仪式。堂子祭祀，皇帝御祭，序礼繁严，为有清一代奉为皇宫大内最神圣的宗教盛典，在清史典籍中载有显赫地位。《皇朝通志》卷三十七《礼略二》中记载："太祖高皇帝建国之初，有谒拜堂子之礼。凡每岁元旦及日朔，国有大事，则为祈为报，皆恭诣堂子行礼，大出入必告，出征凯旋则列纛而告，典至重也。"然后，雍正帝回宫拜神。

一大早，拜两回神。

雍正居藩时，经常去潜邸附近的柏林寺同迦陵上人朝夕谈禅，已然对礼佛敬神有了习惯。

雍正迎春，有寄望利用民族宗教为政治服务的想法。但是，这一天他还是要上班的。

他来到了太和殿。王公勋贵、文武百官、外藩王爷及邻国使臣，都已正装有序地排列在大殿内外。待雍正出场，群臣及使臣们山呼万岁，纷纷上表朝贺新春志庆。

虽然勤俭的雍正，继续不赐宴，对朝鲜使者带来的进贡，仍"赏赍如例"。

值得注意的是，雍正对这些人不招待，但对跟班朝贺行礼的策妄阿喇布坦的使臣“特令赐宴”(《清世宗实录》卷十五)。

这是有原因的。准噶尔蒙古大汗策妄阿喇布坦，曾支持青海蒙古和硕特部右翼首领罗卜藏丹津叛乱。雍正命年羹尧接任抚远大将军，总督各军，驻西宁坐镇指挥平叛，已于年前打得罗卜藏丹津仅率百人而逃。策妄阿喇布坦主动派使前来朝贺，而且是跟班行人臣礼，让雍正帝看到了西北战事胜利在望。

又是一年过去，到了雍正三年正月，紫禁城张灯结彩。

大年初一，雍正祭神拜神依旧，然后结束群臣的朝贺。此次，雍正除了继续不安排筵宴外，还停止了读表。

这次新春朝会，朝鲜新君李昑照常遣使来贡。雍正接见外来使节，少了策妄阿喇布坦的特使，却多了安南国使臣等“以次朝贺行礼”(《清世宗实录》卷二十八)。

对于过去一年的成绩，雍正皇帝是满意的。抚远大将军年羹尧为其平定了青海叛乱，而康熙朝遗留的亏空基本追缴完毕。雍正特地在内阁之东，设置了一个封桩库，“凡一切赃款羡余银两，皆贮其内，至末年至三千余万，国用充足”(昭梿《啸亭杂录》卷一)。而各省上缴的粮米随漕而入，全国粮仓充实，“积贮可供二十余年之用”。

雍正四年的正月初一日，雍正祭神拜神依旧，朝鲜国使臣进表朝贺献礼依旧。

与前三次春节大有不同的是：“是日，赐诸王、贝勒、贝子、公、内大臣、侍卫、文武官员，及朝正外藩蒙古王、贝勒、贝子、公、额驸台吉塔布囊等宴。朝鲜国陪臣等，及诸王属下，凡有顶带官员，一体与宴。”（《清世宗实录》卷四十）

雍正帝出席现场，接受群臣献酒后，命蒙古亲王等，至御座前授爵赐饮。雍正还命侍卫代表他，向其余诸王爷、贝勒以下的勋贵，一一敬酒。

对于这一场雍正朝唯一的一次新春筵宴，《清世宗实录》卷四十记载：“诸乐并作，以昭盛典。谕理藩院：皇考大事，三年礼成，兹朕初庆元旦”，同时对出席盛宴的外藩王公贝勒等“从优赏赐”。

原来是雍正皇帝三年守孝完毕，他要破天荒地在大年第一天大宴群臣。

当然，他也要大开杀戒。

早在雍正三年二月，三年服满，雍正就对夺嫡主要竞争对手，自己即位之初亲封的总理王大臣、和硕廉亲王允禩一干人等动手了。雍正称允禩总理事务，挟私怀诈，有罪无功；将贝子允禟夺爵幽禁。大宴刚收场，雍正便组织群臣为允禩胪列罪状四十事，允禟定罪二十八款，很快死于非命。允䄉和允禵躲过终极迫害，但也是长期处于监禁之中。

而助力雍正登基的隆科多，也成了雍正打击的重点对象。另一位得力干将年羹尧也被开列九十二款大罪，请求立正典刑。

对于年羹尧的事发，雍正帝是借题发挥，称其舍不得给他“朝乾夕惕”，而故意误写为“夕惕朝乾”。

3

雍正五年的春节，紫禁城里大红灯笼高高挂，寻常人家也是张灯又结彩。

雍正皇帝过得很简单，还是祭神拜神、接受群臣朝贺和朝鲜献礼老三样。

此次，他恢复了停止筵宴的老规矩。

过去的一年，对于他而言，是可喜、可悲、可叹的。

可喜的是，与他争斗了二十多年的允禩集团，以允禟、允禩先后被囚禁致死，其他胤禩党人也遭到处分，宣布彻底终结。虽然允禩、允禟之死，让大家猜疑是他的指令，但是他又给出了冠冕堂皇的不知情的理由，并严惩了一系列执行者。

可悲的是，曾被他视作“恩人”、誓约永远有福同享、要做千古榜样人物的年羹尧，被雍正帝以作威作福、结党营私之名，责令在家中自尽。而被他公开称呼“舅舅”的隆科多，与年羹尧一起受赏双眼花翎、四团龙补服、黄带、紫辔等非常之物，却被查实与康熙四十七年议立允禩为储的阿灵阿、揆叙结党营私、支持允禩。

可叹的是，雍正成功即位，隆科多以贵戚出力于内，年羹尧以战多助威于外，内外夹辅为重臣的神话，终于在雍正四年彻底破灭。早在一年前，雍正在一道圣谕中悲哀地说：“朕御极之初，隆科多、年羹尧皆寄以心腹，毫无猜防。孰知朕视为一德，彼竟有二心，招权纳贿，擅作威福，欺罔悖负，朕岂能姑息养奸耶？”（《清史稿·隆科多传》）

一年后的正月初一，雍正帝仍然没有休息，而是继续上一年的新春模式，开启了雍正六年的办公。

就在两个月前，雍正帝下令，将正在与沙俄使团谈判边境问题的谈判桌上的隆科多，以私藏玉牒等罪抓回下狱，定罪四十一条，幽禁于康熙帝驾崩的畅春园。

畅春园是原任步军统领掌管京师警卫力量的隆科多护卫皇四子雍亲王成为雍正帝的起点，不意六年后却成了隆科多盛极而衰、身陷囹圄的政治终点。

雍正五年，对于大刀阔斧推行新政的雍正皇帝而言，也是痛苦的。他虽然前后生子十人，但存活的子嗣稀少。然其皇三子弘时也在这一年，被他无情地削除宗籍，囚禁府中，于八月初六日去世，年仅二十四岁。《清史稿·弘时传》写得很简单：弘时雍正五年以放纵不谨，削宗籍，无封。但结合当时政治斗争，弘时最有可能陷身允禩集团，而被乃父雍正无情地处死。

而“雍正六年，皇八子福惠卒，帝辍朝，大内素服各三日，不祭神，诏用亲王礼葬”(《清史稿·礼志十二》)，使年届五旬的雍正帝仅存弘历、弘昼二子，老年丧子，这无疑也是一种不小的打击。

即便如此，雍正七年的春节，雍正除了继续老三样外，还特地给蒙古王公下了一份圣谕。

他要增加蒙古王公的俸禄：“朕思从前所定外藩扎萨克蒙古王等人之俸禄，比于内地王等较少者，必非以内外之故，遂有多寡之分也。”(《清世宗实录》卷七十七)

清朝爵位分宗室、蒙古和功臣三种。至雍正时，宗室和蒙古仍行亲王、郡王、贝勒、贝子、公等。朝廷每年都要按规定发俸银和禄米。

雍正帝在圣谕中说：过去因为蒙古王公人员众多，

且在外藩居住，费用尚为俭约，而国家钱粮亦有不敷之处，故而造成了外藩蒙古俸禄少于内地王公，几乎成了一种定议。

现在国家太平，风调雨顺，连年丰收，钱粮饶裕，“朕为统驭天下万物之主”，决定蒙古王等以下、扎萨克一等台吉的以上俸禄，一概增加一倍。

雍正还决定，对于以前俱无俸禄的普通一等台吉，也令著照扎萨克一等台吉等所食百金之俸赏给。

虽然雍正担心以后国家钱粮入不敷出，不把此增加俸禄当作一种定例，命户部、理藩院在每年底根据国情请旨奏办。

这是一份额外的奖励，但不是一种定议的制度。决定权都牢牢掌控在雍正帝的手中。

雍正送给蒙古王公一份新春大礼包，是有政治目的的——他决意对准噶尔用兵了，需要蒙古王公的配合和参与。

春节送礼，也成了雍正帝的一种政治需要。而朝内的大臣们也积极配合，打造大清祥瑞，烘托雍正盛世。

正月初六日，雍正帝收到云贵广西总督鄂尔泰奏报：去年十月二十九日万寿节，云南省城“五色卿云，光灿捧日”，至十一月初一日“绚烂倍常”（《清世宗实录》卷七十七）。

一个刻薄的务实主义践行者，突然变成了侈谈异端的幻想主义者。雍正热衷此道，而且大肆奖励附和者，结果导致一时多地大造祥瑞。

这个春节，无疑雍正帝过得很开心，朱笔一挥："此嘉祥实系卿忠诚所感而献于朕寿日者，正表卿爱戴之心也！"（《清世宗实录》卷七十七）

正月刚完，刚收到雍正加俸奖励的科尔沁、喀尔喀部落王公，送来了请兵急奏——他们受到了准噶尔新任首领噶尔丹策零的武力威胁。雍正帝当即下诏，命黑龙江将军、内大臣傅尔丹为靖边大将军，统领满、蒙旗兵组成北路大军；授川陕总督、奋威将军岳锺琪为宁远大将军，统领川陕甘汉兵组成西路大军，兵分两路攻打准噶尔。

4

《清世宗实录》卷九十记载："雍正八年庚戌春正月庚午朔，上于宫中拜神，以祈谷致斋，命于初六日御殿。"

这一个春节，雍正帝换了花样。

难道是雍正帝要给自己放五天假？

非也！

雍正帝病倒了！

雍正七年冬，雍正帝突然患了一场重病，一直延续到雍正九年秋，已经严重到了准备后事的程度。《清世宗实录》《清史稿》之类正史，没写明病症名称和严重性，但从停办万寿节大宴，停止年度决囚，还赦免一批“应得遣戍、监追、籍没及妻子入官等罪”（《清史稿·世宗本纪》）等非常之事来看，他的身体已经到了非常时期。

直至雍正八年五月的一次朝会上，他才对满朝文武大臣说：“朕自去年冬即稍觉违和，疏忽未曾留心调治。自今年三月以来，间日时发寒热，往来饮食不似平常，夜间不能熟寝，如此者两月有余矣。”（《雍正朝汉文谕旨汇编》第八册）

病症来得蹊跷，使人奇怪，虽然雍正自己说病状是“似疟非疟……或彻夜不成寐，或一二日不思饮食，寒热往来，阴阳相驳”（《雍正朝汉文朱批奏折汇编》第十八册）。

但究竟是什么病，怎么会得这样的病，只是他曾密折向云贵总督鄂尔泰透露：“朕今岁违和，实遇大怪诞事而得者。”（《雍正朝汉文朱批奏折汇编》第十八册）

然而，遇到了什么“大怪诞事”，雍正没有说，只说待明后年鄂尔泰来京陛见时，再当面详细谕之。鄂尔泰连续多次报告祥瑞，深得圣心，成了雍正的新宠。

无疑，雍正帝隐恶讳言。

雍正八年正月初一日，年年要御祭堂子的雍正帝，病得只能在龙榻上乞求上苍给他的国家风调雨顺了，不能接受群臣朝贺，不能接见外藩使臣。

这个春节，他过得很艰难，也很痛苦。

过去的一年，是他任期最头痛、最棘手也最郁闷、最恼火的一年。

三月，他力排众议，对准噶尔部噶尔丹策零用兵。不料，狡猾的噶尔丹策零要两手伎俩，一边扬言议和，一边集结重兵，使岳锺琪和傅尔丹出师不利。雍正帝大怒，将二人调回京师调教，重战再次失利。

五月，陕甘总督、宁远大将军岳锺琪报告，湘南士人曾静受吕留良反清思想学说影响，将遭遣戍广西的允禩余党传言雍正阴谋夺位事继续散播。曾静被缉拿后，供称了多位儒士的不满行为，指定已辞世多年的吕留良为罪魁祸首，还对康熙、雍正进行了一系列颂扬与礼赞。雍正帝认为吕留良等鼓吹反清思想，具有广泛基础，而允禩等人流言，实属为患非小。

至于曾静，属于乡曲"迂妄之辈"，只有诽谤皇帝的言论，却无谋逆的事实与同谋，不足为大患。故而，雍正帝还专门颁发最高指示强调"曾静等系联特旨赦宥之人"，若遭地方歧视或暗伤，"朕必将问以抵偿之罪"。

他还告诫后世，“即朕之子孙，将来亦不得以其诋毁朕躬，而追究诛戮之”（《大义觉迷录》卷三）。

九月，他不顾以和硕怡亲王允祥为首的一百四十余位大臣的联名反对，将同曾静问答之词，编为《大义觉迷录》，派大员带领曾静到江宁、杭州、苏州等地，进行宣讲，对吕留良、允禩辈言论，进行批驳揭露。雍正帝之所以这样做，无疑是常人质疑他继位不合法，是他心中无法抹去的阴影。

而重返军前的岳锺琪、傅尔丹再次失利，于是雍正破格起用军事庸才锡保为大将军，并加大他的便宜行事之权，命其在军营可以选拔副都统、护军参领。锡保大军初战，鏖战十多次，每战告捷，但最终还是打得很辛苦。

要知道，为了打这一场大仗，他筹备了两年，还特别组建了军机处，就是想宣示，他继承了先帝康熙三次亲征准噶尔的事业，将革命进行到底。

多事之秋，雍正病倒了，而且病得不轻，就连他最信任倚重的皇十三弟、怡亲王允祥，也于雍正八年五月病逝。

允祥的离去，加重了雍正久治不愈的病情，“虽强自排遣，而饮食俱觉无味，寝卧皆不能安”（《清世宗实录》卷九十四）。

而在此时，其皇三哥允祉私下发牢骚，对怡亲王“举哀之时全无伤悼之情，视同膈膜”（《清世宗实录》卷九十四），甚至表现出了庆幸之意。允祉被拉清单，被罗织有不孝、妄乱、狂悖、党逆、奸邪、恶逆、怨怼不敬、欺罔不敬、贪黩负恩、背理蔑伦诸多罪状。“从前皇贵妃丧事，允祉当齐集之期，俱诡称有另交事件，推诿不前。及前年八阿哥之事，允祉欣喜之色，倍于平时”（《清世宗实录》卷九十四）。

悲愤交集，肺腑如焚，雍正再次病倒。所以，雍正九年新春，雍正帝只能在宫中拜神，然后坚持接受群臣和外臣的上表朝贺，也一如既往地停止筵宴。

直至这一年秋天，雍正帝病情转好，但因故多生，急火攻心，身体超支，导致雍正帝突然患病，起势应该很猛。

雍正讳疾乱求医，却误信方士养身，乱服有毒的金丹，能提神一时而遗患无穷，故久治不愈。

雍正十年、十一年的春节，雍正帝虽然临朝受贺，但身体大不如前，也只能在宫中拜神，省去了去堂子祭神的第一大事。到了十二年正月初一日，实录中只有一句“上于宫中拜神，以祈谷致斋，命于初九日御殿”（《清世宗实录》卷一百三十九）。这较之于雍正八年新春不能临朝，推迟了三日。

雍正十三年春节，雍正基本恢复了新年朝会的老三样，但在这一年八月二十一日得病，“仍照常办事”（《清世宗实录》卷一百五十九），第三天子时驾崩了。他的离奇崩逝，没有熬过在位的第十四个春天。

对于雍正帝短暂而伟大的一生，萧一山在《清朝通史》卷上以汉初的文景之治喻康熙、雍正父子：“玄烨性情施治，颇似汉文帝，而胤禛则景帝也。”

雍正在位只有十三年，但他首重吏治，整饬群僚，坚持严法，刚毅明察，无疑是一个伟大的政治家的作风和铁腕。

然而，作为一个最高统治者，雍正皇帝夜以继日地工作，求治太切，执政苛严，而且率先垂范，严重透支，几乎没有休息时间，结果导致壮年暴卒，难为常人理解。

5

但凡有不少政治作为的皇帝，都有勤政的一面。如明朝的第四任皇帝仁宗朱高炽，虽然只是一个十月短帝，但在位期间，何止做了十件大事。可以说，明朝著名的仁宣之治，建立在永乐大帝的基业之上，但是，朱高炽上位伊始，就忙着赦免建文旧臣、平反政治冤狱，发展生产，与民休息，为仁宣盛世奠定了坚实的基础。

因为朱高炽在位时间太短，不足一年，有学者干脆将永乐政治串联宣德时代，称誉为“永宣盛世”，而将朱高炽的努力无视为昙花一现。

他忽视了明仁宗的德化之治，可以比隆汉之文景的历史作用。

无独有偶，清朝的第四任皇帝世宗雍正帝（太宗崇德元年称帝，世祖、圣祖、世宗先后继立。太祖努尔哈赤只称天命汗，不是正式的皇帝），也是因为在位时间短，而被不少人忽视在“康乾盛世”中。

其实，雍正帝在位时间，亦有十三年天命，比明朝宣德帝要多三年。但是，他相较于皇考康熙在位近六十二年，儿子乾隆掌权六十三年有余，几乎为父、子的五分之一。

故而，康雍乾盛世，也就成了康乾盛世。

他被人为地雪藏了。

如果要对中国古代皇帝排一个勤政榜，那么清世宗雍正帝不但进入前三，还当之无愧地位居榜首。

雍正四十五岁登基，以一个成熟的政治家，他从康熙手中接过一个吏治混乱、国库空虚的政权，交给乾隆一个制度严明、国力强盛的国家。

短命的明仁宗朱高炽，没有成就明朝的“文景之治”。但早逝的清世宗雍正帝，却是实至名归的清版“文景之治”中的“景帝”（参见萧一山《清代通史》卷上）。甚至可以说，乾隆能够创造中国封建社会的鼎盛，完全是因乃父雍正像巨人一般将其高高扛起。

只不过，乾隆后期迅速盛极而衰，既有乾隆自身的奢靡虚华种下的恶果，也有世界潮流的现代化进程推动的必然。帝制中国还在沉迷封建专制，而西方世界早在明清鼎革之际进入了现代社会。

但是，对于雍正的勤政，有“欧洲的良心”之誉的十八世纪法国资产阶级启蒙运动思想泰斗伏尔泰，在其代表作《路易十四时代》中称：“新帝雍正爱法律、重公益，超过父王。帝王之中无人比他更不遗余力地鼓励农事。他对这一于国民生计不可缺少的百艺之首亟为重视。各省农民被所在州、县长官评选为最勤劳、能干、孝悌者，甚至可以封为八品官。农民为官，并不需为此放弃他已卓有成效的农事耕作，转而从事他并不了解的刑名钱谷。”

雍正帝除了早起临朝执政，就是每日不断地批阅奏章，处理方方面面的政务。他在位只有短短的十三年，光是奏折朱批的文字，就达三百六十卷，一千万多字。

朱批只是他勤政的一个体现方面。作为一个正处于政治历练、精神与人格上的成熟阶段继位的中年皇帝，他在政治、经济、军事、社会、文化、民族、外交等方面所付出的践行与思考，自然是非常人所能想象的。

后来，有西方记者看到他的朱批后，高度赞赏：“控御之才，文章之美，亦令人赞扬不止，而其批臣下之折，尤有趣味，所降谕旨，洋洋数千言，倚笔立就，事理洞明，可谓非常之才矣!”（[英]濮兰德、白克好司《清朝外纪》第三章）

雍正治国，是用心的，可以说是一个苦行僧。

有电视剧，如《甄嬛传》，大肆渲染雍正帝与诸多妃子之间牵扯不断的情感戏。

雍正帝后妃不少，也是历史事实，然其在位十三年，虽然子嗣稀少，却只生育了一个儿子（齿序皇六子弘瞻，《甄嬛传》还将此仅存的雍正硕果，弄成了甄嬛同果亲王允礼的私通产物）。

雍正把自己的帝王人生，都交给了勤于政事，致使身体严重超支。

雍正七年冬至九年秋，他患了一场重病。

这一场大病，折磨了外强中干的雍正帝一年多。

也是这一场大病，导致了雍正在位时间过短，加之即位、理政及打击政敌上的诸多争议，而留下了说不尽也说不清的“滚滚骂名”。

雍正五废贱籍，为何率先坏规矩？

1

雍正皇帝以勤政出名，在位十三年殚精竭虑，即便新春大年初一也是忙碌政务，坚守在工作岗位上。

他又是一个了不起的改革家。自康熙六十一年十一月即位伊始，他就开始大刀阔斧的改革。有人会问，他刚承统改革了什么？胤禩、胤祥、马齐和隆科多出任总理事务大臣，为清朝前四位皇帝所未有，可视作雍正帝上台后的第一项政治体制改革。

他自许“俯仰不愧天地，褒贬自有春秋”，几乎对康熙留下的各项制度进行更革以一系列重大改革改善民生，探索社会发展的新路径。

这些改革，根本上是富强国力之举。雍正二年，他已将康熙朝遗留的亏空基本追缴完毕。

日本东洋史学家、京都大学名誉教授佐伯富高度赞赏：“谚语云‘王朝基础多奠基于第三代’，雍正帝正是清入关后第三代君主，有清二百数十年的基础盘石，即为雍正所奠定。”（杨启樵《雍正帝及其密折制度研究》）

国库充盈，夯实清朝，是皇帝的底气、国家的实力，也是雍正的努力。

与此同时，雍正还干了一件更让无数百姓感激涕零的大事——他废除了存续数千年的贱籍制度！

贱籍，即所谓贱民，不在社会底层的士、农、工、商四民之列。乐户（乐人）、惰民（胥役）、世仆（又称伴当，俗称细民）、蜑户（渔民）、丐户（乞丐）等，他们匍匐苟活在社会的最底层，世代相传，虽非奴隶却比官家奴役的命运更低贱。

明末大文人沈德符在《敝帚轩剩语・丐户》中写道："今绍兴有丐户者，俗名大贫，其人非丐，亦非必贫也。或云本名惰民，讹为此称。其人在里巷间，任猥下杂役，主办吉凶及牙侩之属，其妻入大家为栉工，及婚姻事执保监诸职，如吴所谓伴婆者……男不许读书，女不许缠足，自相配偶，不与良民通婚姻。即积镪巨富，禁不得纳赀为官吏。"

贱民只能内部婚配，一般不能和普通民众通婚。他们是戴罪之身，从先辈那里被圈定了贱民的身份，他们的子孙也得承袭下去。

科举制度，他们也没有资格参加，失去了成为官员的机会。

在封建专制的国家机器下，贱民是没有机会改变被侮辱被损害的命运的。

成书于民国的《清稗类钞》专辟第十一册写清朝戏剧、优伶、娼妓、胥役、奴婢、盗贼、棍骗、乞丐，写形形色色只有屈辱而没有尊严的所谓贱民。如《优伶类》写“伶人畜从”：“京师伶人，辄购七八龄贫童，纳为弟子，教以歌舞。身价之至巨者，仅钱十缗。契成，于墨笔划一黑线于上，谓为一道河。十年以内，生死存亡，不许父母过问。”

十缗，即十吊钱。这是一个优伶学徒的最高身价，其他更低贱，如同商品买卖后毫无亲情可言。天子脚下的优伶且如畜生般生存，更遑论外地贱民的不幸。

雍正即位后，贱民有限的春天来了。

王炳照、徐勇主编《中国科举制度研究》有言：“凡籍有良贱，四民为良，奴仆及娼优隶卒为贱。山西、陕西之乐户，江南之丐户，浙江之惰民，皆于雍正元年、七年、八年先后豁除。贱籍如报官改业后，已越四世，亲支无习贱业者，准其应考、出仕。其广东之蜑户，浙江之九姓渔产，皆照此例。”

2

最高统治者雍正上台伊始改革弊政，却不能一次性解决贱籍的社会问题。

他率先废除乐户问题。

乐户者，即以音乐歌舞活动为业的专门人员。他们或先人大多为良人出身，是统治者打击政敌、惩治罪犯而祸及无辜的政治产物。

乐户是封建社会法定的罪役户。统治阶级把犯罪者的妻女或犯罪的妇女没入官府，隶属乐籍，成为乐工，有的年轻乐工则充当官伎，生存在悲惨世界。

清制规定，乐户犯徒罪者，在执行徒刑时，除附杖照律按数决责外，都留住衙门按年限拘役，停止支付月粮。

雍正元年（1723）三月，浙江道监察御史年熙上疏雍正帝："山西两省乐户另编籍贯，世世子孙勒令为娼，绅衿地棍呼召即来侑酒。间有一二知耻者，必不相容。查其祖先，原是清白之臣。因明永乐起兵不从，遂将子女编入教坊，乞赐削除。"（阮葵生《茶余客话》卷二）

山西、陕西生活着一个特殊群体——乐户，是明初朱棣发动靖难一役成功后，残害建文帝忠臣，将他们的妻女罚入教坊司，充当官伎，世代相传，久习贱业。

年熙在奏疏中强调，她们是忠义之士的后代，沉沦至此，无由自新，请求雍正帝豁免她们的贱籍，准许她们改业从良。

年熙监察浙江道，却为陕西、山西两省贱民——乐户——请求改变他们卑贱的身份。这有越域行事之嫌，但雍正并不恼怒。年熙的父亲年羹尧已由陕甘总督接任抚远大将军，既掌各军，又管督抚。而且雍正对年熙很关爱，曾命其给国舅隆科多为干儿子，与自己成了同辈。曾经孱弱的年熙大胆为延续了三百多年的乐户鸣冤，无疑是得到了年大将军的支持！

所以，雍正帝看到奏折后，很是赞同，很快发出第一道“豁贱为良”的谕旨：“此奏甚善，交部议行。并查各省似此者，概令改业。”

这是年熙传之后世的唯一政绩，也是雍正清除弊习的一件大事。

曾对雍正承统极口谀扬的“草泽臣”萧奭，在《永宪录》卷二中详细记载此事，称雍正看罢上疏，当作一件社会重大群体事件，下发王大臣议复：“压良为贱，前朝弊政。我国家化民成俗，以礼义廉耻为先，似此有伤风化之事，亟宜革除，使数百年相沿陋习一旦廓清。并通行各省一体遵依。”

雍正批示礼部当作国家要务议行，在开豁陕西、山西乐户贱籍的同时，责令各省检查，如发现本地也存在类似乐户的贱民，也准许他们出贱为良。

雍正之所以如此重视，一是年熙的奏疏可能代表了年羹尧的要求；二是他要借此移风易俗、加强满汉关系、巩固统治基础；三是除豁成千上万的乐户贱籍，使之象征性地享有良民的权利和地位，更能彰显其圣君的恩等。

虽然雍正废除乐户贱籍的政策，还停留在国家的法制政策层面，并没有推出全面有效的具体方法，但为其他贱民身份从良提供了政策性的理论依据。

嗣后，各地行政官员纷纷向雍正提交了解决辖区贱籍问题的请求报告。

3

雍正元年七月，两浙巡盐御史噶尔泰上疏，请除绍兴惰民贱籍。

惰民又称堕民，活跃在绍兴一带，是“为宋罪臣之遗，宋将焦光赞部落以叛宋故，斥曰堕民”（萧奭《永宪录》卷二）。男子捕龟、卖饼为业；妇女或说媒，或伴良家娶嫁，为人髻冠梳发、穿珠花，或走市巷，成为私娼。“丑秽不堪，与乐户无二。”

雍正下诏“除浙江绍兴府惰民丐籍”（《清世宗实录》卷十一），命他们改业从事其他工作，使宋代以降延续四百多年的惰民转换成能够享受一定权利的平民。

雍正五年四月二十七日，雍正下谕内阁，重提他移风易俗，清除弊习，使“山西之乐户、浙江之惰民，皆除其贱籍，使为良民”（《清世宗实录》卷五十六）。

雍正推行风化政教，笔锋一转：“近闻江南徽州府则有伴当，宁国府则有世仆，本地呼为细民，几与乐户、惰民相同，又其甚者。譬如二姓丁户村庄相等，而此姓乃系彼姓伴当、世仆。彼姓凡有婚丧之事，此姓即往执役，稍有不合，加以箠楚。”

雍正对细民有箠楚之忧，不愿意他们遭受皮肉荆棘拷打之苦，表现出了最高统治者的人道主义情怀。他说：“此朕得诸传闻者，若果有之，应予开豁为良，俾得奋兴向上，免至污贱终身，且及于后裔。”（《清世宗实录》卷五十六）

他给安徽巡抚魏廷珍下旨，命其提交一个废除贱籍的具体报告，由礼部复议解决办法后，开始进行废除贱籍工作，“应照旗人开户之例，豁免为良。至年代久远，文契无存，不受主家豢养着，概不得以世仆名之，永行严禁！”

雍正帝的这一举措，改变了无数伴当和世仆的卑微人生，使他们拥有了正常人的身份。那些苟活在安徽社会最底层的细民，不再是固定鼓吹手、抬轿人，可以与大姓联姻，可以去读书报考做官，可以和普通人同桌吃饭。

两年后，即雍正七年五月，世宗发现："粤东地方，四民之外，另有一种，名为蜑户，即瑶蛮之类，以船为家，以捕鱼为业。通省河路俱有蜑船，生齿繁多，不可数计。粤民视蜑户为卑贱之流，不容登岸居住。蜑户亦不敢与平民抗衡，畏威隐忍，跼蹐舟中，终身不获安居之乐，深可悯恻。"（《清世宗实录》卷八十一）

雍正对以捕鱼为生的蜑户，接受着不公平的社会待遇，表示着强烈的同情心。他对广东督抚强调：这些蜑户本是良民，不该被轻贱摈弃，他们缴纳了税赋，就该享受和平民一样的权利，而不得以此地方积习，强行区别，使他们飘荡不安定。

他责令广东督抚要规范有关部门，执行蜑户废除贱籍政策："凡无力之蜑户，听其在船自便，不必强令登岸；如有力能建造房屋及搭棚栖身者，准其在于近水村庄居住，与齐民一同编列甲户，以便稽察。"（《清世宗实录》卷八十一）

雍正指出，地方豪强富户不得借端欺凌驱逐蜑户，有司有责任劝谕蜑户积极开垦荒地，播种力田，成为能够以农为生的"务本之人"。

法国著名思想家伏尔泰在其代表作《路易十四时代》中写道："新帝雍正爱法律、重公益，超过父王。帝王之中无人比他更不遗余力地鼓励农事。他对这一于国民生计不可缺少的百艺之首亟为重视。各省农民被所在州、县长官评选为最勤劳、能干、孝悌者，甚至可以封为八品官。农民为官，并不需为此放弃他已卓有成效的农事耕作，转而从事他并不了解的刑名钱谷。”

雍正首重农事，重农轻渔，但对蜑户的豁贱从良，指出了一个新路。

第二年五月，江苏巡抚尹继善结合雍正元年处理浙江惰民的案例，上疏希望解决“苏州府属之常熟、昭文二县，旧有丐户，不得列于四民。迩来化行俗美，深知愧耻，欲涤前污。请照乐籍、惰民之例，除其丐籍，列于编氓。”（《清世宗实录》卷九十四）经户部复议呈上请示，雍正朱笔一挥，批准了尹继善的请求。

此时的雍正，正为怡亲王允祥病逝哀痛不已，又为西北战事不利甚是烦心，再加之允禵同其矛盾激化……诸多事件，纠缠一起，但惰民废除贱籍一事，仍得到他果断处理，毫不迟疑。

雍正在位期间，不断打击以允禩为首的皇家政敌，清算以隆科多和年羹尧为首的权宦集团，却不遗余力地解决历史遗留的社会贱籍问题，使数以百万计遭受着社会歧视、政治迫害的贱民分享到良民的有限权利。他果断地废除各种人身依附关系的残余，在一定程度上稳定了社会秩序，恢复了断裂千百年的人类本性。

4

雍正帝豁贱从良，是他皇帝事业中的一大亮点。

他解决一地的社会贱籍问题，而推及全国统一开展废除行动。如其元年解除山陕乐户贱籍，同时也豁免了京师教坊司乐户的贱籍。

清初定制，凡宫内悬垂大乐，均由教坊司演奏。教坊司之人往往不通音律，于是雍正命乐户另谋出路，而挑选其他精通音律的良人，充任乐工。内务府的皇家乐人改变了属籍，成了良人的职业。无疑，雍正的这一改革带有了灵活性。

然而，他却在此期间犯了一起自毁规矩、不可谅解的恶性杀戮。

某次，雍正突然来了兴致，在日理万机之中拨冗观看一出戏。

戏曲演的是常州刺史郑儋打子。雍正感觉演得好，称赞演员曲艺俱佳，龙颜大悦，还赏赐了食物。

皇帝平易近人，受了奖励的主角吃着御赐之食，忘了分寸。

他随口问同伴，现任常州知府是谁？不料，声音大了，被开心的雍正听到了。

雍正勃然大怒，骂道：你一个优伶贱辈，怎能擅自询问官守的名讳？

冒犯圣威的主角和戏班子成员，感觉不对劲，赶紧跪下请罪求饶。

刚才还和颜悦色、如“希世仁君”（［日］东龟年《兰田文集》二稿卷一）的雍正，立马变得冷酷无情、刻薄凌厉。

他厉声说：其风实不可长！

雍正唤来侍卫，命将那个可怜的演员，当场残忍地杖杀击毙。

此事发生在哪一年，已无法考证。但应该是真切之事。被生于乾隆后期的第八代礼亲王昭梿，当作“世宗万机之暇，罕御声色”（昭梿《啸亭杂录》卷一）的经典案例而宣扬，却在不经意中表现雍正皇帝极其残忍的一面。

艺人因所演的戏曲主题是常州刺史打子，问下现任刺史的名字，不能说是犯了王法。他即便是罪犯，或者家奴，了解下官员名讳，顶多算是了解下政治罢了。

但他没想到这一句简单地问，却被雍正要了性命，且是被一棍接一棍地活活打死。

对于为何要处死他，雍正帝给出的理由是：他是低贱的优伶。

优伶再低贱，纵是统治阶级歧视的“下九流”之一，但也是底层百姓。雍正自许“以勤先天下”，长达八年给全国乐户、惰民、世仆、蜑户、丐户五废贱籍，然其第一个坏了政治规矩，粗暴地因一件小事而妄动无耻的杀戮。

虽然他在大政方针上废除了贱籍，但从“杖杀优伶”一案来看，废除贱籍尺度是极其有限的。或者说，在他的统治意识里，贱民即便被浩荡的皇恩解除了贱籍，但还是专制皇权下任由统治者随意处置的卑微生命。

一场大病，使雍正病危爱上养生术

1

雍正七年冬至九年秋，强硬的雍正皇帝突然患了一场重病，严重到了准备后事的程度。

发病那一年，雍正五十二岁。其曾祖父太宗皇太极，于崇德八年猝然长逝，也是年仅五十二岁。

《清世宗实录》《清史稿》之类正史，没写明病症名称和严重性，从停办万寿节大宴，停止年度决囚，还赦免一批“应得遣戍、监追、籍没及妻子入官等罪”（《清史稿·世宗本纪》）。

病危行大赦，皇太极也曾做过。

而且一向坚持大年初一御门听政的雍正帝，“雍正八年庚戌春正月庚午朔，上于宫中拜神，以祈谷致斋，命于初六日御殿。”（《清世宗实录》卷九十）这个春节，雍正帝被迫不能赴堂子行礼，不能至朝堂理政，而且是一连休息了五天。

从这些事件来看，他的身体已经到了非常时期。

2

在此前后，曾安排亲信大臣遍求名医。他给四川巡抚宪德的密折回复中，指令找到一个叫龚纶的，称其已经九十岁了，善于养生，强健如少壮，他八十六岁那年，还有妾室生了一个儿子。

他给丁母忧回任守制的浙江总督兼兵部尚书李卫下密旨："可留心访问……或道士，或讲道之儒士俗家。倘遇缘访得时，必委曲开导，令其乐从方好，不可迫之以势。厚赠以安其家，一面奏闻，一面着人优待送至京城，朕有用处。"(中国第一历史档案馆藏雍正手书密谕)

龚纶早在两年前已亡故，其养生秘方并未传之子孙。李卫向主子举荐一个他"向曾闻得"的"深通数学，亦明性理"的河南方士，曾为已故名医刘璐所"深服"，但自己无缘"未见其人"，然与田文镜有过来往。

雍正要求田文镜将他密送至京，让自己试看。田回奏，贾士芳不仅"颇知数学，言多应验"，而且"言论深远，非高博者不能"，有"贾神仙"之称。雍正龙心大悦。

这样都是上线和下线单线联系的名医，都很神秘，都是方士，都是为了养生，故有了雍正纵欲过头、严重伤身的说法。朝鲜使节回国报告，长期以来困扰雍正的疾病，乃因好色戕害身体所致，“皇后则弃置京城，只与宠姬辈出居圆明园，日事荒淫”（《承政院日记》），如此几年，最后到了“下部及腰以下有同未冷之尸，不能运用云”。

然而，清朝宗室、礼亲王昭梿在《啸亭杂录》卷一中写道“世宗万几之暇，罕御声色”，“宪皇在位十三载，日夜忧勤，毫无土木、声色之娱”（《世宗不兴土木》），对雍正纵欲论大声说不！

若非纵欲伤身，那么雍正帝究竟得了什么病，竟然拖了一年多呢？

3

雍正重病近两年不愈，与其说纵欲伤身，不如说多种隐痛讳疾乱求医。

起病的雍正七八年，可以说是世宗任期最头痛、最棘手也最郁闷、最恼火的两年。

一是长年勤政改革，严重超支。雍正七年冬，雍正已五十有二，虽然上位还只八年，但他是最为勤政的皇帝。雍正帝除了早起临朝执政，还每日批阅奏折百余件，批语往往数千言，传至今日的有《朱批奏折》

三百六十卷、《上谕内阁》一百五十九卷，以及《上谕八旗》等皇皇巨帙，洋洋数千万字，耗尽了雍正的大部分精力。可以说，雍正帝是累垮的。姑且不论他的上位，是否机心运作，但从他在位十三年的抱负与付出来看，他确实实现了他所期待的“一代之令主”（《雍正朝起居注册》）的梦想，完全对得住“圣祖付托之重”。

二是征战准噶尔部，接连失利。雍正七年三月，他力排众议，对准噶尔部噶尔丹策零用兵，授黑龙江将军、内大臣傅尔丹为靖边大将军，统领满、蒙旗兵组成北路大军；授川陕总督、奋威将军岳锺琪为宁远大将军，统领川陕甘汉兵组成西路大军。不料，狡猾的噶尔丹策零耍两手伎俩，一边扬言议和，一边集结重兵，使岳锺琪和傅尔丹出师不利。雍正帝大怒，将二人调回京师调教，重战再次失利，破格起用锡保为大将军，并加大他的便宜行事之权，命其在军营可以选拔副都统、护军参领。锡保大军初战，鏖战十多次，每战告捷，但最终还是打得很辛苦。他筹备了两年，还特别组建了军机处，就是想宣示，他继承了先帝康熙三次亲征准噶尔的事业，将革命进行到底。

三是谣传继位不正，亟须反正。雍正七年五月，陕甘总督、宁远大将军岳锺琪报告，湘南士人曾静受吕留良反清思想学说影响，将遣遣戍广西的允禩余党传言雍正阴谋夺位事继续散播。曾静委托弟子张熙呈示岳锺琪，寄意岳氏应具先人岳飞抗击金兵的忠义和赤诚，颠覆清朝政权。雍正面对民间风传的十大恶名，亟须自证清白，不顾以和硕怡亲王允祥为首的140余位大臣的联名反对，将同曾静问答之词，编为《大义觉迷录》，派大员带领曾静到江宁、杭州、苏州等地，进行宣讲，对吕留良、允禩辈言论，进行批驳揭露。雍正帝之所以这样做，无疑是继位不合法，是他心中无法抹去的阴影。当然，为此他已经严惩了几个亲弟弟。

四是允祥英年早逝，允祉寡情。雍正八年五月，世宗最信任倚重的皇十三弟、怡亲王允祥英年早逝。允祥的离去，加重了雍正久治不愈的病情，“心中悲恸，虽强自排遣，而饮食俱觉无味，寝卧皆不能安”（《清世宗实录》卷九十四）。而在此时，其皇三哥胤祉私下发牢骚，对怡亲王“举哀之时全无伤悼之情，视同膈膜”；同时，“从前皇贵妃丧事。允祉当齐集之期，俱诡称有另交事件，推诿不前。及前年八阿哥之事，允祉欣喜之色，倍于平时”（《清世宗实录》卷九十四）。都是亲兄弟，一边是亲情中断，一边是亲情浇薄，再一次严重地戕害了雍正帝的身心。

此外，一子死于幽所，一子幼殇。雍正帝靠制度取胜继位，上台后对政敌兄弟们出铁拳打击，将弟弟改号为类似猪狗名字一般的“阿其那”“塞思黑”，甚至在雍正五年将自己的第三子弘时以放纵不谨，削除宗籍，幽禁致死。虽然这些都是为了拱卫皇权统治，但在日常政务严重超支身体的同时，进一步损害了一个操劳老者的身心。另外，弘时被处死后，雍正的另一子幼殇，“雍正六年，皇八子福惠卒，帝辍朝，大内素服各三日，不祭神，诏用亲王礼葬”（《清史稿·诸王传》），使年届五旬的雍正帝仅存弘历、弘昼二子，老年丧子，这无疑也是一种不小的打击。

变故多生，急火攻心，身体超支，导致雍正帝突然患病，起势应该很猛，很快病倒，胡乱投医，壮年离奇死亡。

康乾盛世威名之下，雍正无存在感

1

清朝亮点不少，然其最出名者，莫过于康乾盛世。

康熙、雍正、乾隆三帝，这个祖孙三代，在位时长一百三十五年，占有大清王朝帝制时代几近一半时间，也是清朝升至鼎盛的巅峰时期。

如果以季节譬喻三帝，康熙如同播种的春天，雍正则是忙碌的夏天，而乾隆不失为收获的秋天。康熙八岁冲龄践祚，但在亲政后，平定三藩、收复台湾、签订《尼布楚条约》划定中俄边界、三征噶尔丹与准噶尔争夺蒙藏统治权，基本定下中华帝国疆域。雍正、乾隆将康熙未竟的事业进行到底，暂时性解决了西北问题。

在不断集中和强化皇权上，康熙在废止辅政政体后，强化皇权，将议政王大臣会议边缘化、形式化，推出南书房和皇子特殊权力中枢，大幅削弱行政首脑机构内阁权力。雍正创建军机处，名为应对西北用兵，实则推出一个非正式的权力中枢，向内阁进一步夺权。乾隆将军机处改革强化，最大限度地实现了皇权的集中和强化，达成帝制中国的权力巅峰。

在皇位继承制上，康雍乾三代的选择与改革，基本解决了困扰了封建中国两千多年的皇储矛盾。康熙废弃满人立贤立爱的旧俗，尝试实施立嫡立长的汉人嫡长子皇位继承制，结果太子不争气，皇子纷争，在后期探索秘密建储计划。雍正谋得上位，推出密建皇储。乾隆即位后，长期尝试嫡长子皇位继承制失败后，决意将密建皇储制度化，基本解决了皇储矛盾。但此制度因为咸丰独子、慈禧擅权，而提前终止。

康雍乾三代，发展生产，繁荣经济，充实国力，但在康熙末年因为皇子纷争而导致吏治废弛，虽然经历了雍正的重典治吏，趋于好转，而乾隆即位，为缓和统治内部矛盾而改变紧张的政治环境，导致官场腐败愈演愈烈，最后出现了和珅这样的大贪。

值得注意的是，他们在满汉问题上，虽然重视汉官，缓和满汉矛盾，但始终坚持既定的首崇满洲政策，强调大清王朝得天下最正。

康熙首倡其论，雍乾秉承声气。康熙帝在康熙五十六年特地颁布一份长篇“面谕”，宣示“自古得天下之正，莫如我朝”（《清圣祖实录》卷二百七十五），直接影响到后继之君雍正、乾隆秉承所谓的圣祖遗训，标榜清朝得天下之正。

一生倚重汉臣张廷玉的雍正帝，在著名的《大义觉迷录》卷一中说：“本朝之得天下，较之成汤之放桀、周武之伐武王，更为名正言顺。”乾隆帝更是在序《世祖章皇帝实录》说：“自古得天下之正，未之有比也。”

2

事实上，所谓康乾盛世，本该是康雍乾盛世。

然而，承上启下、至为关键的雍正，却被严重忽视了。

一是康熙与乾隆，在位时间都超过六十年，而雍正在位不足十三年（康熙六十一年十一月至雍正十三年八月）。在整个康雍乾时代一百三十五年（1661—1795）的历史中，雍正主政时长不到十分之一。

二是在传统意识和仇满情绪中，雍正以残暴寡情而著名。即便他得位，有清版烛影斧声的可能。但相较于唐太宗通过玄武门之变夺嫡、明成祖以靖难一役篡夺侄儿建文帝的帝位，还是没有流血。唐宗明祖却以明君传世，而雍正帝却背负了谋父逼母、弑兄屠弟的滚滚骂名。

三是雍正治世，多以秘密行事，如秘密建储、设立军机处，以及进一步扩大密奏制度、组织推行特务政治的粘杆处（传说中的“血滴子”），以紧张政治和高压态势，严厉打击反对者和不法官员，久而久之不免留下非议。与此同时，不唯资历论、出身论，重用非举人、进士出身的官员为督抚要员，引发了广大通过科举进入仕途的官员强烈不满。

权贵士人的不满，不免留下对雍正种种不利的记载。

后世传闻在清末，有几个所谓中国通的日本人在北京闲谈，一个说雍正为康熙之前的年号，一个说康熙、乾隆连在一起，一个说雍正为前明之年号。

3

毋庸置疑，康熙、雍正、乾隆都是勤政的明君，但是，只有雍正帝是活活累死的。

清世宗雍正的勤政，是当之无愧的第一皇帝。

康熙和乾隆在位有勤政的一面，但与雍正相比较，辛勤程度却有所不及。出生于乾隆四十一年的宗室昭梿在《啸亭杂录》卷一《世宗不兴土木》中写道：“宪皇在位十三载，日夜忧勤，毫无土木、声色之娱。余尝闻内务府司员观豫言，查旧案档，雍正中惟特造风、云、雷、雨四神祠，以备祈祷雨旸外，初无特建一离宫别馆以供游赏。故当时国帑丰盈，人民富庶，良有以也。”这个宪皇，就是清世宗雍正皇帝，他死后被乾隆帝追尊为世宗宪皇帝。

雍正即位的合法性和合理性很有争议，但他极力证明自己是康熙选择的理想接班人，交给了他江山重担。于是，他自上位伊始便励精图治，不论在紫禁城，还是在圆明园，都是早起晚睡，每日不是召见臣僚听政，就是批阅奏折百余件，繁忙不歇，劳累不休。

他不做康规雍随，而是几乎对各项朝廷制度进行更革。

因为雍正继承皇位出人意料，其即位的合法性与合理性，遭到了宗室成员、八旗都统、勋贵后裔与满汉大臣的质疑，甚至抵制：如雍正生母乌雅氏坚拒皇太后尊号，至死不搬出康熙朝的旧宫，还公开说这个儿子即位，非其所期望。雍正表叔、首席领侍卫内大臣鄂伦岱于乾清门众人前，将雍正谕旨掷之于地……雍正担心被人陷害，不断强化皇权，积极巩固帝位，先后采取了公开实施秘密建储、清除皇室亲贵中的反对派、组建新的中枢辅政机构军机处，把权力牢牢控制在自己的手中，亲力亲为。

不仅如此，他为了正名，不惜找到湖南秀才曾静彰显皇恩浩荡，送钱又封官，同其编撰一本《大义觉迷录》，对其炮制的谋父、逼母、弑兄、屠弟、贪财、好杀、酗酒、淫色、好谀、任佞等所谓雍正十大罪状，一一辩诬，力证清白。

雍正四十五岁登基，已是人到中年精力衰颓，但他要努力证明自己超过父皇，又要腾出力量打击皇家政敌和内外权臣，力排众议用兵西北，就是新春元旦也不休息，结果将其严重透支。而康熙、乾隆不然，前者为陷身诸子夺嫡之争身心疲惫而不过古稀，后者接受国家强盛随心所欲而寿至耄耋。

可以说，雍正十三年，不仅是乾纲独断，而且是严猛为政，制造了一个高度紧张的政局，故而有了乾隆上位伊始的破局之旅。

第四篇

王朝末路

雍正留给张廷玉的护身符并不实用

1

张廷玉和年羹尧、隆科多，都是雍正即位后的主要帮手，但他们对于雍正的作用不一样，得到的结局迥异。

雍正继位，内靠隆科多，外靠年羹尧，前者官居理藩院尚书兼步军统领，后者是川陕总督兼管西北军务，为雍正顺利入承大统提供了一个稳定的过渡。所以，雍正还未正式登基，就对他们委以重任，其实就是报恩和倚重。

雍正元年，雍正皇帝命隆科多管吏部、年羹尧掌军务，将他们一同晋升太保，赏赐非常之物，允许他们不经请示任免官员，直接参与朝廷军政要务的管理。这导致了他们威权自专，危及皇权，最后死于非命。

张廷玉不然。他是康熙朝文华殿大学士兼礼部尚书张英之子，康熙三十九年考中进士，授翰林院庶吉士，四十二年以翰林院检讨入直南书房，成了康熙身边的大秘，深得赏识，但并未简拔，十三年后即康熙五十五年才升为内阁学士兼礼部侍郎。

为何说他并不得康熙简拔呢？他进入南书房，确实有康熙喜爱的成分，但最大成分还是因为其父而给的照顾。像年羹尧，和张廷玉一样，也是康熙三十九年进士，获授庶吉士，但在九年后即康熙四十八年以内阁学士出任四川巡抚，成了封疆大吏。

在康熙驾崩前，年羹尧则是川陕总督，而张廷玉最高职务不过经筵讲官兼吏部左侍郎，并非有关电视剧如《雍正王朝》所渲染的中堂大人（大学士），更非编剧捏造的上书房大臣（康熙朝并无上书房大臣一职，上书房建于雍正中期，不是权力中枢，而是皇子教育机构）。

张廷玉享受阁臣的政治权力，则是在雍正三年七月，署理大学士事，第二年获授文渊阁大学士，仍兼户部、翰林院事。雍正五年，张廷玉先后任文华殿大学士、保和殿大学士。

张廷玉于雍正而言，是大臣中的第一宣力大臣，情同密友，做过保和殿大学士兼吏部尚书（内阁首辅），第一批军机大臣。雍正十年，善于制造祥瑞拍雍正马屁的云贵广西总督鄂尔泰被调回京师，直接晋升为保和殿大学士兼军机大臣，站到了张廷玉的前面。

这是满汉复职官制使然，内阁大学士行走班次，“系满大学士领班”（张廷玉《澄怀主人自订年谱》）。虽然乾隆中期刘统勋、嘉庆年间王杰等，曾以汉人任内阁首辅，那也是乾隆为制衡满洲权贵而推出的任命。而在雍正朝，雍正帝对鄂尔泰是极其倚任的。

当然，雍正对张廷玉自是倚信有加的，就连建储密旨也对他公开。张廷玉自订年谱中记载："此旨雍正八年九月曾密示廷玉，雍正十年正月又密示鄂尔泰、廷玉两人。比时圣谕曰：'汝二人外，再无一人知之。'"

2

毋庸置疑，张廷玉与鄂尔泰，是雍正后期执政的左膀右臂，但卫护皇权的同时，张、鄂二人，暗结亲信，各成集团，明争暗斗，相互倾轧。

他们之间的缠斗，无非是鄂尔泰后来居上，张廷玉不甘屈居其后，结果二人伺候在皇帝身边，可以终日不交一语。

满汉之别，权力之争，被雍正利用相互制衡，临了还是寄望他们不要遗祸后继之君。

雍正临终前，以遗诏的形式，指定保和殿大学士兼军机大臣鄂尔泰、张廷玉，与庄亲王允禄、果亲王允礼，一同出任顾命大臣，寄望他们放弃恩怨，一心一德，辅佐乾隆成为一代令主。张廷玉生前达到人生顶峰。他除了身兼总理事务王大臣、大学士掌机要外，还被乾隆打破了清朝文臣不封公侯伯的惯例。乾隆二年，张廷玉被封为三等伯，进位超品。

与此同时，张廷玉还兼任皇子师，在乾隆外巡时，总理朝政事务，值宿紫禁城。

乾隆即位，已经二十五岁，而且经过雍正朝的历练，已然是一个成熟的政治家。尤其是他即位伊始，便对雍正朝排除异己、整肃贪腐的紧张政治环境实施缓和措施，无形中改变了雍正新政，不免遭到先帝宠臣张廷玉和鄂尔泰的反对与不满。

虽然张廷玉等主动改称总理事务大臣，仍以顾命辅政大臣自许，加之先帝给了他们日后配享太庙的殊荣，使之倚老卖老，暗斗日益激烈。他们的门徒党羽，更加是剑拔弩张，视对方如仇寇，严重影响到朝纲秩序和皇权统治，导致了乾隆对老迈衰颓而容易固执激动的张廷玉心怀怨恨。

乾隆在崇隆鄂尔泰和张廷玉的同时，积极培育新人讷亲、傅恒、刘统勋等，对鄂、张二相设了大防。

3

张廷玉始终是汉臣，而且年迈，要大乾隆帝近四十岁，几乎是相差两代，不免矛盾丛生。

雍正给张廷玉留了一道护身符：死后配享太庙，并不能改变乾隆对他进行有力的打击。

只要张廷玉等工作有瑕疵，或态度不端正，乾隆的斥责和打压就来了。乾隆六年，新任左都御史刘统勋参奏张廷玉兼职太多，徇私结党，不能谦慎，结果被乾隆公开表彰，以示支持。

乾隆对张廷玉有过恩宠，将其晋升伯爵，命为皇子师傅，但对他的防范是始终的、积极的、寡恩的。

一是张廷玉是雍正的顾命大臣，且受先帝遗诏指定，死后配享太庙，这是荣耀，也是保护。以成年即位的乾隆，自然想培植自己的新人，并以皇祖康熙为榜样，自然不喜欢雍正留下的老臣。当刘统勋弹劾张廷玉时，就得到了乾隆的支持。

二是张廷玉和鄂尔泰，都是雍正留下的重臣和老臣，他们都是保和殿大学士兼军机大臣，是位极人臣的权臣。他们对于新皇而言，不是言听计从，而是倚老卖老。然而，他们结党缠斗，在朝十多年，经常终日不言一语，雍正朝即如此，乾隆继续利用，让他们相互制衡，同时给予两面打压。乾隆十年，鄂尔泰去世，乾隆以吏部尚书兼军机大臣、一等公讷亲替代为保和殿大学士，继续打压张廷玉，不使之势力抬头。

三是日见老迈的张廷玉，因先帝之宠，位高权重，不免恃权而骄，越发固执与激动，经常反对乾隆的政治主张，不给新皇情面。这更加让乾隆要对其痛下毒手。乾隆之举，就是不想张廷玉势力坐大和独大，威胁到他不断集中和强化的皇权。

乾隆十三年正月，“年仅八旬”的张廷玉不堪乾隆的折磨，主动陈疏以老病乞休，却被乾隆帝专降谕旨：“卿受两朝厚恩，且奉皇考遗命，将来配享太庙。岂有从祀元臣归田终老之理?”（《清高宗实录》三百零七）乾隆的态度很明确，你张廷玉不能“请得荣休”，不能离开皇帝的视线。

雍正留给张廷玉“配享太庙”的护身符，成了乾隆狠狠打击的一柄粗棍。

电视剧中的张廷玉，同史上差异大

1

电视剧《雍正王朝》中的张廷玉，有历史的真实，也有艺术的创造。

他是康熙南书房的高级秘书，更是雍正继位后的重臣、左膀右臂，协助皇帝办理朝政、军机，这是符合史实的。

但在剧中，却有很多与历史严重不符的。

康熙朝的张廷玉，还不够被称张中堂的资格。

康熙四十七年底，圣祖下令文武百官推荐新太子人选，剧中的张廷玉已是与佟国维、马齐并立的内阁大学士。

事实上，张廷玉只是四品官，入值南书房。康熙四十七年六月，其母病逝；九月，其父张英去世，双重大孝，张廷玉并没有被夺情在任守制，而是请假回家服丧。

《清史稿·张廷玉传》记载："以忧归。服除，迁洗马，历庶子、侍讲学士、内阁学士。五十九年，授刑部侍郎。"

“以忧归”和“服除”，就是说张廷玉回家守孝三年期满，才出来官复原职，即康熙四十七年六月回家，五十年九月才重返官场。

也就是说，康熙第一次废立储君，张廷玉不在朝廷，而在千里之外的安徽桐城老家。

更何况，他不过一中层干部，是没有公开在廷议时与国丈兼国舅、致仕领侍卫内大臣、一等公佟国维，满洲首席大学士马齐，有同样的话语权。即便马齐降两级，也要比张廷玉级别高。当然，历史中的马齐当时被革职，险些被处斩。

张廷玉享受阁臣的政治权利，则是在雍正三年七月，署理大学士事，第二年获授文渊阁大学士，仍兼户部、翰林院事。雍正五年，张廷玉先后任文华殿大学士、保和殿大学士。这时的张廷玉，才是实至名归的中堂大人。

电视剧让张廷玉抢了史上大学士张玉书的戏。马齐煽动内阁拥立胤禩，是张玉书举报他虚报群臣意见，而导致张玉书和温达也投了胤禩的票。

2

康熙病危，张廷玉镇不住隆科多。

电视剧设计，康熙病危时，联手张廷玉强迫隆科多武力支持胤禛即位。

这让人感觉张廷玉位高权重，足以威慑獐头鼠目的隆科多。

而在事实上，张廷玉在康熙五十五年才获授内阁学士兼礼部侍郎，不过康熙身边的大秘。五十九年出任刑部侍郎实缺，迁吏部左侍郎，正二品。

而隆科多，则是康熙的亲表弟兼双重内弟，年纪轻轻就是一等侍卫、銮仪使兼正蓝旗蒙古副都统，康熙五十年被授正二品步军统领，掌握禁中卫戍，五十九年获授从一品理藩院尚书，仍署步军统领，奉命监视拘禁中的废太子和皇长子，同时监控其他皇子王公及部院大臣的动向，权力丝毫不比大学士差。

与张廷玉相比，隆科多才是康熙真正倚信的心腹重臣。康熙病危时，只有隆科多日夜随侍身边，即便皇子也不能相比。

这也是雍亲王胤禛极力拉拢隆科多，转弱变强的最为关键原因。

雍正继位后，张廷玉才被授礼部尚书，进入枢臣之列。此时，隆科多位高权重，张廷玉还只是甚得雍正信任的高级官员。雍正帝除了要求内阁在公文中，以皇帝的口吻公开称呼隆科多为舅舅，以示恩宠，同时加起为太保，而张廷玉只得了一个太子太保，完全不在一个等次。

3

雍正强迫张廷玉，观刑腰斩其弟、会试主考官张廷璐。

这一幕，旨在表现雍正从严治吏，却严重不符合历史。

雍正朝，张廷玉并没有身历目睹亲弟被议罪问斩的场景。

张廷璐是张廷玉的弟弟不假，没做过会试主考官，只在雍正五年以侍讲充会试同考官，也曾因封丘生员罢考一事被罢官，但他死于乾隆十年，是病逝老家。虽然张廷玉哀痛过弟弟的早逝，但未身历目睹亲弟被腰斩的人伦悲剧。

雍正与张廷玉的“蜜月”期很长，但受宠程度不如鄂尔泰。

剧中的张廷玉，是雍正最倚重的，掩盖了更受宠的鄂尔泰。

张廷玉终雍正一朝，都在雍正身边出谋划策。雍正对其圣眷不衰，甚至说出了不少甜言蜜语。

其中缘由，一是张廷玉谨慎，会拟旨，深得圣心；二是张父为雍正老师，雍正与张廷玉有师兄弟之谊；三是雍正即位之初，受到满汉群臣的集体抵制，张廷玉支持着新皇。

张廷玉听话，能力还不错，换得了保和殿大学士兼军机大臣，以及死后配享太庙的雍正遗命。

然而，他毕竟是汉人，满洲镶蓝旗人鄂尔泰，在雍正即位时不过内务府员外郎，但很快官运亨通，被雍正视为堪当大任。张廷玉位列阁老时，鄂尔泰成了地方大员。

因为雍正的高度重视，鄂尔泰巡抚云南，却管理云贵广西三省事务，行使着总督的职权，而以兵部尚书兼云贵总督的杨名时却只能管辖云南的巡抚权力。

雍正为了让鄂尔泰施展拳脚、赚足资本，迅速将杨名时调任吏部尚书，而对鄂尔泰赋予总督实职，并加兵部尚书衔。

鄂尔泰在西南六年有余，设置州县，改土归流，结束土司制度，以及大造祥瑞起家。雍正十年进京述职，被雍正留在京师，授保和殿大学士、军机大臣，跃居至原来内阁首辅张廷玉的前面。

作为雍正帝业的继承者，乾隆帝更有一番说辞："鄂尔泰、李卫、田文镜皆皇考所最称许者，其实文镜

不及卫，卫又不及鄂尔泰。”(《清史稿·田文镜传》)

如乾隆所言，在雍正的心里，鄂尔泰是分量最重的。

李卫、田文镜为何身后荣辱要两说

1

电视剧《雍正王朝》《李卫当官》称李卫是胤禛于康熙末年遇到的市井小混混，与史实是有出入的。

史上的李卫，是一个富家子弟，在康熙五十六年花钱买来的员外郎，成了还是雍亲王的胤禛赏识的官员。

在清朝官员等级中，员外郎为从五品，郎中为正五品，都是京官中的低级官员。即便他早早地抱上了胤禛的大腿，但只是为之效犬马之劳的办事官员，不可能进入核心层，也不可能窥知雍正夺位的机密。

雍正即位后，对自己倚重之人，主要处死了三人：潜邸高参戴铎、抚远大将军年羹尧，以及死于幽所的隆科多。他们是真正知道秘密的人。此三人都是死于恃功骄纵，让雍正感到了真正的威胁。

李卫不然。他很老实，无论是出任直隶驿传道，还是远调云南盐驿道、升任布政使，都是唯雍正旨意为是，小心谨慎，清廉任官，政绩卓著。他忠于主子，不畏权贵，即便雍正宠信的步军统领鄂尔奇违法，他也敢直言举报，不怕与雍正最爱的鄂尔泰结怨。所以，雍正最为信任，愿意把富庶的浙江及关系国家经济命脉的两淮盐道交给他管理。

由于雍正帝的赏识，文盲李卫在雍正朝青云直上，历任户部郎中、云南盐驿道、云南布政使、浙江巡抚、浙江总督，雍正七年加封兵部尚书、太子少傅，三年后署理刑部尚书、任直隶总督。虽然升官快，但品级最高不过从一品。他虽然勤政爱民，擅于缉私捕盗，敢于弹劾权贵，但没有足以封爵的大功劳。

他病逝于乾隆三年。也就是说，他不能死在雍正朝。当然，《雍正王朝》也确实安排了一个活到了乾隆十年的小人物张廷璐，被腰斩在剧中，以检测张廷玉对雍正的忠诚。

李卫是雍正朝的重臣。而且，他很听话，也很谨慎，与鄂尔泰、田文镜为雍正最为赞许者。

当然，李卫还善于对雍正拍马屁，于雍正五年十月进献瑞谷，让雍正狂喜之后，说："此非朕凉德所能致，想浙省浇漓之习必然丕变，是以感召上苍如此之瑞应。朕深为浙省臣民庆幸!"（《清世宗实录》卷六十二）

2

李卫与鄂尔泰、田文镜，都是雍正喜欢的督抚重臣。这三人却关系不好，互相弹劾，如剧中所云斗智，但将鄂尔泰、田文镜弄成大老粗李卫的手下败将，还是电视剧的艺术创作。

《清史稿·田文镜传》记载："上谕曰：'鄂尔泰、田文镜、李卫皆皇考所最称许者，其实文镜不及卫，卫又不及鄂尔泰，而彼时三人素不相合。'"

一是李卫不是大老粗，而是粗中有细，在缉查私盐、修筑海塘、侦查案件方面是个高手，同时尊重文人，出钱修过省志、建过书院。浙江文字狱多发，雍正禁止士子参加科考，以示惩戒，李卫不畏皇威，为士子们争取了乡试和会试的机会。就连康雍年间名震八方的江湖大侠甘凤池，有反清复明的倾向，也是李卫设计捕获的。

二是李卫总督浙江，兼管两淮盐政，清正廉明，被加兵部尚书、太子太傅及刑部尚书，升直隶总督，颇有政声。他与鄂尔泰的较量，主要是弹劾鄂尔泰的弟弟鄂尔奇坏法营私、紊制扰民，得到了雍正的奖励。但是，鄂尔奇虽是鄂尔泰的弟弟，但主要是雍正身边的红人兼心腹——接替隆科多为步军统领。李卫扳倒鄂尔奇，不能算是赢了鄂尔泰。

三是世人都称雍正最爱张廷玉，却因排满情绪而不说雍正对鄂尔泰更是青睐。在这一点上，李卫和田文镜是望尘莫及的，即便是李卫弹劾鄂尔奇，雍正也说要看在鄂尔泰的面子上网开一面。

而田文镜，也是雍正新政的坚定执行者，在河南推行清查亏空、耗羡归公、养廉银、摊丁入亩等，酷吏模样，卓有成效，但在总督鲁豫兼北河总督时，隐匿水灾不报，导致晚节受损。

他们三人，各有优长，亦各有不足。如两江总督尹继善曾对雍正说："李卫，臣学其勇，不学其粗；田文镜，臣学其勤，不学其刻；鄂尔泰，大局好，宜学处多，然臣亦不学其愎。"（袁枚《小仓山房文集》卷三）

3

李卫在江苏推行摊丁入亩新政，田文镜在河南推行士绅一体当差一体纳粮，一南一北，封疆一方，但是不免新政先锋争宠，互相倾轧。

一是他们追随雍正起点不同。雍正即位时，李卫三十五岁，以户部郎中被新君任命为驿传道，掌控地方与重要的信息传递，有功于政局过渡而平步青云；而田文镜年已六十一岁，因以内阁侍读学士的身份，受命告祭华山，途经山西奉旨赈灾有功，而由署理转为实缺。

二是李卫为汉人，在康熙五十六年捐资为官；而田文镜则是旗人，原属汉军镶蓝旗，后在雍正五年被抬入皇帝亲率的汉军正黄旗，任命为河南总督，加兵部尚书衔，不免被还是浙江巡抚的李卫心生芥蒂。

三是李卫精明，看不起以监生入仕、日见衰老的田文镜。加之田文镜与李绂之间的一场公案，貌似循吏与清流的交锋，不免激化旗人与汉人的矛盾。少壮派李卫尊重文人，少不了对有辱斯文的田文镜“奉天正黄旗人，以苛刻绳诸员”（萧奭《永宪录续编》）颇有微词。

电视剧《雍正王朝》设计李卫将曾为雍正夺位谋士的绍兴师爷邬思道推荐给田文镜，或许是植的一颗钉子。况乾隆说雍正称许田文镜和李卫，但在其心里，田文镜不及李卫，足见雍正倚信失衡。

李卫品秩不过从一品，然乾隆初登大宝，却给了他一件四团龙补褂，以示最高恩宠。他死后，在直隶总督孙嘉淦的请求下，李卫入直隶名宦祠，后又入了京师贤良祠。

而田文镜病逝时所得的待遇丝毫不比李卫差。

田文镜死于雍正十年十二月，雍正帝说：田文镜“老成历练，才守兼优，自简任督抚以来，府库不亏，仓储充足，察吏安民，惩贪除弊，殚竭心智，不辞劳苦，不避嫌怨，庶务俱举，四境肃然”(《河南通志》卷一)，赐葬泰陵附近，谥号端肃，并命河南省城为其设立专祠。

论及身后荣辱，李卫远远不及田文镜。

乾隆五年，新任河南巡抚雅尔图上奏：“文镜在豫，百姓至今怨恨，不应入豫省贤良祠。”(《清史列传·田文镜传》)乾隆帝看出了雅尔图看到他降旨将李卫入祀贤良祠，而拿李卫同内阁首辅兼首席军机大臣、领侍卫内大臣鄂尔泰素来不和，来以拿掉田文镜，而谏阻李卫入祀京师贤良祠。乾隆帝没有批准将田文镜的牌位从河南贤良祠中拿掉。

而李卫则在死后四十二年，乾隆帝突然发飙，称：“李卫于督抚中并非公正纯臣，在浙江无功德于民，闻其仰借皇考恩眷，颇多任性骄纵之处。设使此时尚在，犹当究治其愆！”(《清史列传·李卫传》)

事出有因。乾隆巡幸江浙，见到杭州西湖庙里有李卫及其妻妾的塑像，“虽有大小，面貌相仿”，且书“湖山神位”，很不高兴，下令将所有的神像毁掉。

这是地方私自主张，没有呈请乾隆批准。私祀便是不得宽恕的政治问题，是绝对不允许的。若其能像河南那样先报，哪怕是有人反对，也是无效的。

《如懿传》开场二事狂污乾隆生母

近年来，清宫剧一直火爆，有类似正剧的《太祖秘史》《孝庄秘史》《清宫风云》《康熙王朝》《雍正王朝》，有煽情闹剧《独步天下》《少年天子》《多情江山》《甄嬛传》。但给人的感觉是，沾了清史就是清宫戏，娱乐的成分越来越多，让不少观众还以为历史就是这模样。

有趣未必有料。

2018 年的夏秋，两部反映乾隆情爱纠葛的电视剧：《延禧攻略》《如懿传》相继上映，前者写乾隆迷恋嘉庆生母孝仪纯皇后（令懿皇贵妃魏佳氏），后者表现乾隆爱恨继皇后乌拉那拉氏。

然而，《如懿传》前两集就使人感觉严重违背了清史。

一是孝敬宪皇后死在雍正前，没给熹贵妃下毒的机会。

《如懿传》渲染雍正皇后乌拉那拉氏力挺弘时为太子，结果被雍正以后宫干政，禁足景仁宫，即被圈禁。乾隆生母熹贵妃钮祜禄氏百般折磨皇后，在雍正驾崩后，即以一碗毒药弄死了她。

乌拉那拉氏为康熙内大臣费扬古之女，十岁那年，即康熙三十年，被册封为十三岁的皇四子胤禛嫡福晋，六年后诞育嫡长子弘晖。弘晖八岁幼殇，但其母仍在雍正元年十二月，被封为皇后。

雍正以没有再生育的乌拉那拉氏主持中宫，理由是她是“嫡妃”，“祥钟华胄，秀毓名门，温惠秉心，柔嘉表度，六行悉备。久昭淑德于宫中，四教弘宣，允合母仪于天下”。（《清世宗实录》卷十四）

这是册封的程式化，但雍正和乌拉那拉氏已经做了三十二年夫妻，相濡以沫，知根知底。当时，雍正帝正倚重抚远大将军、川陕总督年羹尧平定青海叛军，为康熙平稳过渡提供武力支持。然而，雍正毅然册封已绝育的嫡福晋为皇后，而以还在生育的年氏之妹为贵妃。

弘历生母钮祜禄氏，为熹妃，位居皇后、年贵妃和齐妃之下，直至雍正八年才被封为熹贵妃。

雍正九年九月二十九日，皇后病逝。大病初愈的雍正，悲痛不已，要亲自去将明珠放入皇后口中入殓。此情此景，夫妻情深，但被群臣劝止。

雍正甚为遗憾，辍朝五日，并钦定国丧规格，并给大学士九卿等下谕：“皇后崩逝，朕心震悼。此时即欲亲临含殓，大臣等以朕躬初愈，本日已经临视，不宜再劳，恳词力阻，朕勉从其请，暂停前往。”（《清世宗实录》卷一百一十一）皇后去世前，雍正曾去探视，不意回宫不久便为永别。

雍正回忆往事：皇后自垂髫之年，由康熙指婚做雍正嫡妻。成婚以来，四十余年，皇后孝顺孝惠皇太后、康熙皇帝和孝恭仁皇后，恭敬雍正，始终如一。近两年来，雍正身患重病，几近办后事的境地，幸好“调理经年，近始痊愈，医家皆言尚宜静摄，不可过劳。……若又亲临丧次，不但往来奠醊之间，外劳形骸而触景增悲，更致内伤心气，实非摄养之所宜。即朕自度力量，亦觉勉强，但今皇后丧事，国家典仪虽备，而朕历数未周，于理恐有未协，于情实为难忍。权衡轻重之间，如何使情文兼尽，以慰朕心！”（《清世宗实录》卷一百一十一）

雍正对皇后至情至理，但怯于自己的身体虚弱，最终决定按前明会典大行皇后丧仪，将亲临祭奠改为皇子朝夕祭奠。

孰料，此迫于情势之事，却被后世编剧设计成：雍正憎恨乌拉那拉氏皇后：死生不复相见，形同废后，无情无义，给了后来居上的熹贵妃毒杀的机会。

雍正对生前唯一的皇后，用情不假，颇为尊重，在其死后指示内阁和翰林院按谥法，“慈惠爱亲曰孝，夙兴恭事曰敬”（《清世宗实录》卷一百一十一），追尊为孝敬皇后。

乌拉那拉氏皇后的尊谥，是不需要如剧中保和殿大学士张廷玉据理力争的，而是按雍正的最高指示组织内阁等有关人员商定的。

议定国丧，全国举哀，这是大清皇后的规格。繁华落幕，也是极见尊荣。即便钮祜禄氏已贵为熹贵妃，但没有资格谏阻，更没有权力定为一般妃子的待遇。否则，就是僭制，就是不忠不孝，这可是一条足以杀头的大罪。

二是乾隆大婚，距离晋封宝亲王还很远。

《如懿传》将雍正赐婚皇四子弘历与富察氏，视作一种政治交易，在弘历接受富察氏为嫡福晋后，封其为宝亲王。

乾隆弘历大婚，时为雍正五年七月，奉命迎娶察哈尔总管李荣保之女富察氏为嫡妻，即后来的孝贤皇后。

雍正联姻富察氏家族，为政治联姻，也是世交的延续。

富察氏出身满洲镶黄旗名门，其祖父为率先支持康熙帝裁撤三藩的户部尚书兼议政大臣米思翰，二伯为康、雍二朝满洲首席大学士马齐，大伯马斯喀和三伯马武为镶黄旗领侍卫内大臣。尤其是马武于雍正四年去世时，雍正帝感慨万分，追忆幼时，马武“抱扶服事，备极小心，其情事宛然如昨”（《清世宗实录》卷五十一），赐以按伯爵抚恤。

弘历被晋封和硕宝亲王，则是雍正十一年二月。《清世宗实录》卷一百二十八记载："己未，上御经筵讲毕，赐大学士、九卿、詹事及讲官等宴。封二十四阿哥允祕为和硕诚亲王，皇四子为和硕宝亲王，皇五子弘昼为和硕和亲王。"

弘历封王，开始接受严格的从政训练。而富察氏已在三年前为他生育了嫡长子永琏。此名为雍正所赐，隐示承继宗器之意，故弘历即位后，迅速将他密定为皇储。

但是，弘历大婚前，雍正即便早已将其暗定为皇储，书写密旨藏于乾清宫正大光明匾额后，却长期处在最高级别的保密状态，更不至于雍正对弘历说，希望他开始分担国事。

倘若如此，雍正创建的秘密建储制度，也就形同虚设，自欺欺人罢了。

编剧如此设计，是没有研究雍正鉴于康熙实施嫡长子皇位继承制失败引发皇子纷争、吏治腐败、朝纲紊乱的局面，故在元年八月开始实施秘密建储的大事件。

以上两点，如按电视剧"大事不虚，小节不拘"的创造原则来区分，都是属于大事：

一是孝敬皇后是否被雍正圈禁，死在雍正身后，又惨遭孝圣皇后的毒害?

二是乾隆大婚前，是否封和硕亲王，向开创性的秘密建储制度注水?

大事遭遇大挪移，大事务实却虚华。

这两笔乱账，雍正和乾隆，以及乾隆生母孝圣皇后，是不会认领的。

乾隆自画圣孙形象，无视两关键人

1

关于康熙传位雍正，是要隔代指定弘历的说法，民间传播很广，且为近世小说、电视剧大肆渲染，甚至还闹出了雍正为了给康熙一个“好圣孙”，不惜拿自己的女儿，调包汉人陈姓大臣所生的儿子。

金大侠的《书剑恩仇录》，强调汉臣陈世倌之子乾隆坚持做满人皇帝。

电视剧《钱塘传奇》，渲染汉臣陈元龙至死，寄望儿子乾隆以江山为重。

一切都是以康熙属意弘历，初次见面就爱上了他，推动情节的发展。

康熙传位雍正，是以再传弘历为条件之事，主要见于朝鲜的史料。

《朝鲜王朝实录》记载康熙弥留之际，召首辅马齐说：“第四子雍亲王胤禛最贤，我死后立为嗣皇。胤禛第二子有英雄气象，必封为太子。”

此“胤禛第二子”，指的就是弘历。按齿序，弘历为胤禛第四子（实为第五子）。康熙驾崩前，胤禛的长子弘晖、未计入齿序的弘盼和实为第三子的第二子弘昀幼殇。故而，弘历就成了第二子。

康熙选择胤禛即位，是属意好圣孙弘历。这个明显值得后来继位的乾隆帝大书特书的荣耀，却不见于清朝史官所修的正史。

乾隆只是安排史官委婉地写道，康熙六十年，康熙帝在圆明园第一次见到十二岁的孙子弘历，非常喜爱，带入宫中养育，亲授书课，并带着巡幸热河避暑山庄。

这些内容，不但《清史稿·高宗本纪》开篇有记载，而且清朝官方所修的《清高宗实录》开篇也有详细叙述。

乾隆即位后，史官秉承圣意，大造“圣母圣子”说：康熙帝初见弘历，“天颜喜溢”，连称弘历嫡母乌拉那拉氏与生母钮祜禄氏，是“有福之人”。（《清高宗实录》卷一）

《清高宗实录》卷一载：“木兰从狝，入永安莽喀围场，命侍卫引射熊。取初围获熊兆，甫上马，熊突起，控辔自若。圣祖御枪殪之，事毕，入武帐，顾语温惠皇贵太妃曰：‘是命贵重，福将过予。’……雍正元年癸卯春正月，次辛祈谷礼成，是为世宗登极后初次大祀之典。召上入养心殿，赐食一脔，意已为他日付托之本，志早先定，仰告昊苍，故俾承福受祚也。”

不但康熙认为弘历的福分超过自己，而且雍正即位改元之日便暗示将传位于弘历。

如此看来，雍正于元年八月实践密建皇储，只是形式掩人耳目，而内容早已表露无遗。

这似乎是雍正兑现对康熙隔代指定的承诺。

事实上，康熙疼爱弘历，可以视为祖父对聪明的孙儿之爱，但未必有太多特殊的政治用意。康熙有期待一代强过一代的可能，然而他作为一位成熟的政治家，未必对一个懵懂幼儿期望太大。雍正秘密立弘历为储，也是因为满洲内部斗争激烈、同情反对党允禩所致，“以备不虞”（《雍正朝起居注册》）。

我们甚至可以大胆地猜测，如果年羹尧与雍正不分道扬镳，永葆“蜜月”期，雍正最后选择的接班人，可能未必是弘历，或许是年羹尧妹妹、敦肃皇贵妃所生的儿子。因为当时的雍正，遭到了包括生母仁寿皇太后在内的皇族宗室、八旗都统、满汉大臣与勋贵后代的集体抵制。他太需要年羹尧的支持了。

那么，康熙隔代指定好圣孙的说话，就更不靠谱了。

2

康熙最初推行嫡长子皇位继承制，不意皇太子胤礽不争气，做了三十多年的储君，却最后还是被废黜。

康熙帝一生生子三十五人（写进玉牒者二十四人），虽然有爱子如命的一面，但有耐人寻味的嫡庶之分。他最爱的还是唯一存活的嫡子、皇二子胤礽。康熙帝早早地对胤礽教以帝王术，待其长成后代皇帝祭祀，并数次监国，治绩不俗，在朝野内外颇具令名，这在一定程度上减轻了康熙的负担。

康熙对胤礽赞不绝口，同时也对他溺爱放任，导致了胤礽性格暴戾，淫乱宫闱，复立后铤而走险，最后于康熙五十一年十月，再以罪被废黜，仍禁锢于咸安宫。但是，康熙帝虽然将胤礽幽禁，却把已成年的胤礽之子弘皙，带在身边亲自教养，大有直接传位于孙的迹象。

康熙四十七年九月，第一次废黜太子胤礽时，康熙帝亲自撰写告天祭文中说："臣虽有众子，远不及臣。"（《清圣祖实录》卷二百三十四）康熙对诸皇子失望，开始有意于孙辈中寻找理想的继承者。

或当时康熙想过，经过储君胤礽，日后把江山会交到弘皙的手里，故而对他的宫廷教育很特别。

或担忧重蹈前明覆辙，出现朱棣所谓奉天靖难一役，而及时终止了改立皇太孙的想法。毕竟他对朱元璋是非常崇拜的，称其"治隆唐宋"，也会将其择孙乱国当作血的教训。

弘皙不幸，未能入承大统，虽然被雍正帝封为和硕理亲王，却在乾隆即位之初以“弘皙逆案”，革爵罢籍，幽禁致死。

3

康熙后期探索秘密建储计划，皇十四子胤祯成了满朝瞩目的暗定储君人选。

康熙五十七年春，准噶尔部首领策妄阿喇布坦出兵进攻西藏，拉藏汗向康熙帝请兵救援。是年十月，康熙任命颇具军事才干的胤祯为抚远大将军，统率大军进驻青海，讨伐策妄阿喇布坦。

胤祯西征，康熙命以天子亲征的规格出征，用正黄旗之纛，照依王纛式样。启程时，康熙为他举行了隆重的欢送仪式，出征之王、贝子、公等以下俱戎服，齐集太和殿前。其不出征之王、贝勒、贝子、公并二品以上大臣等俱蟒服，齐集午门外。大将军胤祯跪受敕印，谢恩行礼毕，随敕印出午门，乘骑出天安门，由德胜门前往。诸王、贝勒、贝子、公等并二品以上大臣俱送至列兵处。大将军胤祯望阙叩首行礼，肃队而行。

第二年三月，胤祯抵达西宁，开始指挥作战。他统率驻防新疆、甘肃和青海等省的八旗、绿营部队十多万人，进剿叛军。

康熙降旨青海蒙古王公："大将军王是我皇子，确系良将，带领大军，深知有带兵才能，故令掌生杀重任。尔等或军务，或巨细事项，均应谨遵大将军王指示，如能诚意奋勉，既与我当面训示无异。尔等惟应和睦，身心如一，奋勉力行。"（《抚远大将军奏议》）

贝子身份的胤禵，被直接提为大将军王。康熙的这一系列做法，让诸王公大臣，都以为康熙要推重胤禵，让其建立巨功而好立储。

胤禵是胜任大将军一职的，统率全局，调度沉稳，指挥平逆将军延信由青海、定西将军葛尔弼由川滇进军西藏。八月，葛尔弼率部进驻拉萨。九月，西藏叛乱彻底平定。

然而，留在京师的雍亲王胤禛，在理藩院尚书兼步军统领隆科多的支持下，成了后来的雍正帝。

雍正要对康熙指派胤禵西征，给出一个合理的解释：康熙五十七年十月，命胤禵为抚远大将军一事："只因西陲用兵，圣祖皇考之意，欲以皇子虚名坐镇，知允禵在京毫无用处，况秉性愚悍，素不安静，实借此驱远之意也。"（《大义觉迷录》卷三）言下之意，康熙帝不希望胤禵陷入皇储之争，怕他生事，故而将他调离京师。

雍正说，老十四任抚远大将军后，“以允禵之庸劣狂愚，无才无识，威不足以服众，德不足以感人。而陕西地方复有总督年羹尧在彼弹压，允禵所统者不过兵丁数千人耳”。

雍正说允禵无能，不可能成为皇位继承人。但是，此战攸关西线战局，而且关系清朝安危。

康熙帝必然会因选择他所最信任、认为最有能力的人出任大将军，代替天子亲征，赋予储君的抚军大权。

倘若康熙在临终前，属意老十四，那么后来所谓乾隆为康熙圣孙之说，多半是最后的胜利者为自己脸上贴金罢了。

继皇后被废，毁了理想储君的前途

1

乾隆三十年三月，继皇后那拉氏在同乾隆陪皇太后巡幸杭州准备返京前夕，“突然想要出家，肆行翦发”（乾隆三十年六月二十四日，继皇后侄子、署塔尔巴哈台参赞大臣讷苏肯《奏因皇后擅自剃发欲意出家颁谕削侯爵留任谢恩折》中提及乾隆于三月初三日回銮途中给他寄的一封密信内容）激怒乾隆，“身为皇后，所行如此，实在不像话”，横遭冷宫之劫。

他们反目成仇，乾隆命人收缴皇后、皇贵妃、娴贵妃、娴妃四份册宝夹纸，毁掉那拉氏的一切画像，并将伺候宫女剧减至两人，还不如一个答应所得的待遇。

不仅如此，那拉氏娘家，家凭女贵，亦家因女衰，其所在镶蓝旗满洲佐领，“乾隆十三年抬正黄旗，三十一年拨回本旗”（《钦定八旗通志》卷十六）。其侄儿讷苏肯不再是世袭佐领管理人，就连乾隆十五年八月受封的一等侯，也于“三十年六月以罪削爵”（《皇朝文献通考》卷二百五十）。何罪？其姑继后断发忤者也。

乾隆对继皇后的恨，已然到了一个极致。

有史家认为继皇后反对乾隆寻花问柳，或晋升令贵妃为皇贵妃，不满乾隆的移情别恋，导致不忠不孝事件发生。

事情过去了十三年，乾隆仍不能释怀："孝贤皇后崩逝时，因那拉氏本系朕青宫时，皇考所赐之侧室福晋，位次相当，遂奏闻圣母皇太后，册为皇贵妃，摄六宫事。又越三年，乃册立为后。其后自获过愆，朕仍优容如故。乃至自行翦发，则国俗所最忌者，而彼竟悍然不顾。然朕犹曲予包含，不行废斥。后因病薨逝，只令减其仪文，并未降明旨削其位号。朕处此事，实为仁至义尽。"（《清高宗实录》卷一千六十六）

此话说于乾隆四十三年九月乙未出巡途中。是日，发生了一起大事，即锦县生员金从善跪在迎驾路边，条陈四事，其中两件就是奏请乾隆立太子、封皇后。

这就是金从善事件。

继皇后不废而废，乾隆决定"自此不复继立皇后！"

乾隆认为自己行事，光明正大，上对天祖，下对臣民。再立不立皇后，都是自己的事情，无须一个小秀才指手画脚。

金从善找死。

更何况乾隆早在三十八年密建皇储，只是没有昭告天下而已。他要将先帝雍正创建秘密建储制度化，如果公开，则遑论秘密呢？他的偶像皇祖康熙，就是因为长期实施嫡长子皇位继承制，公开储君，结果导致皇子夺嫡，吏治废弛，朝纲混乱，而侵害了皇帝的绝对权威，导致了无情皇家骨肉相残，乾隆即位后还在清洗前事。

乾隆乾纲独断，容不得外人说三道四。

他虽然以最严厉的惩罚，对待了继皇后，但是“并未降明旨削其位号”。

有其实而无其名。

2

继皇后最后的遭遇，以及死后的待遇，都足见乾隆的冷酷。

他们曾经鹣鲽情深，是一对恩爱夫妻。

那拉氏于雍正十二年成为宝亲王侧福晋，乾隆即位后晋娴妃，十年后晋娴贵妃，在乾隆心里很有位置。

乾隆十三年三月，孝贤皇后病逝，仅四月后，乾隆即以中宫需要主持，册立那拉氏为摄六宫事皇贵妃，这是再次册立皇后的征兆。第二年八月，乾隆正式册立那拉氏为皇后。也就是说，孝贤皇后丧期刚过百日，乾隆就急着要以那拉氏成为中宫主人，这不是非常之爱而不能实现的。

在摄六宫皇贵妃册文中，乾隆既以孝贤的懿德，与自己的恩爱说开，“二十余年伉俪之情，恩深谊挚，遽行册立，于心实不忍”，烘托强调那拉氏“端庄惠下”，“继体坤宁”是实至名归。(《清高宗实录》卷三百十八)他们也是老夫老妻，伉俪情深。这是乾隆的真心话，也是真情话，而不是客套话。

虽然是第一夫人，然而乾隆也是有更高要求，容不得她耍性子，“自行翦发”，这是“国俗所最忌者”。(《清高宗实录》一千六十六)

皇后要母仪天下，断然犯忌，就是大不敬，大不孝。

当初满人入关立国，对男子强推剃发令，激起了无数汉人的反抗。

“头可断，发不可剃。”(许重熙《江阴城守记》)

这是清初满洲统治者血腥推行的剃发改制，强行改变一个民族风俗习惯带来民族矛盾，但最终还是野蛮地在全国实施。这是对天下男儿的要求。但女人却不能擅自剪发，否则就是对既定的“衣冠皆遵本朝之制”(《清世祖实录》卷十九)的冒犯。

皇后也不能例外。

3

继皇后因不满乾隆，以擅自剪发来对抗，结果遭到万劫不复的厄运。

当时，乾隆正宠令贵妃，将再次怀孕的令贵妃晋升为皇贵妃，仅次于继皇后。

继皇后也是从贵妃晋皇贵妃后，升为皇后的。

乾隆对新宠妃重演“循序而进”，让继皇后感到了危机。此等危机，在后来嘉庆帝纂修《清高宗实录》时，必然也遭删除，但后宫争斗，也不会在皇帝实录中出现。

令贵妃魏氏出身卑微，其父魏清泰为正黄旗包衣管领下人（乾隆朝还是都姓魏，至嘉庆朝抬旗入满后改姓魏佳氏）。她自乾隆十年由贵人晋升为令嫔，三年后升为令妃，乾隆二十四年晋封为令贵妃，再六年后进位为皇贵妃。

自乾隆二十二年至三十一年十年间，令妃先后生育了四子二女（皇七女固伦和静公主、皇十四子永璐、皇九女和硕和恪公主、皇十五子永琰、皇十六子和皇十七子永璘），为后妃中生育最多的，也是频率最强的，足见乾隆是很宠爱令妃的。

但是，至乾隆四十年正月，令妃病逝，乾隆始终没有册立她为皇后。

乾隆钟爱令妃，以仅次于皇后的皇贵妃尊崇她，但如果贸然册立其为皇后，无疑有升其子为嫡子，将有立为储君的可能。乾隆曾有过两次公开立嫡子为储的表现，结果储君命薄。乾隆三十八年冬，高宗秘密立永琰为储，不好将汉军出身的令皇贵妃晋升皇后，那样，他的秘密建储也就不是秘密了，可能会重蹈其同辈、父辈争储的宫廷内斗。

永琰资质平庸，却被乾隆密建皇储。除了令妃受宠外，还有一个主要原因，即乾隆此时存活的、能充分选择的儿子不多：

皇四子永珹已于乾隆二十八年出继履懿亲王允祹为嗣子；皇六子永瑢于乾隆二十四年出继慎靖郡王允禧为后。他们都是奉旨出继，不能重返本宗。

留在乾隆世系的五子中，皇八子永璇举止轻浮，不得体，多次遭到乾隆公开斥责；皇十一子永瑆文才杰出，但不好骑射，为人吝啬，天性阴忮，好以权术驭人，持家苛虐，为乾隆所不喜；皇十七子永璘最小，却最不成器，整天游荡，惹是生非，亦为乾隆深恶痛绝。

除了皇十五子永琰外，还有一个皇十二子永璂。

永璂为继皇后所生。从乾隆曾暗定储君永琏、拟定太子永琮的情形来看，与永璂有两个相似点：一、都是皇后所生（元后富察氏所生永琏、永琮已殇，永璂成了唯一的嫡子）；二、名字第二字，都隐示继承宗器之意。这两点，为包括永琰在内的其他十四子所没有。

乾隆十七年四月，已做了两年皇后的那拉氏在翊坤宫生下皇十二子，乾隆帝高兴地取名为永璂，明显有特别的寓意：继承大清基业。

后来，乾隆在继皇后去世后，于三十六年任命永璂负责纂修《御制满蒙文鉴·总纲》。这是乾隆很少命皇子办差的一个特例，可见永璂颇有文才和组织能力。

“一代儒宗”钱大昕《潜研堂文集》卷三十三《复倪敬堂书》云：“皇十二子天资淳粹，至性过人。”说的就是永璂。

钱氏为乾隆十六年南巡在江宁访得的大学问家，被特赐举人，命内阁中书，再考中进士，擢侍讲学士，于乾隆三十四年入值上书房，教授永璂读书。

钱大昕与纪晓岚其名，排名在前，“南钱北纪”。

乾隆延请顶级学者教授永璂，可见对此子非常重视和关心，然而因为继皇后被黜，导致永璂见弃。

乾隆不想给继皇后翻案的机会。

乾隆疼爱“私生子”福康安有原因

1

金庸似乎恨透了乾隆皇帝。

他给乾隆安排了两种罪名：

一是李代桃僵。

金庸小说《书剑恩仇录》中，乾隆帝弘历被弄成了汉人之子，其生父为汉官陈世倌。

陈世倌为浙江海宁人，与金庸是老乡，被渲染为陈阁老。阁老，内阁辅臣，当为大学士。在历史上，确有陈世倌其人，却无其被雍正以女易子之事。

陈世倌在康熙朝不过位卑权轻的正六品侍读，虽然外出做过几任乡试主考官，但距离阁老还很远。雍正即位，他不但没有告老还乡，而是在雍正二年被擢为内阁学士，外出巡抚山东，封疆一方。

按雍正上位，严厉打击异己分子的形势看，倘有与陈氏易子之事，又怎会容许这样一个危及国本的汉官存在呢？更何况，雍正于元年八月秘密建储时，皇三子弘时还未与之矛盾激化，皇五子弘昼与皇四子弘历差不多大。最得宠爱的年贵妃所生的皇子福惠，也有三岁多了，而且生活在其舅舅年羹尧最受雍正倚重的“蜜月”期，少不了使雍正格外垂青。如此一来，精明而刻薄的雍正帝亲生子不少，断然不会将一个汉人稚子立为继承人。

弘历即位，陈世倌转为京官，出任左副都御史，很快主工部。乾隆六年，以工部尚书获授文渊阁大学士，才成阁老，后来因拟旨出错，遭罢职，两年后复入阁，兼管礼部事务。

金庸之所以虚构此事，一是为雍正即位疑案找理由，二是为乾隆造康熙传位看孙辈之说提供了根据。

二是通奸生子。

金庸在《雪山飞狐》中，为乾隆安排了一个私通内弟之妻的不伦丑闻，有私生子福康安为证。

为了创作这一起煽情戏，金庸是用了心思的，不过他主要是极尽捕风捉影之能事。

因为福康安在乾隆朝，深得圣宠，无与伦比。

乾隆偏爱福康安，可谓是空前绝后的独一份。

2

福康安幼时，被乾隆接入宫中当儿子般教养，待其稍微长成，年仅十三岁便授予三等侍卫，不断升迁，刚过二十岁又任命为内大臣，赏赐嘉勇巴图鲁称号，晋升将军、总督一类要职。乾隆四十九年至五十一年，福康安先任兵部尚书兼总管内务府大臣，继而转户部尚书、吏部尚书，协办大学士，晋嘉勇侯。乾隆五十七年，官至武英殿大学士、领侍卫内大臣兼军机大臣，加封忠锐嘉勇公。

福康安拜相封公时，年仅三十八岁。

一旦福康安出现问题，当论罪追责，但乾隆一再宽免。乾隆逊位后，晋升福康安生为贝子，成为有清一代异姓活着能受此显爵第一人。即便他后来死在英年，但死后也被已为太上皇的乾隆追封为嘉勇郡王，配享太庙，并建专祠以致祭。

这样的封法，不比乾隆的皇子差。

有传闻福康安是乾隆帝的私生子，其父傅恒为了自己的升迁而情愿戴着绿帽子。像福康安的大哥福灵安、二哥福隆安都是皇家额驸，而乾隆最爱的福康安，却没有被指婚为皇家的女婿。

蔡东藩在《清史通俗演义》中看不起福康安，认为他有冒功妒能之事，说："平台湾，曰福康安之功，平安南，曰福康安之功，平廓尔喀，曰福康安之功，其实福康安亦安得谓有功者，台湾一役，赖海兰察奋勇争先，一战破敌，即日解诸罗围，叛党夺气，大乱以平。至若廓尔喀之战，福康安冒险轻进，微海兰察在后援应，彼且无生还之望，遑能平敌耶？最可恨者，柴大纪忠勇绝伦，第以不执橐鞬礼，必欲置诸死地，良将风度，断不若是。”（蔡东藩《清史通俗演义》第四十回）故而嘲讽“高宗极加宠眷，无怪后世以龙种疑之！”

金庸将福康安当作乾隆的私生子，并非新创，而是将蔡东藩等前人的怀疑形象化，索性将其弄成了恃宠骄纵的奸诈之徒。

3

福康安生于乾隆十九年，其姑母孝贤皇后虽已经去世了六年之久，但乾隆对其父傅恒和家族，宠信有加。这既有孝贤皇后遗留的情分，又有乾隆对傅恒救场获胜大金川之战的感谢。傅恒也因此成了内阁首辅（保和殿大学士）、领班军机大臣，一等忠勇公。乾隆还为其家族设立专祠祭祀。

傅恒成了乾隆朝的军事统帅，也是雍正朝年羹尧之后难得的统军帅才。

年羹尧被处死后，雍乾之际对准噶尔征战，连连失败，傅恒中途请命，督师大金川，降服土司莎罗奔父子，一雪川陕总督张广泗、大学士讷亲督战失败的前耻，为乾隆帝争得了颜面和荣耀。

据萧奭《永宪录续编》记载：雍正十三年，世宗传位乾隆，“降谕太子仁贤，曾密奏无杀羹尧及抄家诸事。当时举朝无一人言及也”。若此事属实，雍正三年十二月年羹尧被议罪问斩，按雍正的意思，应处极刑及立斩者有三十余款，满朝文武一致要杀，可年仅十五岁的弘历建议勿杀。从而，足见乾隆年少时就是帅才，有难得的认识，应该不会在自己主国时污损第一大将。从后来的西北战事来看，弘历不无战略眼光。

福康安出生前后，乾隆帝准备对发生内乱的准噶尔用兵，遭到朝臣们反对，又是傅恒力排众议，独立承担责任，协助乾隆帝运筹帷幄，调度军需，大获全胜。乾隆大喜，又赏一顶一等忠勇公的桂冠，并将其列为百名功臣之首，绘像紫光阁。

傅恒之于乾隆帝，多次救场前方战事，后来的督师缅甸也是如此，可谓是国家救急不辱使命。乾隆之所以厚待福康安兄弟，也是为了高调示宠和特别倚重傅恒。

一句话，他需要傅恒统兵奔赴前线卖力拼命，而不会制造私怨让傅恒拥兵自重。

倘若乾隆乘傅恒在外征战，逼奸或诱奸福康安生母，让傅恒的顶戴变成了绿帽子，那么，情况好点，傅恒会消极怠战，严重的话，难免损兵折将、反戈一击。

然而，傅恒屡战屡胜，成就了乾隆帝的武功。后妃成群的乾隆，也应该不会为了一个将军的女人，玩一出极其危险的爱江山更爱美人的风流戏。

傅恒军功卓著，是乾隆不断用兵的救火队员。傅恒生前，被两授一等公，赐宝石顶、四团龙补服，赏三眼花翎，死后被推恩赠郡王爵，也是非宗室重臣中的最显耀者。

按傅恒死后哀荣来看，福康安也是郡王之子，也够贝子的加封。傅恒死在班师途中，年仅四十九岁，不免让多情的乾隆哀伤不已，而对傅恒年幼诸子疼爱有加。

出生在乾隆后期的第八代礼亲王昭梿，在《啸亭杂录》卷一《用福文襄》中说："福文襄王康安，荷父庇荫，威行海内，上亦推心待之，毫无肘掣。"貌似称福康安还是靠子凭父贵，而成为乾隆的爱臣。

当然，乾隆疼爱福康安。而福康安这一把利剑，也为乾隆的征战大业建功不少，不到二十岁便在平定金川的战场屡立奇功，总领一方，平息民变，转战台湾，平叛安南，平定廓尔喀，故而扶摇直上。

他成了傅恒之后乾隆后期的军事统帅。

从金大侠的创作来看，乾隆为汉人却屠戮汉人，数典忘祖，不忠不孝；同时淫乐弟妻，反示恩宠，无情无义。

然而，这一切只是金庸文学创作的需要，而不是真实历史的笔录。就如今日之清宫剧，将传说中的女真第一美女化名东哥，与不曾见面、极其不齿的努尔哈赤，上演了一场惊心动魄的爱恋（《太祖秘史》）。更有现代穿越剧《独步天下》，更为夸张，不但让努尔哈赤对东哥魂不守舍，而且安排皇太极最爱东哥，结成了夫妻。

其实，他们缘悭一面，努尔哈赤将传说东哥称为红颜祸水，得到了为太祖修史的皇太极的秉笔直书。

艺术创作，是吸引读者和观众眼球的，而其根源莫过于利用大众对野史的嬉乐心理。金庸将乾隆弄成汉人子，又有私生子，不过是借助了满汉民族矛盾下的民间传说和反清心理，实现了娱乐读者的最大化。

这谈不上恨！

这是借题发挥，大肆渲染了乾隆的娱乐性。

至于乾隆厚遇福康安，那也是乾隆极度倚信和重用福康安之父傅恒的结果。乾隆朝几场大战的胜利，都是傅恒临危受命，为之争回了脸面。傅恒之后，福康安成了清军征战的主帅，厥功至伟，而不像金庸小说中那般恃宠骄纵。

乾隆帝为何看不上闻名全国的永瑆

1

乾隆六十年九月，八十五岁的乾隆帝昭告天下，将皇十五子永琰改名为颙琰，册立为皇太子。他已决定明年正月元旦正式禅位。

乾隆生子十七人，多子夭折，早逝者不少，熬到他禅位前夕，仅存四人：皇八子永璇、皇十一子永瑆、皇十五子永琰和皇十七子永璘。

这也是他为父人生的最大不幸。

不幸的还有，他最初册立元后富察氏所生的嫡长子永琏为暗定储君，九岁而殇。他继而又想册立嫡次子永琮，不料二岁患豆疹夭折。他将继皇后那拉氏所生的皇十二子命名永璂，明显有继承基业之寓意，然而继皇后妒忌心重，断发触犯国俗，被乾隆废黜，影响了这个无可挑剔的皇子，无缘储位，抑郁而终。

他一直想学皇祖康熙，实践嫡长子皇位继承制，然而屡屡失败，最后不得不走秘密建储之路。

乾隆五十八年接见英使马戛尔尼时，称他最理想的继承者，是二十七年前患跗骨疮而死的皇五子永琪。

想立或理想的储君人选，相继出局，这使乾隆择储犯难。

若非乾隆四十三年，锦县秀才金从善拦住东巡的乾隆，劝谏册后择储，导致乾隆怒斩之。乾隆杀了人，要堵住悠悠之口，终于说出已在五年前暗定储君。

2

乾隆帝最后选择了皇十五子永琰，而不是齿序靠前、年长八岁、才华横溢的永瑆。

永瑆工于书法，文采出众，是当时的顶级书法大家，且有不少著述。

永瑆与刘墉、翁方纲、铁保并称清中期四大书法家。同时期的礼亲王昭梿在《啸亭杂录》卷二中专论《成王书法》："成亲王讳永瑆，为纯皇十一子。善书法，幼时握笔，即波磔成文，少年工赵文敏。又尝见康熙中某内监言其师少时犹及见董文敏握笔，惟以前三指握管悬腕书之，故王推广其语作拨灯法，谈论书法具备。名重一时，士大夫得片纸只字，重若珍宝。上特命刊其帖，序行诸海内，以为荣云。"

嘉庆帝不但命人为永瑆印制书帖，即《诒晋斋书》五卷，还御制序言，说：“朕兄成亲王自幼专精书法，深得古人用笔之意。博涉诸家，兼工各体，数十年临池无间，近日朝臣文字之工书者，罕出其右。”（嘉庆九年上谕）

毋庸置疑，永瑆颇有才干，嘉庆帝不但欣赏他的字，而且命其主管户部三库和军机处。

而更喜好书法的乾隆，也曾对永瑆是很看重的。

乾隆喜爱永瑆的书法，经常去他的府邸，还给他娶了元后孝贤纯皇后的侄女、保和殿大学士傅恒的女儿做嫡福晋。

但乾隆自始至终都没有选择永瑆为接班人。

一、永瑆的生母嘉妃金佳氏死得很早，于乾隆二十年十一月病逝，虽然得了淑嘉皇贵妃的追谥，但永琰的生母令妃此后长期深得乾隆钟爱。在乾隆的成群妻妾中，令妃虽然生前最后也不过皇贵妃的封号，但在乾隆的心里分量很重。这难免会影响到乾隆以子凭母贵来考虑择储。

二、永瑆天性刻薄吝啬，与乾隆洒脱挥霍性格相反。永瑆的吝啬，到了没收正妻丰厚的嫁妆，让嫡福晋整日喝稀粥，温饱问题都解决不了的极致。家里的马死了，永瑆下令烹马代膳，遭到乾隆多次训斥之，永瑆却本性不改，一切如故。乾隆选择后继之君，断然不会找一个极端吝啬、毫无格局，追求低级生活品质与趣味的皇子。

生于乾隆四十一年的清宗室、第八代礼亲王昭梿曾给了永瑆有“天性阴忮、好以权术驭人。持家苛虐，护卫多以非罪斥革……唯知逢迎权要，其上眷稍衰者，即骂詈之”（昭梿《啸亭续录》卷五）等劣评。此外，他喜欢买古玩字画，舍得花大价钱，结果“多受人欺诈”，买了不少假货与劣品。这个吝啬刻薄之徒，却不计较了。更有甚者，他在临终前数月不沐浴，也不梳头，还在裤裆里小便，左右劝他更衣，他说：“死后蛆嚙食，又谁为涤垢也?”活脱一疯癫的狂人。

昭梿和永瑆是同时代人，打过交道，没有必要给一个家族长者捏造罪恶。他敢公然声张永瑆严重的性格缺陷，该是事实，且乾隆很熟悉永瑆的作为。

故而，乾隆宁愿选择持重中才的永琰，而不愿意把江山交给才高品劣的永瑆。

当然，乾隆在公示永琰入选时，还是不忘将其已死二十年的生母令懿皇贵妃，追封为孝仪皇后，看似母凭子贵，但不难看出乾隆要将秘密建储制度化，却还装在嫡长子皇位继承制的旧瓶子里。

3

乾隆对诸皇子的管束是空前严厉的，不如其皇祖康熙爱子而多有宽容。他动辄训斥，时有挑剔。

乾隆三十一年五月，十五岁的永瑆给十五弟永琰送一把扇子，被乾隆看到，甚为不悦，大做文章，说："落款作兄镜泉三字，则非皇子所宜，此盖师傅辈书生习气，以别号为美称，妄与取字，而不知其鄙俗可憎"，严重违背了"我国家世敦淳朴之风"。(《清高宗实录》卷七百六十）

永瑆善于汉人的文采，却不擅长满人的骑射，无疑是乾隆对他反感的一大原因。

像永琪能够受乾隆宠爱，主要原因则是他善于骑射，娴熟国语。

和珅靠什么让英国特使刮目相看？

1

和珅能成为乾隆的宠臣，可谓是：成于李侍尧。

乾隆四十五年正月，云南官员海宁举报武英殿大学士兼云贵总督李侍尧涉嫌贪污。乾隆帝派在御前大臣上学习行走的和珅等远赴云南查办。初无所获，后来是和珅拘审李侍尧管家，严刑逼供，迫其供出李侍尧的诸多经济问题。

李侍尧贪污案发后，证据确凿，内阁九卿议罪斩立决，然乾隆网开一面，朱批为斩监候。李侍尧被判了一个死缓，但很快被乾隆委以重任，直接给予三品顶戴和孔雀翎，前去甘肃管理军事，给足了他戴罪立功的机会。

甘肃冒赈案发，总督勒尔谨获罪，乾隆命李侍尧代理陕甘总督，不久转为实授，加太子太保衔。李侍尧治政有一套，但仍不改贪欲，被福康安弹劾玩忽职守，逮捕到热河行在。诸王大臣依律要处死他，而乾隆再次下令改斩监候，第二年释放，署理正黄旗汉军都统、户部尚书。

与和珅受宠相比，李侍尧似乎更得乾隆宠爱。

此中有原因，他们是亲戚。

昭梿在《啸亭杂录》卷四《李昭信相公》中说："李昭信相国侍尧，为忠襄公永芳四世孙。少以世荫膺宿卫。纯皇帝见曰：'此天下奇才也！'立授满洲副都统。部臣以违例尼之，上曰："李永芳孙，安可与他汉军比也?"乾隆帝对李侍尧由来有之。

李永芳是明朝第一个投清降将，乾隆所指他投效之功。这是表面现象。李永芳降清后，娶了努尔哈赤第七子阿巴泰之女。如此算来，李侍尧也是皇亲国戚，与乾隆是族表兄弟。

帝王之家关系很诡异，亲兄弟堂兄弟之间存在利益之争势同水火，倒是疏远的裙带关系却被皇帝的政治利用拉近了距离。

但是，就因为和珅成功地破获李侍尧贪腐案，给了李侍尧一个教训，由此，乾隆皇帝对这个曾经管理布库、做过御前侍卫的军机大臣兼户、吏二部侍郎开始了格外赏识，很快将和珅提升为户部尚书、升御前大臣，补镶蓝旗满洲都统。此后，他被乾隆格外恩宠，夤缘而上，最后成了乾隆之下的二号人物。

与此同时，和珅在查办李侍尧时，私吞了大部分赃款赃物，却被乾隆恩赏擢升，尝到了甜头，于是欲念膨胀，最后毁了自己，被嘉庆在乾隆晏驾后立即处死。

2

和珅的父亲常保生前为福建副都统，算得上出身官员之家，但因父亲常保早逝而经历坎坷，成了没落子弟。

然而，他最终逆袭为乾隆御前头号宠臣兼重臣，这其中除了他极尽逢迎之术，善于察言观色，深得圣宠外，还得有不少真能耐。

一是他好学聪敏，精通满汉蒙藏四种语言，熟稔四书五经。他被内务府大臣、户部侍郎冯英廉看重，十八岁时成为冯家孙女婿。英廉扶摇直上，官至东阁大学士兼领户部，两度署理直隶总督，为和珅出仕后成为乾隆御前侍卫，主管户、吏二部和国史馆，进步军统领，提供了政治资本和自身能力。

二是他曾经廉洁，极具办事能力。他在乾隆四十五年奉命侦查武英殿大学士、军机大臣兼云贵总督李侍尧贪腐案，巧妙迫使李侍尧认罪，被乾隆更加赏识，授其户部尚书、御前大臣兼镶蓝旗满洲都统。

三是他擅长理财，有丰富的经营头脑。他亲自经营工商业，开设当铺七十五间，设大小银号三百多间，且与英国东印度公司、广东十三行有商业往来。他不但让户部管理得井井有条，而且将内务府小金库赚得充盈，足够乾隆挥霍。

四是和珅受宠时，乾隆年逾花甲，日见衰颓，而和珅年富力强，积极充当乾隆倚信的助手。

3

1792 年 9 月 26 日，英国政府派遣以乔治·马戛尔尼为正使的使团，以庆贺中国皇帝乾隆八十大寿为名出使，期待与清廷签订贸易协定，并在北京设立使馆，在沿海开设贸易港口。

第二年 8 月 5 日，马戛尔尼一行历尽千辛万苦，来到天津白河口，改小船进入大沽，受到了钦差大臣徵瑞和直隶总督梁肯堂的接待。9 月，使团在热河得到了乾隆帝接见，马戛尔尼代表英国政府提出七个请求，要求签订正式条约，并向乾隆帝赠送了一批国礼，其中包括前膛枪等武器、望远镜、地球仪等天文学仪器、钟表和一艘英国最先进的 110 门炮舰模型。

乾隆帝以天朝上国自许，认为不需要外国的商品即可自给自足，双方不存在平等贸易的基本条件，即以无先例为由拒绝了英国的要求。马戛尔尼不远万里、历时一年地来到中国，本是信心满满地带着使命要和清廷通商，没想到遭到严词拒绝。

此前，马戛尔尼做了不少功课，认为“康熙的英明一如其父，雍正也不错，乾隆的功绩超过了他的前人”(《马戛尔尼勋爵私人日志》)，但他敏锐地发现，乾隆帝不但拒绝了他的通商请求，且对他带来的高科技产品包括新式武器，“无论乾隆本人，还是他身边的人，对这些东西都没有好奇心”。

但是，马戛尔尼却称“中国首相”和珅为“成熟的政治家”。和珅为文华殿大学士，管吏部、户部，兼理藩院尚书。理藩院即当时的外交部。马戛尔尼率使团觐见乾隆帝前，与清朝官方发生了礼节之争。清方认为英国为“海夷”，使臣须按照各国贡使觐见皇帝的一贯礼仪，行三跪九叩礼。马戛尔尼自恃英国为西方第一强国，认为是一种屈辱而坚决拒绝。礼仪之争自天津，经北京，一直争到热河。

乾隆不愿与西方之国缔约建交，但又对西洋之人觐见礼节非常在意。他在乾隆五十八年七月八日专门发出一篇上谕:“向闻西洋人用布扎腿，跪拜不便，是其国俗不知叩首之礼，或只系免冠鞠躬点首。而该督等折内声叙未能明晰，遂指为叩首，亦未可定。”(《清高宗实

录》卷一千四百三十二）

有了主子的明确态度，主管外事的和珅只好要求马戛尔尼及其随从面见乾隆时，按清朝礼仪行跪拜，而马戛尔尼则认为自己是代表大英帝国前来的“钦使”，不同意行此大礼。

乾隆帝闻讯，勃然动怒，下令降低接待规格。双方都不肯做出让步，会面几近破裂。

是马戛尔尼见到和珅后，接受了和珅的建议，即在万寿节庆典之前，先举行非正式会见，英使按照英国礼节行单膝跪拜乾隆，待到万寿节庆典之际，他们必须按中国规矩，三拜九叩。为此，和珅专门制定了一份详细缜密的礼仪程序表呈递给乾隆御览。

这样一个折中办法，既满足了乾隆帝的天朝心理，也让马戛尔尼在不得已的情势下走完了外交流程。虽然结果差强人意，但和珅老到的政治手段，给马戛尔尼留下了深刻的印象。

嘉庆即位背后的政治危机艰难公关

1

乾隆禅位嘉庆，当了三年太上皇，这是历史。

嘉庆元年（1796）正月初一，乾隆帝举行传位大典，禅位给皇太子嘉庆。四年正月初三日，乾隆驾崩于养心殿。

三年间，乾隆仍居住在养心殿，掌控朝政，为大清王朝的最高统治者。他不时御殿受朝，嘉庆侍立或设小座于一旁。

年过八十五岁的乾隆帝衰颓已久，说话需要凭借同时侍立一旁的和珅猜测传达，但，他仍牢牢地将皇权控制在自己的手中，让嘉庆帝只是一个名义上的皇帝，而和珅却等同于摄政，权倾朝野。

嘉庆元年正月十九日，已为太上皇的乾隆帝对属国使者说：我虽归政皇帝，但大事仍为我办。此语，也是契合乾隆禅位诏书精神。他只是不想在位时间超过皇祖康熙，而不是真正舍弃皇位，故而在嘉庆即位之时，就有着很明确的规定："皇太子于丙辰正月上日即皇帝位。

朕亲御太和殿，躬授宝玺，可称朕为太上皇帝。其尊号繁文，朕所弗取，毋庸奏上。凡军国重务，用人行政大端，朕未至倦勤，不敢自逸。部院衙门及各省题奏事件，悉遵前旨行。”（《清高宗实录》卷一千四百九十四）

人事任免权、财政收支权、朝政运营权、军国指挥权……大清皇权，皆牢牢掌控在这位太上皇帝手中。事实上皇帝基本没有拍板的机会。

此后三年，所出帝命和帝谕，皆太上皇或太上皇授意以嘉庆帝谕出。

继顺治初年多尔衮摄政、康熙初年四大臣辅政之后，清朝再次出现皇权与皇位偏离。作为傀儡皇帝的嘉庆，不但对太上皇乾隆要逢迎屈从，就连对乾隆的大宠和珅，也得屈从示好。这为乾隆驾崩不久，嘉庆亲政后迅速处死和珅埋下了前因。

2

嘉庆要扳倒和珅之心，由来已久，只是一直碍于乾隆在世。

所以，嘉庆四年正月初三日，乾隆帝驾崩，嘉庆帝安排文华殿大学士兼公爵和珅主持治丧。和珅没料到，五天后，嘉庆在朝会上突然发难，宣布太上皇遗诏，

"革大学士和珅、户部尚书福长安职，下狱治罪"（《清仁宗实录》卷三十七），并组织王大臣会同查案。一周后，即元宵节。嘉庆帝下诏，公布和珅二十大罪，三日后处死。

历时不过半月。嘉庆帝动作迅速，干净利落。

嘉庆之所以如此恨朝廷的柱石重臣和珅，也是有诸多原因的：

一、嘉庆即位后，临朝听政，然而乾隆突然临朝，嘉庆让位，侍在乾隆一旁。而乾隆安排和珅站立另一旁。和珅与老态龙钟的乾隆一唱一和，乾隆说话含糊，经常嘴皮微张、语焉不详，和珅成了太上皇的扩音器和传话筒。和珅就等同摄政，满朝文武上奏什么，他就听取乾隆说话，自已下判断，把持朝政，丝毫不给一旁尝试理政的皇帝发言权。

二、和珅可以随意"骑马直进圆明园左门，过正大光明殿，至寿山口"（《清史稿·和珅传》），或"乘椅轿入大内，肩舆直入神武门"，去私自觐见乾隆帝，无疑要打嘉庆的小报告，自然遭嘉庆忌恨。和珅恃太上皇的宠，成了内阁首席大学士兼军机处领班大臣，结党擅权，加之嘉庆的主动示好，使之权欲日益膨胀。

三、和珅既为权臣，也为弄臣，自知擅权敛财为乾隆所知，但不被责罚，故而更加胆大妄为。另外，他自许乾隆最重视的儿女亲家，和乾隆内侄福长安等，“俱以大臣常在御前，言不称臣，必曰奴才”，显示满洲君臣之间的主奴关系亲切，又以恭谨而侍的态度，对待乾隆帝甚至新君嘉庆。但在嘉庆看来，和珅仍然是“二皇帝”做派，不给新君多少情面，“随此使令，殆同皂隶，殊无礼貌”（吴晗《朝鲜李朝实录中的中国史料》下编卷十）。

当然，从理政能力上来看，和珅确实是一个成熟而富有才干的政治家，这一点是平庸的嘉庆所不及的。

3

虽然嘉庆帝给和珅宣布的二十条大罪，有些勉强。这是嘉庆要彻底结束和珅擅权时代的借口。

和珅借太上皇宠信的威势，经常给新皇难堪。

嘉庆即位之初，其老师朱珪作为两广总督，上表恭贺是作为人臣的本分，和珅却跑到乾隆面前告状。朱珪过生日，嘉庆写诗赏赐，又被和珅偷了没写完的诗稿，对乾隆说嘉庆在笼络人心。

而在此前的乾隆五十九年，六十四岁的朱珪总督两广，督军坚守，御敌有功，受到了乾隆帝的关注。乾隆决定，送给新君嘉庆一个登基礼物，即拟升朱珪为大学士。

孰料，朱珪对于治下的现有战船强度差，不能出海抗击，很不满意，主动将自己平时节俭下来的五千两银子捐出造船，却被和珅添油加醋，向乾隆诬告朱珪，身为两广总督，对于夷寇在浙、广沿海活动非常频繁，抢劫财产，不闻不问，没有出海督帅缉捕。

乾隆信以为真，不升反降，把朱珪贬为安徽巡抚。

和珅三番五次地打脸嘉庆帝，无疑使嘉庆欲除之而后快。

然而，此时的和珅身兼各种要职，职权范围括及政、军、财、文等方面，还代表皇帝管理着两黄旗。嘉庆投鼠忌器，还公开下旨，和珅无须对他行三跪九拜之礼。故而，在和珅心里，嘉庆是不敢与之抗衡。

就连乾隆五十七年随英国使臣马戛尔尼访华的副使乔治·斯当东，在《英使谒见乾隆纪实》中说和珅："这位中堂大人统率百僚管理庶政，许多中国人私下称之为二皇帝。"

和珅的这个"二皇帝"，至嘉庆初年，俨然是太上皇乾隆之下，而非新皇帝嘉庆之下。

和珅的权力达到顶峰，也是在乾嘉过渡时期，充分利用乾隆衰朽不放权的空隙，主要政敌福康安、阿桂相继去世，而后继之君嘉庆不敢行使皇权。他影响和干预不在皇帝手中却由太上皇把持的皇权，营私舞弊但方式隐秘，三年来，“竟无一人奏及者，内外诸臣，自以皇考圣寿日高，不敢烦劳圣心，实则畏惧和珅，钳口结舌”（《清仁宗实录》卷三十七）。

天有二日，当空的却是太上皇乾隆。乾隆更加倚信和珅，导致无人敢奏劾和珅问题。缘于此，和珅佐助乾隆处理军国政务时，阻碍嘉庆寻求本该属于自己的皇权，结果导致乾嘉之际爆发五省白莲教起义。和珅弄权舞弊，不惜借军费激增大肆敛财，而最后留给嘉庆的清朝，继续五年、动用十六省数十万军力、耗资两亿两白银才算结束这一场大规模起义。

虽然嘉庆帝从和珅家里查抄了数以亿计的财富，足以支付昂贵的军费，但乾隆以降，和珅主导的吏治腐败，却不可逆转大清王朝迅速衰败的现实。

嘉庆七年二月二十四日，嘉庆帝说：“我朝列圣相承，乾纲独揽，皇考高宗纯皇帝临御六十年，于一切纶音宣布，无非断自宸衷，从不令臣下阻挠国是。即朕亲政以来，办理庶务，悉尊皇考遗训，虽虚怀延纳，博采群言，而至用人行政，令出惟行，大权从无旁落。”（梁章钜《枢垣纪略》卷一）这也算是以圣人自许，独揽大权，但也把和珅擅权，归为了无人领受的空当期。

道光帝留下的即位争议和择储悬疑

1

关于道光帝的即位，《清宣宗实录》卷一中，有两段关于道光帝即位的文字对应，是耐人寻味的。

嘉庆二十五年七月，嘉庆帝驾崩的前一天，即戊寅日，“仁宗疾大渐，召御前大臣赛冲阿、索特那木多布斋，军机大臣托津、戴均元、卢荫溥、文孚，总管内务府大臣禧恩、和世泰，公启鐍匣，宣示御书：嘉庆四年四月初十日卯初立皇太子旻宁，朱谕一纸”（《清宣宗实录》卷一）。

这是说明，嘉庆帝生前，以身边随带的传位诏书公开确定了储君，即后来的道光帝旻宁，并明确于“嘉庆四年四月初十日”按密建皇储的祖宗家法，确定了旻宁（当时应该还叫“绵宁”）为“皇太子”。

然而，五天后，即癸未日，又出现了一道“皇太后懿旨”：“今哀遣升遐，嗣位尤为重大。皇次子智亲王，仁孝聪睿，英武端醇，现随行在，自当上膺付托，抚驭黎元。但恐仓猝之中，大行皇帝未及明谕。而皇次子秉性谦冲，素所深知，为此特降懿旨，传谕留京王大臣驰

寄皇次子，即正尊位，以慰大行皇帝在天之灵，以顺天下臣民之望。上奉懿旨。”（《清宣宗实录》卷一）

所谓皇太后懿旨，是后人尊崇孝和睿皇后而改称的。此时的孝和睿皇后钮祜禄氏，只是大行皇帝的皇后，她成为皇太后，则是道光即位后所上的尊号。

从皇太后懿旨来看，钮祜禄氏皇后既没有找到按规制藏于乾清宫正大光明匾额后的传位遗诏，也没有收到大行皇帝的“明谕”，也就是说无法佐证嘉庆生前召集众臣“公启鐍匣，宣示御书”的真伪性。

因为嘉庆已死，死无对证。

而且值得注意的是，“皇太后懿旨”中，只是追认皇次子“即正尊位”，但不是称皇太子入承大统。这样，道光即位的密旨疑点，更加扑朔迷离了。

按密建皇储的初建者雍正帝的设计：传位诏书由皇帝“特将此事亲写密封，藏于密匣，置之乾清宫正中世祖皇帝御书正大光明匾额之后，乃宫中最高之处，以备不虞”（《雍正朝起居注册》），同时，“另书密封一匣，常以随身”（《清高宗实录》卷一千一百八十九）。

毋庸置疑，为了保证储君继承大统的合法性，需要以皇帝随身所带的密匣，同藏于乾清宫正大光明匾额后的密匣对照。

然而，此次只在已死的嘉庆身边出现，而在乾清宫没有找到。

就是说，无法证实其真实性。

2

道光真的是嘉庆指定的继承人吗？

之所以有此问，主要是因为嘉庆二十五年七月二十五日晚，六十一岁的嘉庆帝于承德避暑山庄突然病逝。

行在先后派出两拨人，驰驿回京，赶赴圆明园，向钮祜禄氏皇后报丧。

一拨是二十六日，“命内务府大臣和世泰，带领首领太监人等，驰驿前赴圆明园”（《清宣宗实录》卷一）。

一拨是二十七日，“著派吉伦泰带领太监二名，驰驿回京至圆明园。著苏楞额、阿克当阿传知总管太监，奏明皇太后。令吉伦泰面叩请安”（《清宣宗实录》卷一）。

报一个丧，为何派出两拨人？

而且都是钮祜禄氏皇后的弟弟，和世泰为皇后二弟，吉伦泰为皇后三弟。

这只有一个可能，时值酷暑，要去承德避暑的嘉庆帝老迈体衰，一路劳顿，加之中暑，导致中风，而死得突然。诚如“皇太后懿旨”所言：“但恐仓猝之中，大行皇帝未及明谕”(《清宣宗实录》卷一)，嘉庆皇帝死前，并没有拿出传位遗诏，随侍身边的智亲王绵宁只能决定派母后的亲弟和世泰前往圆明园，向钮祜禄氏皇后说明原因，并寻找藏于乾清宫的传位密旨。

问题严重了，还不仅是佐证材料没有找到，就是大行皇帝随身带的一份密旨也没有及时出现。

实录中称嘉庆驾崩前，“公启鐍匣，宣示御书”，是后来的粉饰，而且杜撰了和世泰在场。否则，绵宁也没必要派出两拨人马去报丧。唯有和世泰走后，绵宁等找到了嘉庆带在身边的传位密旨，然后派吉伦泰前往京师报信，再次说明原因。

但是，钮祜禄氏皇后没有找到留在乾清宫正大光明匾额后的密旨，只好以懿旨的形式，对传位道光予以承认。

清朝开国，太祖、太宗没有指定继承人，结果引发了皇族成员争夺大位，好在有太祖生前制定的八王共议国政制度，以推选的模式，起到了关键作用。圣祖驾崩后，虽有康熙遗诏指定了雍正继立，但遭到了包括雍正生母在内的皇族成员、八旗勋贵、满汉大臣的集体抵制。

雍正即位不久，为以备不虞之需，公开实施秘密建储。就是说，他突然死了，会有藏于乾清宫正大光明匾额后的遗诏，以及自己时刻带在身边的副本对应，指明谁是储君。

二旨对照，杜绝伪造。

乾隆曾想重拾康熙热衷的嫡长子皇位继承制，结果接连失败，于是改推秘密建储，使之制度化。嘉庆入承大统，有两份传位诏书正名，但意义不大，因为他的即位，其实是清醒的乾隆公开禅位，不需要一纸证明。

不承想，二十五年后，嘉庆帝死得突然，群臣没有及时找到遗诏。

怎么办?

大臣们慌了。

好在大行皇帝的皇后即孝和睿皇后钮祜禄氏，及时发出懿旨，明确皇次子智亲王绵宁为先帝所立的皇太子，应该顺理成章地坐上太和殿里的宝座。

3

事实证明，嘉庆死得突然，没有公示随带身边的传位密旨；而另一份按例藏于乾清宫正大光明匾额后的传位密旨也没有找到，《清宣宗实录》中出现的“皇太后懿旨”就是证明。

但是，从嘉庆对待绵宁的诸多事情来看，他早被嘉庆建储，并无虚假。

一、绵宁为嘉庆第二子，生于乾隆四十七年，在嘉庆长子早殇后，即成了新的长子。绵宁生母喜塔腊氏，为嘉庆作为皇子时的嫡福晋，即位后由太上皇乾隆帝指定、公开册立的首任皇后。这就决定了绵宁的嫡长子地位。喜塔腊氏皇后于嘉庆二年二月病逝，四年后，嘉庆帝才立孝和皇后，先后生育皇三子绵恺和皇四子绵忻，但比绵宁至少小十三岁（皇三子生于乾隆六十年、皇四子生于嘉庆十年）。按清帝即位伊始即暗立储君的陈例，嘉庆元年成婚的绵宁具有鲜明优势。

二、嘉庆十三年，绵宁嫡福晋钮祜禄氏（道光即位追封孝穆皇后）病逝，嘉庆帝特命金棺坐罩用金黄色，以示威严和区别。此时的绵宁，还只是一个普通的皇子，还不是和硕亲王（绵宁晋升和硕智亲王，是在五年后）。嘉庆帝以金棺、金黄坐罩，安葬儿媳妇，这显然是将葬礼提升为顶格，对暗定储君嫡妻（未来皇帝元后）的特别优宠。足见，嘉庆早已明确绵宁的储君位置，提前为嗣君追谥发妻元妃做了一个明示。

三、嘉庆十三年四月，绵宁侍女为之生育第一子奕纬当日，嘉庆帝欣喜若狂，视为吉祥喜事，特地下谕内阁，加惠宫闱，将“皇长孙”奕纬生母，由地位仅高于宫女的官女子，加恩晋升为侧福晋。十一年后，即嘉庆二十四年元旦，而绵宁长子奕纬则同时获封多罗贝勒，年仅十一岁，为清朝入关后生前授爵的皇子皇孙中年龄最小者。

四、嘉庆诸子中，绵宁第一个晋升为和硕亲王。嘉庆十八年九月，天理教徒在太监内应下攻入紫禁城，发生了历史上著名的癸酉之变，正在京城的绵宁及时解决了这场突发事件，并亲手击毙数人，被视为首功，封为和硕智亲王。而皇三子、皇四子封王时，则是在二十四年元旦嘉庆喜迎六十寿诞的恩封，而非论功行赏。

五、在找不到传位遗诏的情势下，道光能够顺利即位，孝和皇太后钮祜禄氏无疑是无私的。钮祜禄氏虽然于嘉庆六年正月初八日才被立为皇后，但她也是乾隆帝生前指定的嘉庆二任皇后。《清列朝后妃传稿》记载，嘉庆二年五月，乾隆帝颁下敕旨：“今钮祜禄氏，系朕从前选择，赐皇帝为侧福晋者。观其人品，亦甚端谨庄重，且能率下。即将贵妃钮祜禄氏册封为皇帝之皇贵妃，俾正内，则上以孝养朕躬，佑皇帝以绥福履襄成内治。俟二十七个月后，除再举行册立皇后典礼外，所有封皇妃典礼者，著诸衙门照例办理。”她作为皇后，主持中宫近二十年，两个己子已成年封王，但她依然推举继子绵宁坐上皇位。这是难得的。史料证明，道光帝同这个继母及其两个儿子，相处得很融洽。即便道光即位后大权在握，孝和皇太后对他要求也很严格，却得到了道光帝的尊崇和敬畏。

没有找到留于乾清宫里的密旨，只有嘉庆死无对证的遗诏，好在有孝和皇后的及时追认，故而使道光即位，虽有疑点，却不失道理。

为此，道光帝在即位之初，称：“本月二十五日，皇父圣躬不豫，至戌刻大渐，子臣震惊哀恸。五中摧裂，昏迷失据。维时御前大臣、军机大臣、内务府大臣，恭启鐍匣，有皇父御书：嘉庆四年四月初十日卯初立皇太子旻宁，朱谕一纸。该大臣等合词，请遵大行皇帝成命，以宗社为重，继承大统。子臣逊让，至再至三，该大臣等固请不已。本日恭奉懿旨，命子臣即正尊位，皇父皇母恩慈深厚，子臣伏地叩头，感悚不能言喻。惟是子臣德薄才疏，神器至重，实深愧惧。惟有勉力图治，以期仰副恩命。谨将鐍匣所藏皇父朱谕，恭呈懿览，谨缮摺覆奏，恭谢慈恩，伏祈圣母皇太后懿鉴。”（《清宣宗实录》卷一）

道光表现出感恩的态度，并以“圣母皇太后”称钮祜禄氏，等同于尊其为亲娘。

孝和睿皇后在有两个亲子（他们也是嫡子）的情势下，毅然说大行皇帝很早就属意前任皇后所生的继子，是深明大义，也是审时度势，结果皆大欢喜。

她应该也想到了开国大汗太祖也死得突然，没有留下传位遗诏，大妃阿巴亥的三个儿子掌握了大汗自将的两黄旗，大妃有理由力挺自己的儿子继立。四大贝勒深谙其中的奥秘，杜撰一份太祖遗诏，称大妃的种种不是，命其殉葬。大妃拒绝，四大贝勒依然用铁弓将其勒死，酿成了清初宫廷政治中的一大疑案和悲剧。

清朝的皇位继承，是变化最多、扑朔迷离的。嘉道之际，已然没有了像四大贝勒一样权重势大的宗室成员，但是，皇次子绵宁封王最早，受任最多，自是受到了满朝重臣的拥戴。

如随其守在大行皇帝身边的军机大臣托津、戴均元、卢荫溥、文孚，是军机处的全部大佬。也就是说，大清王朝的权力中枢都跟着绵宁。而且孝和睿皇后所生的皇四子绵忻，也在承德行在。

孝和睿皇后即便心中有想法，但也投鼠忌器，送个顺水人情，各得其所。

成功即位的道光，及时尊钮祜禄氏皇后为皇太后，天天问安，而且先后五次加徽号。同时，对于钮祜禄氏的两个亲子，道光也早早地做出了特殊的安排："命惇亲王绵恺，管雍和宫事，仍借用中正殿印信。瑞亲王绵忻，管武英殿、御书处、缮书房事。"（《清宣宗实录》卷一）同时，赏钮祜禄氏的二弟、总管内务府大臣和世泰都统衔，仍在紫禁城内骑马。

这也是感恩戴德，投桃报李。

钮祜禄氏皇太后安康长命，活到了道光二十九年十二月十一日，而道光帝死于道光三十年正月十四日。钮祜禄氏寿享七十四岁，四十多岁守寡，继而在道光八年、十八年，二子相继薨逝，白发人送黑发人。但是，道光帝对这位仅年长自己六岁的继母照顾得挺好，而且对其追谥为“孝和恭慈康豫安成钦顺仁正应天熙圣睿皇后”，“恭慈”二字足见道光对钮祜禄氏皇太后的感恩情义。而他对自己的生母孝淑睿皇后喜塔腊氏，也只是在相应的位置称其“端和”。

不仅如此，《翁同龢日记》同治五年四月十六日记载：“醇邸言，宣宗晚年，每披军报，必不怡良久。一日问孝和睿皇后安，适英夷占定海，上强为慰藉。太后厉声曰：‘祖宗创业，尺土一民皆艰难缔造，何今轻弃之耶？’上长跪引咎。”

“醇邸”即道光第七子醇亲王奕譞。“英夷占定海”该指发生在道光二十年七月英军第一次北犯占领定海。出生于道光二十年九月的奕譞，虽未能目睹自己的父皇、年近花甲的道光“长跪”在年过花甲的孝和睿皇后面前请罪，但少不了对深宫秘闻有一个近距离的掌握。

可见，孝和睿皇后与道光皇帝这一对继母子年纪相差不大，但母子情分却很明确。

4

道光三十年正月，道光皇帝旻宁病重，立了老四奕䜣为后继之君，再封老六奕訢为和硕亲王，看似跳过了老五奕誴。

当时，他召宗人府宗令载铨，御前大臣载垣、端华、僧格林沁，军机大臣穆彰阿、赛尚阿、何汝霖、陈孚恩、季芝昌，总管内务府大臣文庆一干人等，公启秘匣，宣示御书“皇四子奕䜣立为皇太子，皇六子奕䜣封为亲王”。

也就是这一道朱谕，由于道光帝将“皇四子奕䜣立为皇太子”居中，而将“皇六子奕䜣封为亲王”偏右首，故而被很多人以古人书写从右至左的习惯，认为道光帝到了立储时还首先想着奕䜣。

在我看来，虽然道光是一个循规蹈矩、谨小慎微的守成皇帝，在第一次鸦片战争中输得惨败，而被迫签订了第一个丧权辱国的不平等条约，但他不是昏君，也不是呆傻，即便对能干的奕䜣很是重视，而在立储这样国家头等要务，他自然是老早就想清楚了。所以，他特地写了一段满文为立老四为储作佐证。

道光生子九人，前三子早逝，咸丰就成了新的老大。至其驾崩前，老七奕譞十岁，老八奕詥六岁，老九奕譓五岁，都还少不更事。

诸子中，只有老四奕詝、老五奕誴和老六奕訢已成年。奕誴因禀性粗荒，不爱读书，不得道光帝喜欢，于道光二十六年正月过继给道光三弟、惇恪亲王绵恺为嗣，降袭为多罗惇郡王。

老五被过继，继承了惇亲王的爵位。因而，道光立储封子时，也就只考虑老四和老六，希望这兄弟俩和衷共济，守好大清江山。

论能力，奕訢当比奕詝强。《清史稿·奕訢传》写道：奕訢“与文宗同在书房，肄武事，共制枪法二十八势、刀法十八势，宣宗赐以名，枪曰‘棣华协力’，刀曰‘宝锷宣威’，并以白虹刀赐奕訢。”

但道光最后还是弄了一道貌似奇怪的立储朱谕：立储朱谕竖写三行字，右边是“皇六子奕訢封为亲王”，中间是“皇四子奕詝立为皇太子”，左边是以满文竖写的“皇四子奕詝立为皇太子”。

道光立储，是否到了最后还是先考虑怎么安排奕訢，或者是理想的接班人选还是奕訢。

但又可以理解，道光先写中间的一行字，立奕詝为储后，再写对奕訢的弥补。道光封能干的奕訢为恭亲王，不无希望他对既定之君奕詝多怀恭敬之意。

一、奕詝仁德宽厚，奕䜣聪颖明达。道光帝喜欢奕䜣不假，但他执政后期，国家刚经历了一场鸦片战争，开启了被迫签订一系列丧权辱国的不平等条约的序幕。道光帝要的还是一个循规蹈矩的后世之君，而不对他的屈辱的外交史进行颠覆翻案。奕䜣较易于接受新事物，是很多保守大臣眼中的“鬼子六”，恃才傲物，锋芒外露，很容易彻底改变他的既定国策。虽然道光帝很清楚奕䜣接班会使国家发展得更好，但他拘谨怯弱的性格决定了他对储君选择的标准。他厌恶战争，他需要一个坚持“正道”而非具有锐气的接班人，而在此点上，稳重宽谨的奕詝较之趋新应时的奕䜣要略胜一筹。

二、奕詝生母钮祜禄氏，道光五年晋全贵妃，十三年晋全皇贵妃，摄六宫事，十四年册立为皇后。道光的前两任皇后，均无子嗣留后。皇四子奕詝无疑成了嫡长子。清朝立储虽无立嫡立长的祖制，但在皇子中，子凭母贵也成了一种惯例。虽然奕䜣生母博尔济吉特氏，于钮祜禄氏皇后死后由贵妃晋为皇贵妃，摄六宫事，但道光始终没立其为后。生母地位决定皇子尊卑，奕詝要高了奕䜣一个等级。

道光帝的这一决定，也就使奕䜣成为亡羊补牢的恭亲王，而奕詝则成了内忧外患的苦命天子。

逃跑与抵抗，咸丰差点处死了慈禧

1

咸丰十一年（1861），咸丰帝爱新觉罗·奕訢驾崩于承德避暑山庄，唯一存活的皇子载淳继位，其生母慈禧与皇后慈安两宫并尊，称圣母皇太后。

两任后世之君同治、光绪都是几岁登基，慈禧三番垂帘，一直掌控，成了晚清政权实际的最高领导者，执掌权柄四十八年之久。

即便授权给小叔子奕䜣主持朝局，但慈禧对倡导洋务的奕䜣，还是不放心，经常掣肘，后来慈禧干脆借故革除了奕䜣的议政王头衔，起用贪腐的庸官奕劻出任领班军机大臣兼总理衙门事务大臣。

慈禧从宫廷斗争中夺得政权的手法残忍，拍板签订了不少丧权辱国的卖国条约，从中国国家主权的角度出发，早已被钉上历史的耻辱柱。

1885 年，清军在中法战争中赢得镇南关大捷，成功阻止法军登陆台湾的优势局面下，慈禧却以主动求和、签订不平等的《中法天津条约》来结束战争。

1894年中日甲午战争战败后的《马关条约》、1900年庚子事变之后的《辛丑和约》，也都是李鸿章为首席谈判大臣，但慈禧作为最高权力责任人，均有不可推卸之责任。

甲午海战前，慈禧明晓日本动武倾向，但对内务府挪用北洋水师添置装备的军费，为其办万寿大典兴奋不已。

庚子事变后中国面临《辛丑和约》的巨额赔款时，其奢靡之风仍未见明显收敛，使晚清已捉襟见肘的财政问题更加严峻，民生凋敝。

而对当时官场上下贪腐成风，慈禧洞察而不喝止，甚至对言官弹劾也是一百个不高兴，从而彻底地蛀空了大清这个曾经的“天朝上国”。

故而，《清史稿》对慈禧也有一个较客观的评价：“及文宗末造，孝贞、孝钦两皇后躬收政柄，内有贤王，外有名将相，削平大难，宏赞中兴。不幸穆宗即世，孝贞皇后崩，孝钦皇后听政久，稍稍营离宫，修庆典，视圣祖奉孝庄皇后、高宗奉孝圣皇后不逮十之一，而世顾窃窃然有私议者，外侮迭乘，灾祲屡见，非其时也。不幸与德宗意指不协，一激而启戊戌之争，再激而成庚子之乱。晚乃壹意变法，怵天命之难谌，察人心之将涣，而欲救之以立宪，百端并举，政急民烦，陵土未干，国步

遂改。综一代之兴亡，系于宫闱。呜呼！岂非天哉？岂非天哉？”（《清史稿·后妃传》）

这个孝钦，即为慈禧。

2

但一码归一码，不容否认，这个不断对列强屈膝的女人，曾经因谏请咸丰抗击列强而险遭杀身，重用险遭咸丰砍头的曾国藩、左宗棠等汉臣而实现“晚清中兴”，最坚定地支持左宗棠收复新疆，着实显示出了不起的政治才干，远比咸丰帝要高明得多。

1860 年 8 月，英法联军攻占天津。

外敌入侵，国门洞开，懦弱的咸丰惊慌失措，唯有痛哭。而慈禧却显示出冷静沉着，知道要找能干的奕䜣来商量对策。

相传，英法联军突破了清军道道防线并攻陷天津这日，正逢咸丰帝在圆明园的天地一家春与后妃共宴。酒至一半，军机处奏报：英、法联军已陷天津。咸丰帝痛哭不止，皇后钮祜禄氏与诸嫔妃哭成一团，只有慈禧一人走向前来对痛哭不已的皇帝建议：“事危急，环泣何益。恭亲王素明决，乞上召筹应会之策。”

九月二十一日，清军在八里桥一役失利，英法联军进逼北京，咸丰决定以北狩为名，逃往热河（承德）避暑山庄。

当时还是懿贵妃的慈禧极力谏阻，请求咸丰留在北京，继续抵抗，为此触怒咸丰，差点招来杀身之祸。

此事让逃到热河的咸丰芥蒂在怀，认为她这是忤逆圣旨、后宫干政，故还是想杀懿贵妃。

据时任大学士潘祖荫的笔记所载，在热河，咸丰曾对宠臣肃顺说，他马上会效仿汉武帝为防止太后与外戚专权，杀掉太子刘弗陵生母的“钩弋故事”。

徐珂《清稗类钞》清楚写到咸丰要主动效法汉武帝，除掉懿贵妃。

庄吉发《清史拾遗》也称：“帝晚年颇不满意于慈禧，以其佻巧奸诈，将来必以母后擅权破坏祖训。平时从容与肃顺密谋，欲以钩弋夫人例待之。”

但大难不死的懿贵妃，在奕䜣与英法联军签订《北京条约》后，深以为耻，还是劝咸丰废约再战。咸丰病危，只好作罢。

3

咸丰元年（1851）一月，洪秀全、杨秀清等人在广西桂平金田村组织起事。

五月，曾国藩在刘蓉、罗泽南等人的推动下，上《敬陈圣德三端预防流弊疏》批评咸丰。

咸丰帝还没有读完，就愤怒地将奏折摔到了地上，立刻召见了军机大臣要定他的罪，若非祁寯藻、季芝昌等人苦苦为他求情，曾国藩很可能陷于不测之罪。

慈禧掌权后，全力支持曾国藩带领湘军集团征战太平天国，使之成为晚清“中兴四大名臣”之首，官至两江总督、直隶总督、武英殿大学士，封一等毅勇侯，谥曰文正。

左宗棠多次拒绝湖南巡抚的邀请，从而引起咸丰的怀疑，询问郭嵩焘：“左宗棠不肯出山，系何缘故？”

咸丰正告：左宗棠当出为朕办差！

咸丰九年，左宗棠正在给骆秉章做幕友，得罪零陵总兵樊燮，遭樊一状告到京城，说左宗棠是“劣幕”。咸丰下令樊的远房姐夫、湖广总督官文处理，若属实则将左宗棠“就地正法”，幸得胡林翼、郭嵩焘等人的仗义执言，潘祖荫、肃顺等大臣的披沥上陈，才使一场轩然大波得以平息。

同治六年，阿古柏在俄国支持下，在新疆自封为王，建立哲德沙尔汗国，宣布脱离清廷，使一百六十万平方公里的国土从大清版图上消失。

清廷内部爆发“海防”与“塞防”之争。直隶总督兼北洋大臣李鸿章认为两者“力难兼顾”，主张放弃塞防，将“停撤之饷，即匀作海防之饷”（李鸿章《筹议海防折》）。陕甘总督左宗棠认为新疆自古以来物产富饶，在战略上也非常重要，应该趁英国、俄国还没有完全介入的时候，及时地收复新疆。“若此时即拟停兵节饷，自撤藩篱，则我退寸，而寇进尺”（左宗棠《复陈海防塞防及关外剿抚粮运情形折》），收复新疆，势在必行。他主张用战争换和平，用战争维护国家的统一。

最后，在慈禧的大力支持之下，左宗棠以钦差大臣督办新疆军务，拥有筹兵、筹饷和指挥全权，朝廷给予了左宗棠比较充分的军饷。一年时间，新疆全境收复，使中国六分之一的大好河山不沦丧他国。

这是晚清历史最扬眉吐气的一件大事，是晚清夕照图中最光彩的一笔。

4

然而，晚清政府深陷在半殖民地半封建社会的泥淖里，闭关锁国的政策，只会使其经历着被侮辱和被损害的命运。

面对西方坚船利炮的逼迫，国民已不愿意接受满洲政权的奴役，清廷正苟延残喘地在帝制的悬崖虚空高蹈。

时任两江总督曾国藩的幕僚赵烈文，在《能静居日记》同治六年六月二十日中记载了这么一段话：

“初鼓后，涤师来畅谭，言得京中来人所说，云都门气象甚恶，明火执仗之案时出，而市肆乞丐成群，甚至妇女亦裸身无裤。民穷财尽，恐有异变，奈何？余云：‘天下治安，一统久矣，势必驯至分剖。然主威素重，风气未开，若非抽心一烂，则土崩瓦解之局不成。以烈度之，异日之祸，必先根本颠仆，而后方州无主，人自为政，殆不出五十年矣。’”

五十年？清廷必亡。

曾国藩不信，他要做中兴名臣，故有“当南迁乎”之问。

赵烈文直接说：直接完蛋，东晋、南宋就是榜样！

而此时实际统治者，则为极度热衷权力的慈禧。

咸丰帝死后，慈禧以同治帝的生母成为圣母皇太后，仅在排序上次于母后皇太后慈安，皇帝和满朝文武必须尊重和敬畏她。即便在慈禧联合恭亲王奕䜣发动辛酉政变前，肃顺等顾命大臣对慈禧不以为然，甚至打压，但从根本上还不敢撼动慈禧作为皇太后的权威，这是皇权礼制所制约的。

同治年幼，两宫太后垂帘听政，就是真正的最高统治者。即便奕䜣成为总理王大臣兼领班军机大臣，但最高权柄牢牢掌控在两宫太后手中。慈安有能力却不热衷权力，这给了慈禧慢慢坐大创造了扩张的机会。奕䜣要权，但与慈禧争锋却很快败下阵来。没落王孙奕劻，攀上慈禧后善于阿附逢迎，至光绪十四年，取代奕訢，接任总理各国事务衙门大臣，继会同办理海军衙门，领班军机处，理财政，掌兵权，成为慈禧的走卒。

在宫廷政变中成熟起来的慈禧，精通权谋，在皇族内善于借力打力，而对在平定内乱中建功立业的汉人大佬曾国藩、左宗棠、李鸿章、曾国荃等，加官晋爵，委以重任，积极拉拢他们。她培育了像荣禄等一批效忠自己的心腹大臣，故而在戊戌变法中，康有为、谭嗣同等在光绪帝的默许下，图谋废黜慈禧，也是徒劳无益的。

光绪七年三月初十，慈安皇太后暴崩于钟粹宫，死因成谜。而慈禧又进一步，幼主光绪为其所立，方便其继续操控权柄，成为真正的最高统治者。

但是，在此期间，慈禧追求的绝对权力，并不是没有人动摇过。

两宫太后在同光年间垂帘听政时，慈禧只是处理一些日常事务。每遇朝政大事，还是要由慈安太后最后决定。慈安太后大权在握、掌控权力方面，也是很有一套办法的。同治八年八月，慈安密令山东巡抚丁宝桢诛杀慈禧心腹太监安德海；同治十一年，同治帝到了立后成婚的年龄，慈安看中了淑静端慧、容德俱佳的崇绮之女阿鲁特氏，而慈禧则看中了年轻俏丽、姿性敏慧的凤秀之女富察氏，最后慈安一锤定音，立阿鲁特氏为皇后。

慈禧都只能默认。

5

慈禧出身满洲镶蓝旗一官宦世家，其父惠征曾长期担任笔帖式之职，后历任文选司主事、验封司员外郎、保源局监督、山西归绥道、安徽宁池广太道等职。咸丰三年正月，安庆、南京、镇江相继被洪秀全的太平军攻陷，江苏巡抚杨文定被下狱论死，后免死谪戍军台，而被杨文定收留安排在丹徒管理粮库的惠征被革职。时慈禧已入宫，成了咸丰的兰贵人，无疑对惠征免除刑罚有些求情措施。

同治元年，惠征因是圣母皇太后慈禧的生父，被追封三等承恩公。

同治年间，大权真正掌控在慈安太后手中，慈禧钻营权术而不敢越权，但她以皇帝生母进位圣母皇太后，也是善待其娘家的兄弟姊妹。

一人得道，鸡犬升天。慈禧早在咸丰时期，因为皇帝的宠爱，请求将其妹婉贞指婚给皇七弟奕譞为嫡福晋。奕譞同治三年被加亲王衔，十一年封醇亲王，光绪十年取代恭亲王奕䜣掌控军机处。其与婉贞所生的次子载湉，其孙溥仪，能被慈禧相继立为光绪、宣统，无疑是姨姐慈禧照顾妹妹家。

慈禧的大弟照祥、三弟福祥史料不详，该是早逝而没有得到姐姐的照顾。而其二弟桂祥在晚清政坛是一个无所作为但赫赫有名的人物。他光绪十四年十月袭爵三等承恩公，两年后出任工部右侍郎，兼管钱法堂事务，后与辅国公载卓管理健锐营事务。至于桂祥为满洲镶蓝旗都统，那是废帝溥仪的安排了。

桂祥能力不行，但因有一个太后姐姐当大树，故而他的三个女儿，老大被指婚许配给嘉庆第五子绵愉的长孙辅国公载泽，老二被安排给光绪帝做皇后，老三被嫁予孚郡王嗣子贝勒载澍。这都是慈禧做的主。

慈禧对自己弟妹很是照顾。就连晚清史上最大的腐败分子、最后的铁帽子王奕劻，由一个破落王孙、过继嗣子，夤缘逆袭，能够取代恭亲王奕䜣、官拜总理衙门大臣、爵封和硕庆亲王，都是因为他善于钻营，能写一手好字在咸丰朝早早抱上了外戚桂祥的大腿，因而进入了慈禧的视线。

6

光绪帝载湉的陵寝（清西陵的崇陵）曾被打开，留下若干头发、遗骨和衣服等被妥善保存。国家清史编纂委员会主任戴逸等十三位专家联合撰写了一份《清光绪帝死因研究工作报告》，称光绪帝死于中毒，因为他摄入体内的砒霜总量明显大于致死量。

这就更加印证了有人下毒一说。

凶手是谁？有袁世凯说，有李莲英说，而嫌疑最大的则是慈禧。

故宫著名专家朱家溍先生多篇文章指出，李莲英与光绪帝相处得不错，不会下毒。

曾长期陪侍光绪帝的翰林院侍读学士、起居注官恽毓鼎，他在《崇陵传信录》记载：光绪驾崩十一天前，即光绪三十四年十月初十日，为慈禧生日，光绪率百官贺寿、探病，他扶着太监的肩头活动筋骨，以便跪拜。但慈禧竟拒绝和光绪见面。“时太后病泄泻数日矣，有谮上者谓帝闻太后病，有喜色。太后怒曰：‘我不能先尔死。’”

慈禧定要光绪先于自己死。为了权力之争，慈禧曾有毒杀慈安太后的最大嫌疑。因光绪帝宠爱珍妃，慈禧借故逼其投井自杀。与慈安和珍妃相比，慈禧是光绪的伯母兼姨母，慈禧力排众议让载湉捡漏继位，但羽翼丰满后的光绪帝，在老臣翁同龢的一度支持下，听从康有为等进行戊戌变法。慈禧对光绪玩新政，是一个支持放任的态度，但没想到他在康有为、谭嗣同等人的怂恿下，意欲对握有实权的慈禧发动兵变、废黜。这无疑让嗜权如命的慈禧恨得咬牙切齿。

虽然随后将光绪帝软禁瀛台，慈禧也试图另立新主，以端郡王载漪之子溥儁为同治帝嗣子，立为皇储，预定庚子年元旦光绪帝举行让位礼，改元保庆。谁料朝野汹汹。

两江总督刘坤一致电权臣荣禄，说："国家不幸，遭此大变。经权之说谨慎，中外之口宜防。现在谣诼纷腾，人情危惧，强邻环视，难免借起兵端。伏愿我皇太后、我皇上，慈孝相孚，尊亲共戴，护持宗社，维系民心。"（刘坤一光绪二十四年八月二十八日致电总署代奏稿）虽然不似坊间流布的"君臣之分天定"那般强硬，但可见刘氏不希望中途易主。他甚至在电文中要求慈禧兑现半月前声称"曲赦康有为余党"的承诺，"不复追求，以昭大信"。由于刘坤一等总督的不同意，慈禧只好作罢，不再行废立之事。

这就让作为晚清最高统治者慈禧非常窝心，她担心自己死后，遭到大臣们拥护的光绪帝清算。在清初，顺治帝亲政后就曾对逼封皇父摄政王的多尔衮进行了无情的惩罚，剥夺追谥，开棺戮尸。

当然，也不无慈禧身边近侍、宠信的大臣，惧怕慈禧死后遭到光绪帝的严惩，于是搬弄是非，让慈禧相信光绪帝要复仇。

慈禧自知这些年干过哪些蠢事和丧权辱国的大事，都能成为掌权后的光绪帝彻底清算甚至报复的借口。所以，濒临大限的她，要拉上光绪帝为她在黄泉路上开路，而留下一个新的代理人维护她的死后哀荣。此人便是她的亲侄女、光绪帝皇后叶赫那拉氏，后被尊称隆裕太后。

恽毓鼎《澄斋日记》说:“清之亡，虽为隆裕，而害先帝，立幼主，授载沣以重器，其祸实归于孝钦也。”

曾国藩手握重兵，自立风险系数大

1

先说曾国藩当七天巡抚之事，乃咸丰四年十月，曾国藩率兵收复武昌、汉阳。

捷报传至朝廷，咸丰帝龙颜大悦，于是，金口一开：赏赐曾国藩二品顶戴，署湖北巡抚。

二品顶戴，于曾国藩而言，并不稀奇。

他早在七年前，即道光二十七年六月，就因大考二等，被封为内阁学士加礼部侍郎衔，已然是二品京官。此后不久，曾国藩被转为礼部侍郎实缺，后署兵部左侍郎、工部左侍郎、刑部右侍郎、吏部左侍郎。虽多为署理之职，但也是头戴二品顶戴。

此次因功受赏，还是一个代理，不过官复原品。

咸丰二年六月，正在江西主持乡试的主考官、署吏部左侍郎曾国藩，因母丧，辞职归家守制。逢洪杨一役爆发，曾国藩奉命在湖南办团练，但在靖港水战中失利，遭革职留任。曾国藩戴罪立功，重整水陆二师，攻陷岳州，击杀太平军秋官又正丞相曾天养，被赐三品顶戴。

此次，他受赏署理巡抚，却证明他进入了封疆大员的序列。

但让曾国藩没有想到的是，咸丰帝大肆夸赞“不意曾国藩一书生，乃能建此奇功”（薛福成《庸庵文续编》卷下），却被侍立一旁的体仁阁大学士兼军机大臣祁寯藻接着话题说：“曾国藩以侍郎在籍，犹匹夫耳。匹夫居闾里，一呼蹶起从之者万余人，恐非国家福也。”

祁寯藻说完，咸丰帝为之色变。他自然回想起咸丰元年正月，洪秀全在广西金田起事，曾国藩在刘蓉、罗泽南等人的推动下，上疏《敬陈圣德三端预防流弊疏》批评咸丰帝的过失。

当初，是祁寯藻保了曾国藩，他们之间有私交。

但如今，祁寯藻一说，咸丰帝立马收回成命，只给了曾国藩一个兵部侍郎衔，“由是曾公不疆大行其志者”（薛福成《庸庵文续编》卷下）。

薛福成是曾国藩幕僚之一，所言应该不是杜撰。曾国藩做不了巡抚，代理都不成，足见祁寯藻对咸丰帝的影响很大。

2

祁寯藻是道光和咸丰父子的帝师，道光末期任上书房总师傅，旋以户部尚书、协办大学士管户部三库事务。咸丰即位之初，即以祁寯藻为体仁阁大学士，仍管户部，掌管着大清王朝的财政大权。

在祁氏的影响下，咸丰励精图治，指责满人穆彰阿“保位贪荣，妨贤病国”（《清史稿·穆彰阿传》），将他革去职务，永不叙用。

穆彰阿为道光权臣，于道光十八年由武英殿大学士改文华殿大学士，成为内阁首辅，同时自道光十七年起出任首席军机大臣，是名副其实的大清宰相。他还做过上书房总师傅，更是曾国藩的座师。

祁寯藻是道光二十一年以户部尚书出任军机大臣，班次不断靠前，于咸丰即位之初以体仁阁大学士在军机处，仅次于穆彰阿。穆彰阿被革职查办后，祁寯藻两度为军机处首席，但其中两年被老将出马的赛尚阿以文华殿大学士取代。

祁、穆之间的权斗，影响到了祁氏视曾国藩为心患。

薛福成说，祁氏在道光末年以户部尚书为军机大臣，与首相穆彰阿不和，祁氏在咸丰初年为首相，故打压有功的穆门弟子曾国藩。

更不巧的是，曾国藩立功该受赏之时，祁氏之弟、江宁布政使祁宿藻督办江北赈济事务，遭太平军攻击南京，宿藻登城指挥战斗，援兵不至，在城上呕血数升而卒。这难免让祁寯藻气短神伤、小肚鸡肠。

曾国藩做不了湖北巡抚，有咸丰猜忌汉人的成分，但最大的原因是汉人祁寯藻与满人穆彰阿之间的矛盾所致。至于江南道监察御史唐壬森、河南道监察御史杨重雅、江南道监察御史沈葆桢纷纷上疏咸丰，请其收回任命，让曾国藩专职“剿匪”，而不和地方政务扯上关系，也是一个不容忽视的原因。

虽然此时的军机处，由恭亲王奕䜣领衔，但祁寯藻排名紧跟其后。

虽然此时的祁寯藻，疾病缠身，头部生疮，下拉痢疾，经常不朝，但一旦上朝，便让门生皇帝顿觉亲热，唯命是从。毕竟此时的咸丰，对老师祁寯藻的信任，要远胜于自己的亲弟弟奕䜣。

3

历史上不乏借率部戡乱、拥兵自立而开启新朝的实例，赵匡胤于陈桥黄袍加身，自是最出名的经典。

同治三年七月，曾国藩统率的湘军攻破天京，宣告对太平天国一战彻底胜利。朝廷加曾国藩太子太保、一等侯爵，世袭罔替，并赏戴双眼花翎。

第二月，曾国藩奏准裁撤湘军二万五千人。在曾国藩攻破天京，成为这场旷日持久战争的最大胜利者，王闿运出场了，向座主兜售帝王术，希望他改回汉人的天下。

曾国藩是一个有欲望也很好学的人，自然读过关于赵匡胤黄袍加身的历史，同时羡慕他开启一朝的荣耀。但是，他虽然成为镇压太平天国运动的主要受益者，但他学不了显德七年在陈桥兵变中黄袍加身的赵匡胤。

他不是不想当皇帝，只是有四大隐情制止了他：

一、他所接受的儒家思想影响至深，他怕为了一时的痛快，招来后世的非议。至于因此老百姓再为权力之争付出血腥的代价，那也是他的忠奸论所考虑的。他是一个做事严谨的人，赢得了洪杨一役，但儒家忠君礼教观念深层次地制约着他只能做一个学者型大臣。即便他的首席谋士赵烈文曾预言清朝覆灭将不出五十年，但曾国藩还是带着黄粱美梦而不敢越雷池一步。

他不想重蹈吴三桂的覆辙。1644 年，满洲统治者利用关内内战，挥师入关，问鼎中原。吴三桂作为前明的宁远总兵、平西伯，因为大顺国永昌皇帝李自成占领京师，纵容手下大将刘宗敏掳掠其爱妾陈圆圆，拷掠其父吴襄助饷，而引清军入关，并帮助满洲统治者剿杀农民义军和南明政权。

即便吴三桂在康熙十二年，挑起三藩之乱、复叛反清，却因前耻而得不到绝大多数汉人的原谅和支持。当然，康熙帝平藩成功，吴三桂第一逆臣的身份，更加加重了民众对他的不齿。

两百多年过去，虽然满汉矛盾依然尖锐，但在士大夫和广大民众心里，已然接受了满人的统治。

二、他怕手下的这帮兄弟再造他的反，当然他也会想到他文弱的儿子们难保将来不被他强势的九弟曾国荃做掉，取而代之。

曾国荃小曾国藩十三岁，跟着哥哥曾国藩一路杀过来，是湘军陆师最重要的将领，因善于挖壕围城有“曾铁桶”之称。他因绞杀太平军有功，被咸丰帝封为“伟勇巴图鲁”和一品顶戴，而此时的曾国藩还是以二品兵部侍郎衔领导湘军。湘军破太平天国的天京（南京），对无辜平民展开屠杀与抢掠，平民死伤无数，南京人称曾国藩、曾国荃兄弟，哥哥为“曾剃头”，弟弟是“曾屠户”。这一点，曾国藩也是不无顾忌的。

三、曾国藩是名义上的湘军共主。然而不论其有多大的铸造完美人生的决心和魅力，内部也不时出现矛盾、哗变和分裂，形成诸多派系。刚烈的王錱不仅拒绝曾氏欲收作弟子的美意，又遭排斥带老湘营脱离单独作战，英年早逝后，余部又被左宗棠编练为新楚军。刘长佑统率的江忠源旧部，不断增益，辗转作战，基本上不受曾氏节制。胡林翼打造的鄂军，脱胎于黔军，虽借鉴过罗泽南的湘军营制，但主要活动在湖北，也相对独立在曾氏军权体系之外。

李鸿章以曾国藩弟子自许，但在自立门户后，对恩师并非绝对恭顺。左宗棠虽也劝过曾国藩自立，但他与曾国藩行事格格不入，常有微词。睿智的左宗棠，“身无半亩，心忧天下；读破万卷，神交古人”，在政治上是强硬人物，且主张外交和军事同时进行，先之以议论，决之以战阵。他曾看不起曾国藩，不时自立门户，但在曾氏死后，莫由追悔：“谋国之忠，知人之明，自愧不如元辅；同心若金，攻错若石，相期无负平生。”（左宗棠挽曾国藩联）

四、他顾虑与清廷一战没有胜券在握，清廷对他一直在设防，也担心这个受咸丰贬黜、险些砍头的汉人，拥兵自重。虽然清廷给了曾国藩汉臣至高无上的官爵，但曾国藩也明白那是利用，利用他杀戮太平军和捻军时，也对他进行了武力设防。

荆州将军、湖广总督官文镇守武昌，拥重兵据长江上游，不谙政事，被曾国藩批评“才具平庸”，但朝廷对他不断加官晋爵，加文渊阁大学士、太子太保。就连能干的湖北巡抚胡林翼，也不得不认其小妾做干妹妹。

江宁将军富明阿坐镇扬州，据长江下游。这个富明阿，本姓袁，是明末名将袁崇焕的六世孙，编入汉军正白旗。他是清廷的死忠分子，赴江宁前掌神机营，回京后仍受命负责神机营。

博多勒噶台亲王僧格林沁，是清廷倚重的大将，所率大清精锐屯兵皖、鄂之交，节制调遣直、鲁、豫、鄂、皖五省兵马，虎视金陵，容不得顾虑重重的曾大帅铤而走险。

洪杨一役席卷大半个中国，清廷组织汉人缙绅，给称号，给编制，给官爵，让他们自筹粮饷、招兵买马地办团练，而满洲权贵统御的八旗兵力虽然不济清初的战斗实力，却成了汉人团练的督战队。

此时曾国藩所拥兵力和节制区域，远远强于清太祖努尔哈赤黄衣称朕时，日益腐朽的清廷虽然经历了声势浩大的太平天国运动和两次鸦片战争，输给了几千洋人的枪炮。但是，其势力尚存，非万历后期的前明所能比。

曾国藩在战天京后，已经把全国的目光聚集一身，根本没有轻举妄动的机会。

曾国藩与李鸿章、左宗棠缠斗不休

1

关于“晚清中兴名臣”，有两个版本。

一个是曾国藩、左宗棠、李鸿章和张之洞，这都是洋务运动中地方汉官主要代表；

一个是曾国藩、左宗棠、胡林翼与彭玉麟，他们都是与湘军有关的大人物。

不论哪个版本，曾国藩都是当仁不让的带头大哥。

曾国藩以办团练，组织湘军，镇压太平天国运动起家，封侯拜相，后又镇压捻军，直至处理天津教案失败。在很长一段时期内，还有批评其为汉奸、地主阶级的刽子手。然而，随着曾国藩研究和太平天国运动研究的深入，出现了对曾国藩肯定的声音和评价，充分肯定他“立德立功立言三不朽，为师为将为相一完人”。

曾国藩出现在皇权式微的晚清，以满洲统治者为主体的清王朝，已成封建王朝正统，虽然仍有强烈的反清情绪和满汉民族矛盾，但历史赋予曾国藩的角色还是一个愚忠之臣。

曾国藩屠戮义军的一面，不可原谅，但于衰败腐朽的清王朝而言，他是忠诚的，是首席“中兴名臣”，在拥兵足以自重时也不自立为帝。

大学问家章太炎说：“曾国藩者，誉之则为圣相，谳之则为元凶。”（章太炎《检论》卷九）

曾国藩，是有两面性的复杂人物。

他曾在京城坐了十年冷板凳，甚至因功受赏做了七天巡抚便被咸丰撤职，而他还是隐忍下来，甚至对后起之秀李鸿章与左宗棠不无助力之德。

2

作为曾国藩最有名的学生，李鸿章也是靠镇压太平天国起家，成了淮军、北洋水师的创始人和统帅，官至直隶总督兼北洋通商大臣，授文华殿大学士，曾临危受命，代表清政府签订了《越南条约》《马关条约》《中法简明条约》等三十多个丧权辱国的不平等条约。

我们不能因此简单、粗暴、固执地给李鸿章打上卖国贼的烙印。在外交场合，在谈判桌上，李鸿章都是据理力争，尽最大可能地维护中国的利益，只是无奈于国力羸弱，不得不接受屈辱的要求。如 1876 年，英国签订《中英烟台条约》，李鸿章在英国公使威妥玛以下旗宣战的要挟下，巧妙地利用国际法挽回决裂之局。1895年春天，正在日本马关与日本议和的清政府全权大臣李鸿章，抱着“但能争回一分，即少一分之害（李鸿章《预筹赴东议约情形折》）的态度，拼死力争，“生死有命，我宁死勿割”（蔡尔康《中日战争》第五册），但盛气凌人的日本全权代表伊藤博文强调“屡次说明，万万不能相让”，李鸿章最后只好签下了中国近代史上最耻辱的一页——《马关条约》。

左宗棠属于天纵英才、大器晚成且个性强硬的士大夫形象。

道光十二年（1832），年方二十的左宗棠在省城长沙参加乡试，中举，但很侥幸，是以“搜遗”而被二次录取的。这相较于五年前，左宗棠参加长沙府试获第二名，算是不幸中的幸运。

此后六年中，左宗棠三次赴京会试，都是名落孙山。这位曾经被儒学大师贺长龄以国士相待的饱学之士，竟然无法取得入仕的合格凭证。

科场失意，左宗棠并没有气馁，反而更加潜心经世之学，被胡林翼、林则徐、张亮基、骆秉章等名流显贵赏识和推崇。就连紫禁城里的咸丰帝和传教造反的洪秀全，对他也是很关注。

洪秀全发动太平天国运动，差点把左宗棠拉入造反的队伍。左宗棠逆袭而起，以四品京官候补，随同钦差大臣、两江总督曾国藩赞襄军务，随后自立组织新楚军，获授浙江巡抚、闽浙总督，加太子少保，论功晋爵二等伯，但始终不及曾国藩显赫。

同治十三年（1874），日本侵台，清廷发生海防与塞防之争。李鸿章等人力主海防，湖南巡抚王文韶主张塞防。左宗棠则主张海防与塞防并重，收复新疆，以改变陕甘清军被长期牵制的情势，于第二年获诏授以钦差大臣督办新疆军务，全权节制三军，成功收复新疆。

虽然左宗棠的政治人生颇有争议，但论其收复新疆之功，煊赫当时，影响后世。

著名史学家缪凤林说：唐太宗以后，对于国家领土贡献最大的人物，当首推左宗棠。梁启超更是说：左宗棠是“五百年以来的第一伟人”。

此时的左宗棠，成了曾国藩之后湘军的代表人物，影响朝局，足以与李鸿章为首的淮军集团、翁同龢为首的清流势力抗衡。就连大权在握的慈禧，也对他恭敬有加。

3

这样与晚清命运纠葛在一起的著名人物，是说不尽的师友交情，却有理还乱的政敌恩怨。

先说李鸿章与曾国藩的关系。

李鸿章的父亲李文安与曾国藩是同榜进士，故称同年。李鸿章以年家子的身份，最初在曾幕为机要秘书，虽被重视，被曾国藩评价为“少荃天资，于公牍最相近，所拟奏咨函批，皆有大过人处。将来建树非凡，或竟青出于蓝，亦未可知”（薛福成《庸庵笔记》上卷），但曾国藩对李鸿章只用不任。

胡林翼多次向曾国藩举荐李鸿章“知兵任战”，但曾不以为然，不想让他走，反而奏请李鸿章继续留营办差，不给实缺。李鸿章遂愤而辞出湘军大营，投奔江西兄长李瀚章处去了，自立门户组建淮军。

李鸿章也不时对外宣称“我的恩师曾文正”，曾国藩这张牌子，也给李中堂带来了不少好处。但是，曾国藩要想指挥淮军，没有李鸿章的示意，是行不通的。

再说曾国藩与左宗棠的关系。

左宗棠与曾国藩是同乡好友，但对其行事格格不入，常有微词，对其为人操守、处事原则，多有崇敬。曾国藩奉旨办团练，成了名义上的团练军共主，左宗棠编练为新楚军，基本上不受曾氏节制，相对独立在曾氏军权体系之外。

尤其是，攻破江宁（南京）后，曾国藩听信众将所言，认定洪秀全之子洪福瑱（洪天贵福）已经死于乱军之中，江南战事即将结束。可是没过多久，太平军残部窜入湖州，左宗棠侦悉洪福瑱仍为军中在职领袖，于是密疏奏报朝廷。

曾国藩听闻这一消息后，怀疑左宗棠别有居心，因此十分恼怒，上疏加以驳斥，说左宗棠夸大其词，有故意邀功请赏之嫌。

此时，闽浙总督左宗棠已不是一盏省油的灯，又岂肯无辜受责？他具疏自辩，洋洋数千言，辞气激愤，指斥曾国藩欺君罔上。

这样一折腾，事情就闹大了，清廷正在用人之际，也不好出面评判谁是谁非，干脆降谕旨两相调解。

曾左失和成了晚清史上一件公案。

最后说李鸿章与左宗棠的关系。

李、左的交集主要在曾国藩。曾国藩死后，李、左矛盾激化，成了淮、湘两派的主要矛盾，互不买账。

同治六年（1867），阿古柏在俄国支持下，在新疆自封为王，建立哲德沙尔汗国，宣布脱离清廷，使一百六十万平方公里的国土从大清版图上消失。

“海防”与“塞防”，直隶总督兼北洋大臣李鸿章与陕甘总督左宗棠，各说道理，争论不下。

最后，胜辩者左宗棠带棺入疆，用一年时间，收复新疆全境，夺回中国失地。

光绪十一年（1885），清军在中法战争中赢得镇南关大捷，成功阻止法军登陆台湾的优势局面下，慈禧却以主动求和、签订不平等的中法《天津条约》来结束战争。为此，左宗棠不好指摘慈禧，而直指主和的李鸿章："对中国而言，十个法国将军，也比不上一个李鸿章坏事"，"李鸿章误尽苍生，将落个千古骂名"。

4

1900年，八国联军攻占北京后，李鸿章独自前往谈判，最终以巨额赔款而不割地平息事件，是他卫国有利的一面。当时已经七十八岁的李鸿章，本是两广总督，被慈禧临时下旨让他重新调任直隶总督兼北洋大臣，为谈判的全权大臣。李鸿章殚精竭虑，四处奔走，最后染上风寒病倒，不久病逝。

梁启超在《李鸿章传》中说："李鸿章必为数千年中国历史上一人物，无可疑也；李鸿章必为十九世纪世界史上一人物，无可疑也。"（梁启超《李鸿章传》第十章）。

就在李鸿章临终前的一天，慈禧传来懿旨："李鸿章病尚未愈，朝廷实心悬系。该大学士为国宣劳，忧勤致疾，著赏假十日，安心调理，以期早日就痊。俟大局全定，荣膺懋赏，有厚望焉。”(《李鸿章全集》第十二册）慈禧最后的一根救命稻草倒了。

一直爱给慈禧背锅的李鸿章，也曾抵制了一回慈禧的哀求。

八国联军侵略中国，即指清光绪二十六年（1900），英、美、法、德、俄、日、意、奥八国组成联军，以镇压义和团运动为借口，旨在瓜分和劫掠中国，发动了一场大规模的侵华战争。联军前后约为五万人，装备精良，很快攻陷京城，烧杀抢掠，无恶不作，就连联军总司令瓦德西也承认：“所有中国此次所受毁损及抢劫之损失，其详数将永不能查出，但为数必极重大无疑。”（[德] 瓦摩西《拳乱笔记》）

慈禧将巨额军费挪作修颐和园，为自己的六十岁生日献礼，结果导致清军军备出现了严重的问题，不敌而败。

这是失败的一大原因，但不是主要原因。

清军也曾让侵略者在天津保卫战中吃尽了苦头，遭到了装备精良、配有德制重机枪的聂士成部顽强抵抗。

俄国记者扬切韦茨基在《八国联军目击记》中写道：“整整五个小时，联军都被中国人的炮火压在泥里动弹不得。”

然而，能像直隶提督兼任武卫前军总统聂士成这样浴血奋战的清朝官员却是少数。袁世凯的万余新编精锐陆军，就驻扎在离京很近的天津小站，始终并未参战。

时任两广总督李鸿章和两江总督刘坤一、湖广总督张之洞、山东巡抚袁世凯、闽浙总督许应骙、四川总督奎俊等公然违背中央政府的命令，推进东南互保运动，拒不同外国开战，保存东南各省的稳定，保护了河北、山东以外的地区避免于义和团与八国联军战乱的波及，亦使地方的政治与军事权力进一步扩张，清廷中央的权威大为下降。

这些坐拥重兵的督抚不勤王，一是远水救不了近火，二是不支持载漪之流招抚义和团，三是不赞同慈禧的贸然宣战，四是要保住自己辖区的稳定。

端亲王兼军机大臣载漪、协办大学士兼兵部尚书刚毅，是激化这一场战争的主要战犯。

1898 年戊戌政变后，光绪成了被幽于瀛台的囚鸟，慈禧由幕后走上前台开始训政。慈禧与心腹重臣、文华殿大学士兼军机大臣荣禄密谋，相中载漪次子溥儁为同治帝嗣子，议定为大阿哥，有废黜光绪帝的意图。

溥儁为载漪次子，慈禧弟桂祥的外孙。慈禧不但内定他为皇位继承人，还为其选定了同治岳父崇绮、同治帝师徐桐为嗣君师傅，预定庚子年元旦让光绪禅位，并定了新的年号——保庆。

慈禧期待嗣君保护大清，庆贺祥瑞。结果，刘坤一等总督不同意废立之事，外国公使纷纷提出抗议，抗议清廷废黜光绪，迫使慈禧不了了之。

这是晚清史上的己亥建储。载漪废帝不成，试图利用义和团对抗八国联军，唆使慈禧贸然向十一国宣战，结果弄得仓皇西逃、帝都沦陷。

晚清的总督，实际权力越来越大，像曾国藩、李鸿章、左宗棠、曾国荃、张之洞等总督地方，有正一品大学士、军机大臣身份。他们大多有军功在身，位列侯爵，慈禧也不敢怠慢。

晚清督抚坐大欺主是实，但说慈禧在联军侵华、濒临亡国时，调不动李鸿章、张之洞一类督抚，也未必尽然。且不说这些督抚忠贞体国、中兴晚清有功，如果他们受命北上勤王，那么这一场战争必然会持久血拼，说不定“一战”也会因此提前，改变了对手。

慈禧向十一国宣战，为的是抵御外来侵略，而不是侵略他国。李鸿章接到慈禧的求救电报，竟按兵不动，犹如隔岸观火，回电“此乱命也，粤不奉诏”，确有不听调配的可能。他甚至接受了张之洞提出的李鸿章总统方案，即一旦北京不保，帝后不测，就共同推举李鸿章“总统”，主持大局。

这个总统，即统领、总负责，与总督、总管、都统的意思差不多。汉朝就有这个概念，《汉书》卷十九上《百官公卿表第七上》云："太师、太傅、太保，是为三公，盖参天子，坐而议政，无不总统，故不以一职为官名。"到了明清之际，李自成死后，陕北集团军被南明隆武帝改编为忠贞营前，高一功就被李过等推举为总统。康熙初年，三藩叛乱，平西王吴三桂在反清檄文中，自称"原镇守山海关总兵官，今奉旨总统天下水陆大师、兴明讨虏大将军"（林声胜等《华夷变态》卷二），靖南王耿精忠响应，也自任总统兵马大将军。清廷也多用此说，如乾隆十六年设圆明园八旗内务府三旗护军营掌印总统大臣，二十七年设总统伊犁等处将军。

此总统，即统揽事务的动词。

当"总统"成为名词时，那就是国家元首了。

后来，孙中山等资产阶级革命党密谋筹建"两广共和国"，英国驻香港总督卜力也竭力推动李鸿章与革命党联合，实行两广独立。他们达成意见一致，如果独立成功，将推举李鸿章出任"两广共和国"的总统，但被李鸿章拒绝了。

这个总统，则是从西方学来的名词。

李鸿章不想背负分裂国家、叛国自立的骂名。

然从其后来接受慈禧的指令，作为协办大臣和首席谈判，跟着总理事务大臣、庆亲王奕劻去签订丧权辱国的《辛丑条约》，可见他还是很听话的。他当然知道此举遭国人唾弃、天下不齿、遗臭更久，远比奉命勤王要自亏得多。

综观李氏人生，是聪明还是愚蠢，是机巧还是愚忠？成败都需两说。

图书在版编目（CIP）数据

大清小史 / 向敬之 著. —
北京：东方出版社，2021.10
ISBN 978－7－5207－2208－7

I. ①大…　II. ①向…　III. ①中国历史－清代－通俗读物
IV. ① K249.09

中国版本图书馆 CIP 数据核字（2021）第 093964 号

大清小史
（DAQING XIAOSHI）

作　　者：向敬之
责任编辑：史　青
封面设计：林芝玉
出　　版：东方出版社
发　　行：人民东方出版传媒有限公司
地　　址：北京市东城区东四十条 113 号
邮政编码：100007
印　　刷：北京汇林印务有限公司
版　　次：2021 年 10 月第 1 版
印　　次：2021 年 10 月北京第 1 次印刷
开　　本：880 毫米 ×1230 毫米 1/32
印　　张：18
字　　数：304 千字
书　　号：ISBN 978–7–5207–2208–7
定　　价：69.00 元
发行电话：（010）85924663　85924644　85924641

如有印装质量问题，请拨打电话：（010）85924736